思想 REFLEXION 35

反思進步價值

編輯委員會

總　編　輯：錢永祥

編輯委員：王智明、白永瑞、汪宏倫、林載爵
　　　　　周保松、陳正國、陳宜中、陳冠中

聯絡信箱：reflexion.linking@gmail.com

網址：www.linkingbooks.com.tw/reflexion/

目　次

反思進步價值

進步價值與時間

中國的漸進論畸變以及它引發的末世情緒，雖有其獨特軌跡，卻與全球各處的政治文化現象有幾份相似，甚至有著共同結構。。

當我們談論進步時，我們在談論什麼？

人類不需要放棄希望，應該努力去爭取一個更好的世界：在這個意義上，當然是有進步含義的。但是這種進步並不受任何歷史規律和法則控制，所以進步和人類的命運其實是掌控在人類自己手上。

文白之爭是保守派與自由派的論爭？──
回顧台灣高中國文課綱修訂爭議

古典文化與當代文化並沒有確然無疑的尺度可以衡量其間的價值高低。古典與當代就如保守與自由，一切為二方便討論可以，但偏執地區分二者，去彼取此實屬不智。

清除啟蒙毒：論劉小楓的反平等主義

施特勞斯對劉小楓的意義，與其說是將其從相對主義、虛無主義中拯救出來，或者助其摧毀中國學術界對現代西學的迷信，不如說是為他提供了一種支援反平等主義的哲學基礎。

思想訪談

走入馬共後代的家族史

海外華人的鄉愁到底認同哪裡，這也是我接下來想要發展的事。它其實不只是你所謂的祖籍問題，就是我們把鄉愁放在中國，放在中華民國，後來的新中國，還是放在本土。在鄉愁這一塊，其實非常多元，而且相當複雜。

思想評論

五星旗下的香港法治危機

忠於法治的法庭，與缺乏法治信念的法庭如何處理示威抗議引起衝突的案件，是會有分別的；法律符合公義與不符合公義，是有分別的。公民社會應該珍惜這些分別，所有的文明社會都應該關注，不讓這些分別點滴消失。

台灣人的母語能力是如何退化的？

典雅閩南語傳承的斷裂是來自內外兩個力量的作用，一個來自日本殖民政府強勢的教育與語言政策，另一個竟是接受這殖民現代化教育的一整代人對母語與傳統的自我棄絕。

重讀盧梭：極權之父，還是共和先驅？

盧梭是二十世紀反極權思潮的犧牲品，在特定的政治脈絡下，被詮釋成極權主義的宗師。然而，在二戰和冷戰已遠去的今天，我們應該重新審視盧梭的理論，發掘出盧梭共和主義的精神。

評近人關於憲政與傳統的一種論調

那些起源於古老時代的「傳統」，不仍是那個時代的人們發明出來的嗎？追求民主，追求憲政，為什麼非要訴諸傳統不可呢，為什麼就不能創造一種新的傳統呢？

致讀者

大陸新子學與台灣新莊子學的合觀與對話：

學術政治、道統解放、現代性回應

賴錫三

本文嘗試初步描繪「大陸新子學」與「台灣新莊子學」的基本精神和類似觀點。基本上，兩者皆批判學術政治化所造成的一元獨尊，並嘗試恢復學術多元自主性的眾聲喧嘩。觀察大陸新子學與台灣新莊學，不可能不具批判性格，不管是對先秦的王官學，還是漢後獨尊儒術的經學，或者大陸新儒家的政治化儒學，以及港台新儒家的心性道統論，皆被放在一個批判考察的位置上，儘管情況各不相同。簡言之，大陸新子學與台灣新莊學，皆企圖解構「以一御多」的文化中心論、本質論、主幹論，並由此解構而走向學術自由、文化多元的多音複調。為描述上述圖像，本文將透過三個軸線來進行：一，學術與政治的分合辯證。二，「以一統多」到「多音複調」的道統解放。三，通古今之變與通東西之變的現代性回應。

前言

近五到十年來，有關台海兩岸中國古典人文研究，有幾個思潮現象值得觀察，甚至合併觀察：一是有關大陸新儒家和港台新儒家

的分合爭議，二是跨文化台灣新《莊子》學對儒家論述系統的隱性
挑戰，三是大陸新子學新興思潮對經學獨尊、儒學經學化的顯性挑
戰。筆者將三現象做一繫聯合觀，嘗試描述其間或遠或近、或顯或
微的交涉，提供初步的學術觀察。由於觀察範圍較大，不能面面俱
到，本文將以大陸新子學和台灣新莊學的思想活動做為描述基軸，
由此旁涉它們和兩岸新儒學的異質性思考。本文先考慮從三條軸
線，嘗試展開初步觀察視域：一是學術與政治的分合之辯，二是道
統主線與多音複調的一多之爭，三是古典傳統如何回應現代性的東
西交涉。這三條軸線並非各自獨立，經常也相互交織地共構了複雜
思想圖像。

一、大陸新子學與台灣新莊學的批判性：兩岸新儒家在學術與政治的分合辯證

　　大陸新子學的思潮湧動，始於2012年2月，方勇教授在「先秦諸
子暨《子藏》學術研討會」，提出「全面復興諸子學」之呼籲，並
於同年10月《光明日報》國學版刊出〈新子學構想〉，做為其論述
起點。隨後三、四年間，方教授陸續推動有關新子學的國際學術會
議，其「新子學」相關表述還在持續深化與推擴，目前大約發表了：
〈再論新子學〉（2013年9月《光明日報》），〈新子學申論〉（2013
年《探索與爭鳴》），〈三論新子學〉（2016年3月《光明日報》）
等文。根據方教授於2014年在上海舉行「新子學與現代文化：融入
與對接學術研討會」的發言，當時「新子學相關論文累積已達150
多篇，規模不容忽視。」目前這些論文，大都已收入《新子學論集》

與《新子學論集二輯》當中[1]。據筆者初步觀察，方教授個人對新子學的論述仍在持續深化演變中，而大陸諸多學者彼此間的觀點，則是同中有異、深淺互見。看來這股思潮的勢頭雄健，但也仍在摸索發展當中，還待時間蘊釀深廣度與成熟性。但不可否認，這股思潮具有革新企圖，帶有一股清新氣象，其基本思想的批判性主軸仍可清晰辨識。

首先，從「子學現象」的正視，提煉出「子學精神」。並以「子學精神」做為文化轉型或新文化運動的核心精髓，藉此重新定位「國學」的核心動力，應在復歸百家爭鳴、活潑創新的子學多元精神。強調「學術」貴在多元爭鳴而非一家獨尊，主張「學者」貴在人格獨立持論而非依恃政治體制，堅持「學派」貴在平等交流而非預設單一中心[2]。「新子學」之提倡與發聲，一開始就帶有批判性和解構性。其批判解構的歷史對象，主要針對先秦諸子學之前的政治王官學傳統，以及諸子學以後漢代獨尊儒術的經學化傳統。然不管是春秋前學術出於周代官府掌控的王官學年代，還是漢後學術獨尊儒術的經學化時代，皆有一項共同核心特質：政治高度介入學術，甚至主導了學術。亦即政治透過由上而下的權力支配、體制建構、資源分佈、意識型態，強勢規範學術的主次價值與本末秩序，使得學術很難避免染上高度政治化傾向，造成學術依附政治的服務性格。雖自許自美為經世致用，但也容易不自覺地自我馴服於帝國政權、國家機器的「文化霸權」之支援論述[3]。而漢後被經學化的儒學，也就

1　葉蓓卿編，《「新子學」論集》（北京：學苑出版社，2014）。葉蓓卿編，《「新子學」論集（二輯）》（北京：學苑出版社，2017）。

2　方勇，〈新子學與中華文化重構〉，《「新子學」論集（二輯）》，頁21。

3　文化霸權一概念，轉用自義大利思想家葛蘭西（Antonio Gramsci），

容易成為帝國經世致用體制下，提供常經恆緯的支配秩序以內在認同和論述基柢。於是漢代以後的中國學術傳統，成為以經學和儒術為統領中心，兩者共同交織成為國學柢柱，其它眾多學術門流與百家觀點，順理成章只能是附屬枝葉。綠葉襯紅花，子學與經學（儒術）的從屬關係，在爾後四部學術分類體系中，長期被如此建構，被如是認同。經史子集的學術分類系統之存在事實，其存在合理性與政治力建構，難以脫勾甚至密切相干。

然而建構與解構，具有弔詭兩面性。從批判性角度來重新審視，國家權力「以上御下」的強制主導與支配，使得中國學術長期傾向「以一御多」的等級分類結構，是否充分有益於學術自由的創造性發展？我們可以嘗試提問：若以先秦儒者孟子之風範為準據[4]，漢代儒生叔孫通這類服務於王宮政權（制定朝儀以利統治管理）的儒者，其學術性格到底是「經世致用」？還是「曲學阿世」？從儒學經學化或政治化儒學的經世致用角度來看，還是從大陸新子學、台灣新莊學主張政治與學術分途的批判角度來看，答案自然差別甚大。關於叔孫通對漢後儒生所產生的扭曲化影響，余英時主張應將這筆帳

（續）────────────────

其原義脈絡與對資本主義的批判以及社會主義的思想運動密切相關。但此一概念實可廣用在當某權力階級、機制、體制，欲綿延複製其霸權支配的合法性時，除了運用政治、經濟等顯性暴力手段以外，亦可善用意識型態等柔性滲透手段，讓霸權支配被內在地認同其合理化。用此概念，可反省漢代經生的「經世致用」在獨尊儒術的帝國統治下，是否容易成為粉飾威權合理性的意識型態。參見葛蘭西著，李鵬程譯，《葛蘭西文選》（北京：人民出版社，2008）。

4　《孟子》對霸道政權的批判性強度，立下了先秦儒者以「道統」導御「政統」的方向。例如：孟軻對梁惠王曉以「義利之辨」，對齊宣王大談「放桀伐紂」之革命論主張，立下了儒者批判風骨的範式。換言之，未被經學化前的「子學儒家」原本就保有其思想與政治的辯證關係，而非政治權力的看門與分享者。

算在「儒家法家化」身上而非原儒頭上。言下之意，這是儒家法家
化後的政治妥協與異化，造成先秦原儒的批判性之虛損、理想性之
喪我，所以爛帳不能算在風骨崢崢的原儒身上[5]。而大陸新子學則從
漢代「儒學經學化」角度來觀察，認為「儒學經學化」的政治雜染，
才使得先秦儒家的子學原創性格被政治收編而漸趨模糊，因此呼籲
應該讓先秦儒家經典（如《論語》、《孟子》等），「離經還子」
地回歸原初子學性格。不管是余英時「法家化前的儒家」和「法家
化後的儒家」之區分，還是大陸新子學的「經學化前的（子學）儒
家」與「經學化後的（政治）儒家」之區分，他們都肯定一種與政
治保有批判距離的「原儒」性格存在。而且在大陸新子學的觀點下，
先秦原儒的創造性與批判性，原是百家爭鳴一環中的子學現象之歷
史原貌，只是後來在「儒學經學化」過程中漸被遺忘，因此呼籲儒
學宜保持其先秦「子學精神」的原初風貌。而當先秦儒學在漢後經
學化、政治化之歷史發展過程中，逐漸取得學術中心位置後，到底
是實現了原儒走向王道治國的道德理想之價值實現？還是逐漸被政
治收編而難脫服務王權之曲學墮化？這便成為了一個學術與政治的
分合爭論課題。

　　例如港台新儒家和大陸新儒家，對於學術和政治的分合辯證，
就有不一樣的觀點和發展。如以蔣慶等主張「政治儒學」為代表的
大陸新儒家，明白表示要與牟宗三為代表的港台新儒家那種間距於
政治的「心性儒學」分道揚鑣，以期走回漢代「公羊儒學」那種經
世致用的政治道路，進而有「憲政儒學」（蔣慶），甚至「儒學國
教化」（康曉光）之大想像。港台新儒學對台灣民主化政治運動較

5　余英時，〈反智論與中國政治傳統〉，《歷史與思想》（台北：聯
　　經出版公司，1976），頁31-46。

少實質性參與，強調儒學心性思想無礙於甚至可曲通於現代性發展，將其心力集中在傳統思想如何面對民主科學的現代性文化轉型，做出體大思精的學術思想之當代性重構，最顯著者莫過於牟宗三「道德良知之自我坎陷以開出民主科學」之說。港台新儒家與現實政治向來保持著冷觀距離，他們全心致力於中華文化道統的現代性重構，以期能在國共冷戰時期，在東西交涉的文化轉型時期，一方面護持花菓飄零的文化主體性，另一方面復興傳統儒學回應西方現代性的創造力。而大陸新儒家則高度嚮往儒學與政治體制的同盟關係，欲恢復董仲舒、康有為公羊經學之儒學經世性格，他們批判港台新儒家心性儒學在外王實踐面的無能無力，企圖恢復漢儒直接投身政治、參與體制建構的政治儒學[6]。然而大陸新儒家這種想依傍政治、利用政治，再夢想轉化政治的儒術性格，在當前大陸新子學「經子分流」、「離經還子」的批判性觀點看來，正是退回中國專制政治、帝國邏輯底下，經學收編儒學後「罷黜百家，獨尊儒術」的「儒學經學化」之老路子舊模型。這種依傍政治一統勢力而建立學術一尊地位的政治化儒學、經學化儒學，在大陸新子學強調恢復百家爭鳴、學術多元的「子學精神」看來，將意味著倒回先秦諸子多元思想創發以前，那種王官學以政領學的學術墮化狀態。

　　雖然港台新儒家和大陸新儒家對道統與政統的分合辯證關係，有其基本差異，但兩者卻也有類似堅持。亦即應以儒學道統做為中國文化的主流根幹地位，這一文化主體性的本根則是不可移易的。

　6　有關港台新儒家的心性儒學和大陸新儒家的政治儒學，兩者的核心
　　　思想差異，可參見拙文初步分析和批判觀察。賴錫三，〈「大陸新
　　　儒家」與「港台新儒家」的「兩行」反思〉，收入《思想》29期（台
　　　北：聯經出版公司，2015），頁285-293。後轉載於大陸《澎湃》
　　　新聞，2015年11月19日。

例如1958年港台新儒家所發表〈中國文化與世界——我們對中國學
術研究及中國文化與世界文化前途之共同認識〉，即再三主張中國
文化的「一本性」和西方文化的「多元性」相當不同：

> 中國古代文化之有一脈相承之統緒。殷革夏命而承夏之文化，
> 周革殷命而承殷之文化，即成三代文化之一統相承。此後秦繼
> 周，漢繼秦，以至唐、宋、元、明、清，中國在政治上，有分
> 有合，但總以大一統為常道。且政治的分合，從未影響到文化
> 學術思想的大歸趨，此即所謂道統之相傳。中國文化則自來即
> 有其一貫之統緒的存在。這是中西文化，在來源上的根本分別，
> 為我們所不能忽略的……此正如一樹之根幹，雖極樸質簡單，
> 而透過其所貫注之千條萬葉以觀，則生機鬱勃，而內容豐富……
> 以中國文化有其一本性，在政治上有政統，故哲學中即有道
> 統……未知中國文化以其來源為一本，則其文化之精神生命之
> 表現方式，亦不必與文化來源為多元之西方文化相同也。[7]

可以說，這種文化的一本性、統緒性堅持，幾乎是港台新儒家
對中華文化主體性的準形上學預設，並以此來做為東西文化的本質
性區分。而做為港台新儒家「以一御多」的中流柢柱之文化道統所
在，則只能結晶在先秦孔孟到宋明陸王的心性之學。在這一條「性
命天道相貫通」的思想宗法之傳承主線底下，其它異於心性之學這
一道統主幹思想宗脈者，就算影響東亞儒學八百年的鴻碩大儒朱

7　牟宗三、徐復觀、張君勱、唐君毅，〈中國文化與世界——我們對
　　中國學術研究及中國文化與世界文化前途之共同認識〉，收錄於唐
　　君毅：《說中華民族之花果飄零》（台北：三民書局，1984），頁
　　137-139。

熹，也只能被牟宗三歸類為「別子為宗」。因為

> 此心性之學，乃通於人之生活之內、人之與外及人與天之樞紐
> 所在，亦即通貫社會之倫理禮法，內心修養，宗教精神，及形
> 上學等而一之者……此不知不了解中國心性之學，即不了解中
> 國之文化也。[8]

　　簡言之，港台新儒家所堅持的中國文化唯一之道統主幹說，只
能在於性命天道相貫通的「天人合德」、「天人合一」之學，並由
心性天道相貫通的內聖超越性，進而統攝倫理、社會、政治之外王
事業。可以說港台新儒家以其心性儒學做為道統，並透過「內聖通
外王」進而推擴於政統。而當代新儒學因面臨中國文化之世界性挑
戰，則有新外王（民主與科學）之現代性回應與吸收轉化。
　　然而大陸新儒家雖然也堅持儒家做為中國文化的道統主幹，但
大陸新儒家顯然對港台新儒家以心性主體統攝外王實踐的道統邏輯
有所不滿，他們企圖透過董仲舒、康有為來回復政治儒學的經世道
統說，欲超越「宋明新儒家—當代新儒家」的心性道統論，以期將
儒學直接帶回外王實踐的政治向度中。尤其大陸新儒家對當前中國
崛起的偉大文化復興夢背後的特殊政治氛圍，特別敏銳也特別期
待。換言之，大陸新儒家似乎嗅到了百年難得一遇的歷史契機，使
其急於擺脫港台新儒家那種熱情於心性而冷淡於政治的自我限縮，
從此展開政治儒學大有為於大時代大國家大民族之大想像。對此，
葛兆光在其對大陸新儒家的深切批判、銳利分析中，曾批判叔孫通

8　唐君毅等，〈中國文化與世界——我們對中國學術研究及中國文化
　　與世界文化前途之共同認識〉，頁150。

這類實為「曲學阿世」格調，卻自美粉飾其名為「經世致用」格局，實可類比於大陸新儒家的政治儒學，其自甘服務政治的帝王師心態毫不掩飾，而其所謂儒家立憲、儒家國教化等主張，實為不知今夕是何夕之異想天開。葛兆光觀點大體呼應余英時那種儒學未被法家化政治體制收編之前，與政治保有批判距離的先秦原儒本色之復歸[9]。而類似這類「批判性儒學」的復歸與呼籲，若干有識之士，面對當前中國崛起與儒家結盟傾向，時有憂患。例如中島隆博也曾批判蔣慶、康曉光那種原教旨主義式的儒家立憲論和儒家國教化論，並再三呼籲那種不為國家社會體制現狀背書、不僅強調和諧精神，而是勇於革新現狀的「批判性儒學」之魂魄來兮[10]。葛兆光和中島隆博

9　葛兆光：〈異想天開：近年來大陸新儒學的政治訴求〉，《思想》33期（台北：聯經出版公司，2017），頁241-284。

10　中島隆博指出：「回顧過去，儒教也存在反覆地發揮改變現狀的嶄新社會性想像力的系譜。舉例而言，以『仁』的概念來看，孔子透過此一概念，想像出以階級為根據的人際關係完全不同的，能夠體現出嶄新的普遍性價值的人類社會。或者，徹底闡釋『性』概念的孟子及荀子，不但以此掌握了人類的本質，更認為『性』此一本質要求人類努力向善，必要的話，也必須改變自己的『性』……換句話說，儒教透過發明、修正、普遍化新概念，改變了社會與人類的典範。這是一種對現狀批判的行為。然而，儒教透過批判而創造出的新典範，一旦失去了批判力，很容易就變得僵化。一旦如此，儒教的各種概念變成約束人們的桎梏，深深地啃食著人們的靈魂。近代中國無論如何都要逼退儒教，正是因為其作為象徵舊體制的桎梏，再加上人們認為儒教已無法發揮出回應近代此一前所未聞的計劃所需要的想像力。」〈儒教、現代性、公民精神性〉，頁1。台大歷史研究所博士郭珮君翻譯，此文為中島隆博來臺參與2014年9月，由交通大學社會文化研究所舉辦「近代日本思想與東亞的國家、儒教」專題講座之附件文章。中島隆博這種「批判儒學」的觀點和主張，讓人連想到日本松本史朗和袴谷憲昭曾提出「批判佛教」，以對佛教世俗化進行批判精神之復歸。參見林鎮國：〈「批

這種批判精神的提醒，在當前大陸儒學復興和國家民族主義容易相互掛勾、彼此利用的時代激情下，如何從這種準宗教式激情的漩渦中解脫出來，冷靜反思先秦儒學的原初精神與理想本懷，將顯得難能與急迫。值得一提的是，中島所提及的原儒之批判性與創造性代表者（如孔子、孟子、荀子），和大陸新子學所倡導的經學化前的先秦儒者之子學性格，看來是遙相呼應的，因為他們都具有不被（或未被）政治收編之前的原儒本色。

　　儘管港台新儒家和台灣政治（包括威權體制和民主化運動），可能也有其更為複雜的關係在[11]，但基調上還是自覺地疏遠於政治，全神貫注在學術文化千錘百煉之道統講明與志業傳承上。相較於大陸新儒家對恢復公羊「經學」的熱情想像，港台新儒家和中國古典學術四部分類下的經學傳統則相對疏離[12]，反而與西方現代學術進入民國時期的哲學體系關係密切。換言之，在學問性格上，港台新儒家疏遠於傳統經學，大舉迎向西方現代哲學的系統重構為主要任務[13]。港台新儒家具有濃厚的東西會通之哲學性格，對援引西方哲學概念來重構中國學術思想（所謂重構「學統」）的架構性思辯，充滿興味與使命，此尤以牟宗三畢生以康德重構儒家哲學最具

（續）──────────

　　　判佛教」思潮〉，《空性與現代性》（台北：立緒出版社，1999），頁21-43。

11　對於新儒家和政治的曲折關係，可參見劉滄龍，〈牟宗三論政治自由與道德自由〉，《師大學報》62卷1期（2017年3月），頁49-61。

12　相較而言，當代新儒家除了熊十力有《讀經示要》，徐復觀有《中國經學史的基礎》之外，幾乎大部分著作都以中西比較哲學的對話為其寫作特性。

13　牟宗三的現代性儒學重構，在何乏筆看來，仍然高度具有東西跨文化對話向度。參見何乏筆，〈跨文化批判與中國現代性之哲學反思〉，《文化研究》8期（2009年6月），頁125-147。

代表。然而大陸新儒家對港台新儒家納受西方現代性哲學，採取東西會通的跨文化進路，卻大不以為然。認為這是儒學放棄自家傳統而向西方文化傾斜的自我弱化，反而主張應該大規模回歸傳統生活以免除西方現代性的污染侵蝕。如此看來，大陸新儒學的道統觀，除了濃厚的經學化儒學的高度政治傾向外，更帶有強烈國族主義、文化本質主義的封閉傾向。大陸新儒家強調儒學與經學、禮學的密切相關性，主張政治儒學的未來歷史道路在於重返傳統的政治結構、社會制度等等本有性文化風土與實體性機制。但這是否意味儒家要再度背負「法家化儒學」、「經學化儒學」的傳統意識型態？例如政治儒學是否再度墮化為專制政體的支援系統？是否變相為君權中心、父權中心、男性中心提供意識型態？以天經地義的形上學式論證來保障種種不合時宜的文化霸權？大陸新儒家顯然急於重返「經學化儒學」的歷史輝煌，並將歷史的過去式等同價值合理性，一廂情願認為救治儒學的特效藥就在於退回西方現代性污染前的傳統生活，甚至異想天開地期待透過政治力介入，讓儒學立憲以重返儒術獨尊的國教地位。這種想望和當前若干伊斯蘭國想利用政治力量，強行以《可蘭經》的回教信仰來立憲治國，以期保障回教價值系統的道統權威性，可謂不謀而合。平實而論，西方現代性思想與生活早已和中國傳統思想與生活，幾乎進行了百年交織，因此任何想像歷史可以逆轉回前現代性的純粹傳統生活，必會落入虛妄想像、返祖情結的歷史倒退。事實上，傳統文化與現代公民的生活視域非但無法二分，甚至文化發展的辯證邏輯總是在傳統（古）與現代（今）的交織處境中，不斷進行「通古今之變」的辯證生長。冷靜實觀，西方現代性文化強行介入中國傳統生活世界，短期來說雖不免於壓迫性的創傷經驗，但長期來看，則也是被迫面對於無所迴避的東西文化混然處境下，中國文化如何再轉型而編織出新文化的

新契機。

　　中國文化到底有無一條學術主幹長期做為文化傳承的核心體？
經學化的儒學或者儒家的道統觀，是否必然代表中國文化的唯一精
神主幹？港台新儒家和大陸新儒家的立場大體一致，毫無懸念地認
為儒家道統論，即是中國文化的正統主幹。只是兩者對何謂儒家道
統本色，看法有異。但大陸新子學強調中國文化內部原本存在著多
音複調、多元並陳的思想豐富性，任何以某種思想為道統說、以某
種立場為主幹論的主張，都不免有化約差異為同一的霸權危險。如
大陸新儒家的經學化儒學很難不挾帶政治特權的介入，而港台新儒
家的心性論儒學也難免於泛道德主義的質疑。面對兩岸新儒家「以
一統多」的道統說主張，大陸新子學和台灣新《莊子》學皆採取批
判質疑立場，認為過去歷史的政治化扭曲現象，不能等於未來學術
健全發展的合理性。大陸新子學甚至直指這種高高在上的道統論，
乃是漢代儒學經學化的政治惡果，它對先秦儒學的諸子學原貌與原
創性精神，反而是根本性的傷害與遮蔽。可以說，大陸新子學和台
灣新莊學，都齊聲質疑「以一御多」的道統論，主張中國文化與思
想的內在多元性甚至內部他者性，百家爭鳴的多元並陳與互文生
長，才是中國文化能持續保有創發精神的思想活力之所在。而任何
政治權力的強行介入而扶持單一道統，長期以往，反而將削弱文化
內部的辯證活力。

　　台灣新《莊子》學除了對政治介入學術，抱持戒慎恐懼的態度
外，它所以要批判「以一御多」的道統獨尊說，也和它對「語言權
力」的批判反省有關[14]。尤其從《莊子》對名言系統容易本質化、

<hr />

14　參見拙文〈差異、離心、多元性：《莊子》的物化差異、身體隱喻
　　與政治批判〉，收入《道家型知識分子論：《莊子》的權力批判與

中心化、排它化、系統化的批判反省中，認識到人們在運用語言進行思考建構觀點的同時，很容易掉入「以是其所非，而非其所是」的「自彼者不見，自知則知之」的封閉性迴路。用《老子》的話說，人類的主體性思考容易掉入自是、自矜、自見、自伐的「同一性思維」。任何話語系統的自我建構與完成，也容易掉入了語言主體的同一觀點之自我證成。對《莊子》而言，這正是「儒墨是非」難以解開的關鍵。話語者忘了任何發言都有他特殊限定的位置立場，沒有任何人是全知全能、全景敞視的發言者，也因為人們都不能避免一偏之見，因此唯有反思「自我觀之」的一偏之見，才能打開與他異觀點進行思想多元的「兩行」轉化。換言之，個人主體的思想變化，文化主體的學術變化，都要儘量避免單一中心的道統論，唯有在釋放單一中心、容納多元差異的辯證交流過程中，才能保持人文不固化、不貧弱的內部生機。任何將自身觀點絕對化、道統化，高高在上地宣稱中心主幹的本質性立場，在《莊子》看來，很容易導致自身「固而不化」的神學化、威權化，同時也可能是文化貧弱、思想僵化的前兆，以及意識型態化的開端。如此一來，權力並不只限於外部政治的統治支配，它更細微藏身在語言主體的自我編織與系統化擴張。一套看似言而有據的體系性觀點（如港台新儒家的心性形上學，如大陸新儒家的憲政儒學說），並不只有當它和政治相互利用時，才產生了政治關係而有其政治性格。從台灣新莊學看來，一套包天覆地的言說系統本身，當它嚴密地環繞自我中心而自居為道統主幹時，便不太容易容納與他異性思想進行平等性的交流對話。久之，這種學說本身便容易具有自我獨尊的閉鎖性格，如此將有妨於學術的豐富多元、兩行交織的差異化發展，並遠離諸子百家

（續）─────────────

　文化更新》（台北：台大出版中心，2013），頁117-170。

思想勃發之原創處境。

　　舉例來說，當牟宗三以心性道統主幹來做為儒學的判教準則，無疑也會讓原本儒學內部的多元差異性，被重新排列組合在牟宗三所建構的優次有分、嫡庶有別的思想宗法體系內。例如張載的「太虛即氣」之氣論觀點只能屬於不通之滯辭，而朱子的理氣二元也只能做為別子為宗，而船山的體用論則只能開顯歷史意義而不具真正哲學高度。至於司馬光、張居正等其它類型儒者，皆與內聖無緣而難登儒家正脈宗法殿堂。換言之，牟宗三對宋明儒學的判教方式，使得宋明理學內部的豐富差異性與平等對話性，被一種體系化的同一性思維之道統觀，給相對簡化成一套穩固的判教體系。它的優點是讓後學者在理解宋明理學時，產生了綱舉目張的思想規範系統。但是這種強大體系化的思想圖像，同時也讓宋明理學原本存在的內部差異之異質異議，受到裁抑、邊緣化，甚至被遺忘。因此「後牟宗三時代」的理學研究，到某一時間點便會再度走向鬆動同一體系，開發差異資源的辯證方向去運動。例如以張載、朱子、王夫之等人的再研究、再詮釋，來重新打開牟宗三判教體系下的「差異思維」。類似情形，其實港台新儒家本身本來也有它的內部差異性，如熊十力、牟宗三、唐君毅、徐復觀、錢穆，等等大家的思想差異性，也經常被牟宗三的大覆蓋論述系統相對邊緣化，諸大師不同於牟宗三的儒學詮釋之另類思想潛力，經常也就被低估或者較少被開採。這種「以一統多」的學術現象，可能也和牟宗三哲學大系統成為港台新儒家繼承者的主流論述（近乎道統意味），頗有相關。而當牟宗三觀點成為了港台新儒家的道統主流後，通常與牟宗三的差異性觀點之提出者，例如楊儒賓的儒家身體論述、氣學論述，很自然會被

支持牟氏道統說的學者判定為不足以獨立成說[15]。因為當學者只能站在牟氏哲學系統內部來自我圓成與同一重複時，那麼他對異議於牟氏道統說的外部思維或他者差異，通常也只會是回歸牟氏的同一性觀點來自我證成與辯護，迴避了與差異思想重新進行觀點之間相互轉化的兩行運動。換言之，學術話語系統的內部經常會有一種自我團聚，以排除差異思維的同一化傾向。這種思維的自我同一化傾向，也是學術話語自我鞏固的微型權力化表現。而對於台灣新莊學而言，這種語言主體的自是非他之排斥現象，則是較難覺察的「即學術即政治」之微型權力變形[16]，因為它常以道統心態或道德姿態來自我驗證其合理性。

二、「文化轉型」理論與新子學精神：以巴赫金和莊子來深化諸子學

新子學所欲復歸的子學現象與子學精神，其理想學術圖像和思想文化邏輯，幾乎和王官學與經學化的政治邏輯顛倒過來。只有當政治介入學術的權力退位後，理想的學術舞台才會出現。例如諸子百家的多元創新活力，只有當周代王權的政治統御崩解後，被壓抑的多元思想才會繁茂滋長。從新子學的觀察角度而言，王官學的疲弊頹廢，百家言的蜂湧並起，兩者連併相生並非只是偶然的歷史現

15　參見林月惠對楊儒賓的回應，〈「異議」的再議：近世東亞的「理學」與「氣學」〉，《東吳哲學學報》34期（2016年8月），頁97-144。

16　就此而言，傅柯對話語（discourse）的知識權力之微觀反省與批判，極為敏銳而值得深思。參見傅柯（Michel Foucault）著，王德威譯，《知識的考掘》（台北：麥田出版社，1993）。另可參見王德威的導讀〈淺論傅柯〉，頁13-38。

象，而是學術發展與文化轉型的必然邏輯。因為政治中心（天下一統）的崩解，所引發的學術思想多元現象（百家紛起），解放了原先王官學服務於周代宗法建制的政治控制邏輯，既打破原先知識的階層壟斷，也打斷學術宗法一脈相承的保守性格。而諸子百家就是發生在牟宗三所謂「周文疲弊」的大時代，因而具有胡適所謂的強烈「淑世性格」。或者用筆者底下所要討論的巴赫金（Mikhail Bakhtin）的概念來說，則是遭遇艱難的所謂「文化轉型時代」。所謂文化轉型，意指原先被預設為天經地義的正統秩序規範（如周文禮樂制度），正典的學術主張（如周文王官學建制），逐漸失去其由上而下的權力支配模式後（如禮不下庶人，刑不上大夫），原先被壓抑而不允許的各種思想可能，現在因為權力覆蓋下同一性思維的集體壓力消除，而得以激活「非同一性」思維的探索，從而走向差異思想的競爭演化。戰國百家爭鳴的思想活力，正是周王朝「以一統多」的威權邏輯失效後，自然在解放邏輯的推動下，產生出百花齊放的文化轉型現象。可以說，子學現象就是文化轉型的創造性回應。

　　方勇教授的新子學呼求，大體上有三個連續性發展可以注意：一是對《莊子》學史的長期學術史研究，二是主持「子藏」編輯之學術文獻整理工程，三是由學術史與文獻整理再深入子學現象之闡發與子學精神之推動。筆者個人最有興味的是，莊學精神能否呼應於子學精神，甚至深化新子學的核心主張。上述曾再三提及「文化轉型」這一概念。而筆者運用此概念的脈絡主要和俄國思想家巴赫金的文化理論密切相關，底下將藉由它來呼應並深化新子學對「文化轉型」的開放性意識[17]。「文化轉型」一概念，可讓巴赫金、《莊

17　方教授也意識到諸子現象在文化轉型上的重要意義，並再三強調子學精神對未來國學面對現代性處境的「文化轉型」之再造契機。

子》、新子學，三者產生有意義的觀察連結。筆者過去曾將《莊子》的多元差異語言觀、流動身體觀，和巴赫金的文化轉型理論、狂歡理論進行跨文化詮釋[18]，當時提出的觀點頗呼應於現今新子學的基本主張。底下略從巴赫金「多音複調」「眾聲喧嘩」之文化轉型理論，闡釋新子學回歸諸子百家、思想多元的主張。

多音複調之說原發軔於巴赫金對杜斯妥也夫斯基的小說研究。巴赫金發現杜氏小說中的主角內涵，異於一般作者常以「同一性主體」的齊一觀點來進行敘事佈局。杜氏小說中的角色總呈現自我與他者之間「多音複調」的複雜對話關係。巴赫金的深刻性在於能重新洞察主體的真實狀態，不管是就「自我」現象或「文化」現象，都不是固定封閉的同一性狀態，反而呈現「內部他者」的多音複調現象，由此展演出「眾聲喧嘩」的主體化之差異運動。除非主體被刻意控制在宗教教條、社會規訓、政治權力等等意識型態的強制性同一模型中，否則經由多音複調而持續保有內在他者性的主體變化狀態，暗示著主體總是具有生成變化的不定性與差異交織的多元性[19]。而巴赫金透過小說敘事主體的研究，提煉出複調語言觀、變化主體觀，為他日後的文化轉型理論提供了重要基石[20]。隨後他溯源

18　賴錫三，〈論《莊子》的雅俗顛覆與文化更新——以流動身體和流動話語為中心〉，《台大文史哲學報》77期（2012年11月），頁73-113。

19　如巴赫金言：「任何教條主義、任何專橫性、任何片面的嚴肅性都不可能與拉伯雷的形象共融，這些形象與一切完成性和穩定性、一切狹隘的嚴肅性、與思想和世界觀領域裏的一切現成性和確定性都是相敵對的。」巴赫金，李兆林、夏忠憲譯，《拉伯雷研究》（石家莊：河北教育出版社，1998），頁2-3。另參見劉康，《對話的喧聲：巴赫汀文化理論述評》（台北：麥田，1998），頁13-14。

20　參見巴赫金，〈陀思妥耶夫斯基詩學問題〉，收入白春仁、顧亞鈴等譯，《詩學與訪談》（石家莊：河北教育出版社，1998），頁1-363。

文藝復興時期的拉伯雷（François Rabelais）著作，更以《拉伯雷研究》一書建構出狂歡文化的轉型理論。巴赫金的學說向來以「眾聲喧嘩」的對話理論（dialogism）為文學研究者熟知，然其學說之深沉關懷更在於「文化轉型」與「語言流變」的辯證考察，終而提煉出文化演變的轉型期邏輯。所謂「轉型期」是指文化劇烈變動階段，遭遇到危機與轉機同時並陳的特殊時期。「危機」意指原先被政治與宗教所穩定鞏固的文化體系產生動亂甚至崩解。而「轉機」意指大一統秩序的規範崩解、文化體系的意識型態失去一統能力後，大規模釋放了百家爭鳴、眾聲喧嘩的社會活力。於是新思想、新方案、新行動，如狂歡節慶般狂放不羈地層出不窮。依照巴赫金這種界義，西方中世紀的神學崩解以至文藝復興現象，先秦周文的禮崩樂壞到戰國諸子的百家現象，都是十分典型的文化轉型階段，也表現出十足的文化轉型現象。

原本依靠官方（可以是政治，可以是宗教，也可以是即宗教即政治），由上而下的體制化意識型態和話語系統，當它再也無法維持「以一御多」的官方思想與言論控制，在舊秩序已瓦解而新秩序未樹立之間的混沌階段，造成了思想與話語百無禁忌的徹底解放，於是出現前所未有的多音複調之眾聲喧嘩狀態。巴赫金相當著迷於這種文化轉型過程中「（思想）無政府主義」狀態下的狂放創造力，並由此堅信理想的文化表現邏輯，應以文化轉型期的創新勃發為範式，堅持思想解放與多音複調才是文化內部的轉動活力[21]。巴赫金對文化轉型的研究明顯揭示，學術一旦被政治威權、宗教神權給強制規範，必然造成單語單義的思想箝制與文化貧血。因此他的文化轉型研究重心也就體現在對意識型態的威權化、官方化、統一化的

---

21 劉康，《對話的喧聲：巴赫汀文化理論述評》，頁16。

權力批判，以及對思想定型化、單一化的語言批判。巴赫金的文化批判與解放，目的在於讓單一固化走向多元流動，讓道統中心走向平等對話，讓文化的同一性貧乏轉型為文化的豐富性混雜。不管就個人主體或文化主體的演變，巴赫金皆主張差異、多元、流變，才能創造有活力的生長環境。巴赫金發現到「非結構」的狂歡狀態，或者說是結構性的暫時離散混沌狀態，具有打破既統一又同一的穩定結構之「破壞創造力」。它顛覆既定結構的封閉系統，同時也促成了新價值、新話語的交換與創生。由此一來，其文化轉型理論的變化邏輯，便走向了「結構」與「非結構」的弔詭辯證。巴赫金曾以文化特徵為案例來證成其說，例如希臘羅馬時期，文藝復興時期，19、20世紀時期，是他特別關注的三個西方文化轉型期之精采高峰。這幾個文化高峰創造期，皆符應他所提出的多音複調與思想創新的文化邏輯。其研究顯示任何文化類型（不管東西），任何時代階段（不管古今），若要能維持創造的轉化活力，便應不時打破業已穩定的封閉統一性結構，以便讓原結構所不容許的眾聲喧嘩解放出來，讓思想的無政府主義狀態，話語的混雜流動狀態，充分提供其思想百花齊放的最佳土壤。文化創造應記取文化轉型期的經驗，將「非結構」的創新流動，帶入「結構」的穩定模式中，以辯證出結構（規範的僵硬性）與非結構（混雜的流動性）的「兩行」運動。相對而言，處於文化穩定期的思想話語狀態，極容易從流動走向固定、從差異走向一統，逐漸使眾聲喧嘩的活力消聲匿跡，而再度走向結構狀態的同一性重複。而每次文化轉型期的多音喧嘩狀態，就是重新打破結構的同一性重複，而走回文化內部他者性的差異解放，從而體現文化生命再度轉型創造的勃發狀態。

　　筆者認為，巴赫金的文化轉型理論與《莊子》有類似的關懷，可以用來說明戰國諸子百家爭鳴現象，並呼應新子學的「子學精神」

主張。底下乃嘗試以《莊子》來為子學精神做一奠基性說明。

莊周處身周文封建、禮樂崩解的戰國諸子爭鳴年代，當時正值天下一統秩序規範失效的哀亂之世，但也正是文化大規模重建的轉型階段。當周代禮樂政治系統與官學話語權威的中心性與統一性，逐漸受到挑戰終而崩潰失效後，文化處境被帶向離心化、解構化的混沌階段。然而正是這樣的文化危機，造就了諸子思想競相奔流的文化活力，幾乎完全符應了巴赫金所謂思想呈現眾聲喧嘩，表達走向多音複調的狂歡現象。然而既然戰國諸子各家思想皆蘊育於眾聲喧嘩、多音複調的文化轉型年代，為何筆者要特別突顯《莊子》來做為子學精神的基本範式？甚至有讀者會立刻起疑，〈天下〉篇不是一再批評諸子百家掉入眾說紛紜的「道術將為天下裂」亂象嗎？〈天下〉篇不是再三嚮往道術未分之前的「天地之純」嗎？倘若如此，《莊子》似乎明顯反對眾聲喧嘩的多音複調現象？它如何可能成為強調多元並立、平等對話的「子學精神」之範式？思想史家余英時常以「軸心時代」來描述先秦諸子對中國文明的哲學突破之軸心意義，也曾再三表示他運用軸心時代和哲學突破，來描述先秦諸子的起源性意義，除了參考韋伯、帕森斯、雅斯培等等西方社會學家、哲學家觀點之外，支持他提出此一主張者，正和《莊子》大有關係。余英時甚至認為軸心突破的類似性主張，早在〈天下〉篇中已明確被表達出來：

> 我決定將「突破」這一概念應用在先秦諸子起源上，還有更深一層的背景。《莊子》〈天下〉篇說：「天下大亂，賢聖不明，道德不一。天下多得一察焉以自好。譬如耳目鼻口，皆有所明，不能相通。猶百家眾技也，皆有所長，時有所用。雖然，不該不遍，一曲之士也。判天地之美，析萬物之理，察古人之全。

寡能備於天地之美，稱神明之容。是故內聖外王之道，暗而不
明，郁而不發，天下之人各為其所欲焉以自為方。悲夫！百家
往而不反，必不合矣！后世之學者，不幸不見天地之純，古人
之大體。道術將為天下裂。」這一段話主要是說上古原有一個
渾然一體的「道」，但由於「天下大亂，聖賢不明」之故，竟
失去了它的統一性。於是「百家」競起，都想對「道」有所發
明，然而卻又陷入「見樹不見林」的困境，各家所得僅止於「一
曲」，互不相通，「道」做為一個整體因此更破「裂」而不可
復「合」了。……如果我的推測不算大錯，那麼我們可以斷定：
莊子不但是中國軸心時代的開創者之一，參與了那場提升精神
的大躍動，而且當時便抓住了軸心突破的歷史意義。[22]

　　余先生正是用〈天下〉篇的「裂」，來類比軸心時代的「突破」
（breakthrough）。余先生此說雖有理趣，但似乎也隱含一項矛盾而
不覺。因為單就字面意義來解讀，〈天下〉篇雖提及諸子百家思想
多元並陳現象，但〈天下〉篇似乎是在批評（甚至反對）這種「道
術將為天下裂」的破碎化現象。但是軸心時代脈絡的哲學突破概念，
則代表人類文明進步與發展的關鍵性啟蒙意義。換言之，〈天下〉
篇似乎主張諸子百家現象乃是一種「支離破碎」的墜落，而非文化
階段的大躍進，因為它遠離了天地大純、古人大體的「原一」狀態？
然而這種「道術未分」的「天地之純」「古人大體」，是否意味《莊
子》要走回前文明（或超文化）的「形上世界」之神秘和諧狀態？
在面對諸子百家的思想破碎化現象，《莊子》的立場似乎才剛從周

22　余英時，《論天人之際：中國古代思想起源試探》（台北：聯經出
　　版公司，2014），頁13-15。

文政治威權的統一性走出來，又急於掉頭走回形上世界的同一性烏托邦裡去？倘若如此理解，那麼〈天下〉篇對諸子百家的描述，如何可能證成余英時所謂「《莊子》早已抓住軸心突破之歷史意義，而可視為中國軸心時代開創者」之主張。我們甚至可以反過來質疑余英時剛好錯解了《莊子》，因為〈天下〉篇這種批評諸子多元紛陳而渴望形上同一的觀點，根本無法做為主張思想百家爭鳴的子學精神範式，甚至有反對子學精神的傾向（也相反於巴赫金的多音複調、眾聲喧嘩之文化轉型觀點）。問題是，上述這種對〈天下〉篇的淺面理解，是否真能契合莊旨？筆者想提供另類解讀。

　　〈天下〉篇對「百家眾技」的批評，和〈齊物論〉對「儒墨是非」的批評，可合併在類似脈絡來觀察。細讀《莊子》「道術將為天下裂」的前後文脈，真正的批判重點是：針對百家眾技「得一察焉以自好」，結果造成「自是非他」的「一曲之士」。各家憑藉自我立場與自好觀點，以自家的一偏之察來反對他家的一偏之見，造成「是其所非而非其所是」的針鋒相對，結果諸家自言自語、各說各話，使眾家的交流產生「不能相通」的溝通障蔽。〈天下〉篇用了一個譬喻來描述這種無法交流對話的壁壘現象：「譬如耳目口鼻，皆有所明，不能相通。」在筆者看來，《莊子》根本上並非反對諸子百家思想的多元豐富性，而是憂心諸子之間沒有真正朝向多元對話來敞開（不能相通），只是停留在標榜自我（以自為方），宣示立場（一察自好）的話語權爭奪戰。若諸子思想停留在「一察自好」、「以自為方」的一曲狀態，雖各能從自身角度提出回應時代之見解（一偏之見）而有其特定意義（各有所明），但卻未必真能與差異性觀點進行開放性交流對話（不能相通）。其結果不是掉入「是其所非而非其所是」的「儒墨是非」之蔽病，就是掉入「知也者爭之器」的勝負鬥爭。換言之，「皆有所長，時有所用」的「一曲之士」，

由於看事情太過自我中心（故不能該），對自我知見又太自以為是
（故不能遍），因此未必真能善用各家多元差異的相異性觀點，來
進行自我觀點的移動與轉化。

　　對《莊子》而言，諸子百家的眾聲喧嘩是為了促成百家思想之
間的「兩行」對話，而不是「皆有所明而不能相通」的表面繁華。
若用巴赫金的話說，眾聲喧嘩並不是任憑每個封閉性的個我主體單
獨自我宣示，而是為了促使主體際性之間能夠繼續進行多音複調的
增生演化。簡言之，互為他者的百家爭鳴，乃是為了讓各家思想走
出「一偏一曲」的自我中心，從而進行「兩行」溝通的交流對話。
〈天下〉篇批判諸子各家潛藏而未覺的弊病，當「一曲之士」以「一
偏之見」而「各自為方」時，那種「是所非而非其所是」的思想鬥
爭方式，自以為可以超越他人觀點，獨自提出總結時代的唯一真理
時，便很容易將不同角度的觀點裁判為異端，從而進行維護自家道
統真理的思想戰鬥。例如《孟子》的「予豈好辯哉？不得已也。」
便反映出將自家所好所明，當做全部真理、唯一道路，因此對「道
統」的建構與主張，便很難不將異於我者的差異觀點視為「異端」。
而諸子之間一旦掉入這種正道（我是）與異端（彼非）的對決，就
會錯過雙方觀點的「兩行」交換與「通達」轉化的好機會。〈天下〉、
〈齊物論〉所批評的「百家各得一偏以自好」，正是這種表面看似
多元豐富，骨子裡卻堅執「各自為方」的「一察」、「一偏」之危
機。正是這種不能自我反省一端一曲的觀點限制，卻硬要將個人「一
察」「自好」的己見，推擴為普遍而絕對的真理道路，才造就了百
家思想掉入「判天地之美，析萬物之理」、「各有所明，不能相通」
的支離破碎。

　　對《莊子》而言，真正有利於思想創新的文化環境，不能僅是
單單依靠文化轉型階段的外部威權崩解，因為一個思想威權（如王

官學）的大崩解，也可能引致眾多思想流派對新威權的爭奪戰。除
非思想家們能反身自省，自覺自家觀點的有限性，並同時對不同的
差異觀點保持「虛空」的開放性，那麼諸子百家才可能從是非爭勝
的鬥爭狀態，轉化為「樞始得環中，以應無窮」、「和之以是非而
休乎天鈞，是之謂兩行」的真正百家爭鳴。在這種各家保有「虛而
待物」的虛心敞開狀態，諸子百家的眾聲喧嘩才能夠真正成為多音
複調的天籟交響。而百家才能在多元差異的思想氛圍中，既嘗試說
出自家觀點，也聆聽學習對方觀點，大家在「環中」的休乎是非爭
鬥的互相敞開狀態中，讓思想的無限生機進行它們最有活力的「兩
行」交換與「互通」相長。這才是〈天下〉篇對諸子百家最深的期
待與嚮往。而不是再度爭先恐後地競逐新話語權，想要用自家道統
觀點去終結百家話語，一統天下思想。如此則可以解讀，〈天下〉
篇所強調的「天地之純，古人大體」，一則在於批判諸家「以自為
方」造成思想各自為政、彼此爭鬥的支離破碎。二則在於強調「和
以是非」「虛而待物」的開放胸襟，「以應無窮」地納受差異觀點
的多元並生。這才是《莊子》心目中物論齊唱、萬籟交響的大胸襟
大氣魄。

　　再從〈齊物論〉的分析來看，一般人的「知」很少不流於「勞
神明為一」的一端知見，這是因為人的認知活動經常被「成心」的
特定視角所影響。這種人人「隨其成心而師之」的「自我觀之」活
動，必有認識死角，也經常與名言「彼是方生」的二元結構相伴而
生。語言二元結構所推動的思維活動因其認識死角，容易掉入「一
偏之見」的限制，則又和「有蓬之心」的固化偏取所造成的意識型
態有關。可以說，《莊子》對「知」的批判，主要在於對意識型態
的主體偏執之批判。「有蓬之心」也是〈逍遙遊〉用來批判惠施之

「知」的重點[23]，它指出惠施知見背後是一種蓬塞封閉卻又自我擴張的主體狀態，企圖將個人片面的認知擴張成普同觀點。例如他總是以其「知多之盛」欲強行加諸他人，大不同於莊周以虛室之心來傾聽差異化的多元觀點，所以莊周才用茅草堵塞的「有蓬之心」，來譬喻惠施「以有知知之」的自我固執狀態。關於有蓬之心的不通，或者成心自師的固化，又可透過「彼是相因」的二元結構來分析，〈齊物論〉將其與「儒墨是非」的批判連結起來：

> 故有儒墨之是非，以是其所非而非其所是……物无非彼，物无非是。自彼則不見，自知則知之。故曰彼出於是，是亦因彼。彼是方生之說也，雖然，方生方死，方死方生；方可方不可，方不可方可；因是因非，因非因是。[24]

從以上〈齊物論〉對儒墨是非的批判，到〈天下〉篇所批判的諸子紛爭，深層反省都指向「一端知見」背後的語言結構以及主體狀態。語言二元結構的「彼出於是，是亦因彼」之現象，揭露出知見判斷的即開顯即遮蔽、即中心即邊緣的結構處境。人們都陷泥在語言結構中進行思考與判斷，卻難以反思語言符碼系統對人們的結構性限定。由於處於結構中不同位置的發言者，通常都只習慣「自我觀之」地「以此非彼」，結果便難以跳出「此亦一是非，彼亦一是非」的惡性爭勝。儒墨彼此陷於「一曲之士」的危機在於，只看見自己的「是（知）」，卻不能反身省察自己的「非（不知）」。

23　在〈逍遙遊〉中，莊子和惠施討論「大瓠」的有用、無用時，就曾批判惠施說：「夫子固拙於用大矣……則夫子猶有蓬之心也夫！」，《莊子集釋》（台北：河洛圖書公司，1974），頁37。
24　《莊子集釋》〈齊物論〉，頁63-66。

於是兩種各有「成心」的「自知之明」、「一察自好」、「一偏之
見」，就很難不掉入「自彼則不見，自知則知之」的「我是你非」
之勝負鬥爭。若轉從語言結構的主體狀態來看，當「彼（如儒之立
場）」與「是（如墨之立場）」，各在自我同一性的封閉主體下，
宣稱擁有真知灼見時，彼此根本難以產生「面對面」的相互轉化之
差異化運動（兩行）。而通常只會是重複自我主體的單邊知見之宣
示（自是）與爭辯（非他），其結果將是「各是其是，各非其非」
的無窮爭辯。從《莊子》看來，儒墨兩家甚至諸子百家，看似眾聲
喧嘩、多音複調的話語流動現象，骨子裡大多在進行著「彼是對偶」
的正統與異端之辯。其實各家都期待自家話語系統，終究可以一統
爭端，成為大家所共識的大是大非。但在《莊子》看來，這種自我
絕對化、真理唯一化的諸子鬥爭現象，其實仍然還是問題重重。因
為這樣「自我觀之」的爭鳴，從未放棄主體固我下的「同者思維」，
諸子百家們並沒有藉由百家爭鳴的多音複調，同時反省各家觀點的
「見」與「不見」，從而走向擱置同一性己見、容納差異性他見，
打開巵言日出的兩行流動之「差異思維」。換言之，諸家大抵皆只
是自我語言權的宣示與爭搶，很少能進入「互為他者」的雙向轉化
過程。用〈齊物論〉的話說，大家還是各自走在「以成心為師」的
思想單行道上，錯過了面對面「互為他者」的「兩行」轉化契機。
而這種以「成心為師」的「是非爭勝」之世俗人生，在《莊子》看
來實為甚深的自我同一性之習癖作祟：「世俗之人，皆喜人之同乎
己而惡人之異於己也。同於己而欲之，異於己而不欲者。」[25]

於是《莊子》批評諸子百家們太急於從剛崩解的中心權力與統
一話語手中爭搶寶座，渴望使自身的話語系統重新躍上新舞台的價

---

25 《莊子集釋》〈在宥〉，頁392。

值中心。從〈天下〉篇看來，百家爭鳴的現象還只能算是表面的眾
聲喧嘩，因為諸子間仍然渴望搶奪話語權的中心位置，並由此掉入
相互否定、是非鬥爭的話語戰爭。顯然諸子百家都想脫穎而出，並
終結這種價值混亂局面，重新一統思想與尚同話語，以建立一套他
們自身所認定的價值典範系統。例如《墨子》在思想言論的終極立
場上主張「尚同」，而《孟子》也樹立一套道統典範而強烈批駁異
端思想與言論[26]。諸子之中幾乎唯有《莊子》，能在這眾聲喧嘩的
文化轉型年代，試圖提煉出近似巴赫金「對話性」的文化批判與更
新觀點。因為《莊子》並不企圖提出一套絕對真理來補充或取代周
文，也不再以自身的話語觀點為中心而排斥諸子思想。《莊子》的
關懷與其說是在於重建一套新價值系統，毋寧說是在於反思價值系
統本身是如何建立，尤其著重在分析語言與價值之間的構成關係。
由於任何價值階序的建立都得透過語言符碼，而語言的分類模式必
然呈現中心／邊緣的二元結構，由於人們無法逃離語言結構的分類
網絡，通常也就不自覺地繼承了某種分類模式，並將其中心化、實
體化為固定的思考模式，順此便容易滋生出絕對道統或價值神話。
倘若未能深思並批判語言與文化的結構內涵，並從中反思價值系統
的封閉性危機，那麼便會錯過文化轉型期所帶給我們的反省契機，
使得眾聲喧嘩現象淪為大一統言論再度到來之前，暫時性的紛亂局
面而已，並未能真正從中提煉出普遍性的文化轉型之更新理論。《莊

26　墨子為平齊是非的統一語言之尚同觀點，參見《墨子閒詁》（北京：
　　中華書局，2001），頁74-98。而孟子雖沒有統一思想與言論的主
　　張，但他對所謂異端的批判排斥性也極強烈：「我亦欲正人心，息
　　邪說，距詖行，放淫辭，以承三聖者；豈好辯哉？予不得已也。能
　　言距楊墨者，聖人之徒也。」《孟子・滕文公下》，《四書章句集
　　注》（台北：大安出版社，2007），頁379。

子》〈齊物論〉的遊化主體之兩行觀點，真正隱含對話理論的多元
性、差異性主張，它促使人們善於反思自身話語的固定位置與單一
視域，同時走向自我中心的擱置與換位，對他者的傾聽與敞開。而
〈天下〉篇這種既批判諸子百家的表面繁華，又挖掘諸子百家的深
層意義，或許可以提供我們進一步思考新諸子學的「子學精神」以
參考。

三、台灣新莊子學與大陸新子學的通古今東西之變：跨文化的混雜現代性

　　台灣新《莊子》學，是近十年來台灣一股有活力的學術現象[27]。

27　有關「台灣跨文化新《莊子》學」的發展過程，若縮小以便集中描
　　述其學術特質，可以先鎖定由台灣中研院中國文哲研究所承辦發起
　　的一系列跨文化《莊子》研討與出版來觀察，例如從2007年的「身
　　體、動物性與自我技術：法語莊子研究工作坊」開始，往前追溯、
　　往後綿延近乎十年，以至於到現今仍在發展當中的新莊子學熱潮。
　　其間《莊子》歷經一系列的跨文化對話與當代詮釋，例如與法國漢
　　學家畢來德（Jean François Billeter）、朱利安（François Jullien），
　　德國法蘭克福學派阿多諾（Theodor W. Adorno）、孟柯（Christoph
　　Menke）、霍耐特（Axel Honneth），等學者或思想，進行直接面
　　對面的對話交流，或與其重要的經典著作進行思想交織。而陸續參
　　與這一波波連續的跨文化解莊運動的學者們，主要橫跨了台灣中文
　　與哲學兩界，包含了中國思想、歐陸哲學、英美分析哲學、法國哲
　　學，各類跨域人才的相繼投入，範圍可包括從2007年到2016年所舉
　　辦的相關學術活動：如2007年「身體、動物性與自我技術：法語說
　　莊子」（中研院文哲所主辦）；2009年「若莊子說法語：畢來德莊
　　子研究工作坊」（中研院文哲所主辦）；2010年「莊子研究與跨文
　　化批判工作坊」（中研院文哲所主辦）；2011年「莊子研究與當代
　　西方思潮研討會」（北京外國語大學主辦）；2012年「莊子講莊子
　　工作坊」（中正大學哲學系主辦）；2012年「正言若反與庖丁解牛：

楊儒賓先生曾在近期大作《儒門內的莊子》，觀察此一思潮之歷史
脈絡並評估其未來潛力。他精準指出台灣新《莊子》學做為第三波
莊學修正思潮的新時代歷史處境：「如果說第一波是儒道交涉在《莊
子》注疏上的歷史效應；第二波的修正潮是面對長期三教交涉下的
心學主軸之反動；第三波的修正潮之歷史背景則是在西潮衝擊下的
回應。此波的《莊子》詮釋發生於『現代世界中的中國』，『現代
世界中的中國』之複雜遠非『天下中國』的任何時期所能比擬。」[28]
楊先生所描述「發生於現代世界中的中國」複雜境遇下的第三波莊
學思潮，涉及了台灣近十年來仍在持續發展的跨文化新《莊子》學
之詮釋運動，筆者曾經將其名為「跨文化台灣莊子學」[29]。現在類

（續）

跨文化哲學視域下的道家研究工作坊」（中研院文哲所主辦）；2012
年「莊子的當代詮釋國際學術研討會」（中研院文哲所、北京外國
語大學主辦）；2013年「莊子與氣的哲學工作坊」（中研院文哲所
主辦）；2013年「莊子哲學工作坊：音樂、語言與心靈」（陽明大
學主辦）；2013年「間與勢：朱利安對中國思想的詮釋工作坊」（中
研院文哲所主辦）；2014年「力量的美學與美學的力量——孟柯美
學理論工作坊」（中研院文哲所主辦）；2014年「跨文化理論學術
研討會」（中研院文哲所主辦）；2015年「莊子與阿多諾（Theodor
W. Adorno）能否溝通？跨文化視野中的批判理論研讀會」（中研
院文哲所主辦）；2015年「莊子哲學的當代意義國際學術研討會
（ International Conference on the Contemporary Significance of
Zhuangzi's Philosophy: Funding Application）」（陽明大學主辦）；
2016年「社會自由與民主的理念——跨文化視野中的霍耐特（Axel
Honneth）社會哲學工作坊」（中研院文哲所主辦）。2017年在捷
克布拉格所舉辦的"Towards a New Paradigm of Subjectivity: On the
Contemporary Significance of the Zhuangzi"。

28　楊儒賓，「結論——莊子之後的《莊子》」，《儒門內的莊子》（台
　　北：聯經出版公司，2016），頁456。

29　參見拙文對楊先生大作的評論稿：〈《儒門內的莊子》與「跨文化
　　台灣莊子學」〉，《中國文哲研究通訊》27卷1期（2017年3月），

比於「大陸新子學」一名，本文將其簡名為「台灣新莊學」。對照
於楊先生所謂第一波魏晉莊子修正思潮的儒道調合思想，第二波明
末莊子修正思潮的儒釋道三教思想交涉，第三波台灣新莊學的當代
詮釋背景已不只停留在「天下中國」的文化連續之古典境遇中，而
是強烈認識到西潮衝擊下所造成的古典文化之「裂隙事實」，並積
極面對處身東西跨文化境遇下的現代性「世界中國」。現代性處境
下的「世界中國」，雖然使得「天下中國」產生嚴重的斷裂現象，
造成「天下中國」的存有連續性之文化裂隙與價值崩解。但是從一
個宏大歷史規模的文化遭遇角度來看，東西文化衝擊所打開的文化
裂隙，卻也逐漸從被動性的壓迫傷害，轉化為主動要求中國文化再
度進行大規模文化轉型新運動。類比於先秦戰國處境下周文化大一
統秩序的天下崩解，「現代世界中的中國」的文化裂隙幾乎是幾千
年來「天下中國」一統秩序的天崩地裂。但「天下中國」所遭受的
天崩地裂之文化斷裂既是無可迴避的創傷經驗，但它也是重新考驗
處身「現代世界的中國文化」是否具備文化轉型的再創新、再轉化
能耐。我們若從巴赫金的文化轉型理論來觀察，西方現代性文化的
強行介入雖使中國文化遭逢前所未有的強勢「他者」，但這也是考
驗現代世界下的中國文化，能否再度蘊育「通古今東西之變」的新
文化契機。

　　就像新子學的國學並非一成不變的本質性概念，隨著時代處境
的不同，既可以也可能展開它回應新時代的新國學意義。台灣新莊
學也不認為中國文化是個一成不變的本質概念，反而認為中國文化
一直在歷史發展的時間進程中，遭逢他異文化的混雜過程中，持續
其吸收轉化他者的變形運動，才是中國文化的實相。類似於隋唐時

代佛教異文化的介入，元清時期異族文化的介入，如今百年來西方
現代性文化的介入，也同樣嚴肅考驗再三要求中國文化面臨文化轉
型的「化而不固」、「老而常新」之挑戰。晚清以來中國古典文化
最嚴肅、最大規模的文化處境，便是被迫轉型為「現代世界下的中
國」。可以說，中國歷史上第一波和第二波的《莊子》學，其「天
下中國」的文化觀，仍然是以中國文化為中心的天下觀，如今「世
界中的現代中國」則完全動搖以中國為中心的文化本質觀。往昔古
典式的「天下中國」或「中國天下」，當今面臨了前所未有的「現
代性」大變局，東西兩大文化相互交織的「新世界」，取代了中國
文化華夏獨尊的「舊天下」。第三波台灣新《莊子》學除了具備身
處「中華──台灣文化連續體」的古典詮釋境遇以外，值得注意的
是，身處「現代中國」、「世界中國」處境下的台灣新莊學思潮，
也高度自覺當代漢語哲學身處東西跨文化語言混雜的生成處境。於
是積極認取了「現代中國」的古典研究，必須放在新天下、新世界
的東西跨文化境遇來詮釋，如此方能有古典新義的新《莊子》學。
對於台灣新莊學風潮的古典新義與跨文化實驗，核心靈魂人物之一
的德籍在台學者何乏筆，底下觀察便深層觸及了台灣面對古典文獻
的歷史、政治之複雜性。並能看出《莊子》在台灣當今十字打開的
語言境遇下，奮力嘗試在跨文化漩渦中，尋求思想創新的爭扎與自
由：

　　在當今的台灣，中國古典文獻的研究處於艱難的文化情境。一
　　方面，去中國化的傾向加深了對中國哲學的漠視和冷感；另一
　　方面，中國大陸對古典文教的新熱情也很可疑，因為復興古典
　　的思潮與某種具有民族中心、國家主義色彩的文化民族主義交
　　雜在一起。在此兩難的研究情境下，重新調整古典中國哲學研

究的大方向，便顯得特別急迫。尤其無法逃避的難題在於：關
於古典中國哲學的研究，能否成就一種跨文化的批判性轉向，
以重新獲得回應或診斷時代的能力和魄力。……於是，2009年
「若莊子說法語：畢來德莊子研究工作坊」以降的研究方向，
便特別著重《莊子》的批判精神，尤其從《莊子》式的主體範
式（身體主體、氣化主體、形氣主體、遊之主體）開始檢驗當
代新儒家所謂的「心性主體」。在此背景下，王夫之與章太炎
對《莊子》的解釋潛力，又再度引起學者的關注。可以說，《莊
子》研究的跨文化轉向已逐漸形成，其解讀方式不再以郭象注
為主要參照，而受明末清初的王夫之，以及清末民初章太炎的
啟發，彷彿找到了連接《莊子》與反思現代性變革的兩條線索。
由此觀之，《莊子》讓當代漢語哲學的思想陷入前所未有的跨
文化漩渦裡，此中似乎可見潛力無窮、深不可測的思想創新和
文化變革之可能。當代漢語哲學在台灣所累積的跨文化潛力，
正在尋獲一種通古今東西之變的哲學表達，此一表達充滿了掙
扎，也充滿了自由。[30]

　　台灣跨文化新莊學研究者高度認取自身的詮釋境遇，乃同時處
身「通古今之變」與「通東西之變」的雙重現代性之交織境遇。一
方面需將《莊子》放在中國經典詮釋史的古典縱貫軸來考察，另一
方面也無所逃於當今詮釋者處身東西跨文化橫向交織的現代性語
境。若嘗試初步粗略比較，大陸新子學的主要推動者（如以方勇教
授為例），他其實也清楚意識到現代中國的世界性處境，已不再是

---

30 參見何乏筆主編，《若莊子說法語》、《跨文化漩渦中的莊子》（台
　北：台大出版中心，2017年6月）兩書的〈編者序〉。

古典中國的天下觀，而是無所逃於複雜多元的現代性文化處境下，
嚴峻考驗新子學是否具備大開大闔的創新回應能力：

> 諸子學本身所具有的多元開放的氣質，正是中國思想原創力的
> 突出體現。身處現代語境中的當代研究者，不妨學習和繼承先
> 秦時期「處士橫議」的原創精神與恣縱氣勢，擺脫各種固有觀
> 念的束縛，汲取原典智慧，融會當代理念，是為學術創新之關
> 鍵所在。[31]
>
> 就新子學而言，我們要思考的是今天的時代提出了什麼問題，
> 新子學對這些問題該如何作答。我以為，至少有這麼幾個問題
> 值得我們深而思之：新子學與中國學術文化轉型的關係；新子
> 學如何處理好多元與會通之間的關係；新子學如何對待當代學
> 術文化中世界性與中國性的糾結。[32]
>
> 當今世界已經不再是古典中國的天下了。今日我們已經完全置
> 身於複雜多元的廣闊世界中，勢必要去理解與我們完全不同的
> 異己者。……新子學以返歸自身的方式來處理學術研究中世界
> 性與中國性的張力。所謂世界性，指的是現代中國的學術必須
> 與西方現代學術處於一個平台上，能夠與其他國家學術相互理
> 解。所謂中國性就是這一學術又必須是帶有中國屬性的，是中
> 國獨特視角、立場、方式下的產物，對於我們自身是必要的，
> 對於其他國家是有價值的……由此我們寧願對學界一向所呼籲
> 的中西結合保持冷靜態度。中西結合雖則是一個良好的願望，
> 其結果卻往往導致不中不西的圇圄之學……新子學當然會關注

---

31 方勇，〈新子學與中華文化重構〉，《新子學論集（二輯）》，頁3。
32 方勇，〈再論新子學〉，《新子學論集》，頁19。

西學，我也深知這是一個西學盛行的時代，但是我們的工作重
心還在中國性的探索上，在中國學術的正本清源上。[33]

　　方教授一方面深感當今古典研究的中國性與世界性的辯證交織
之必要，但另一方面依然可以看出他對中國性的優位堅持以及對「不
中不西」囫圇之學的擔憂。從上述引文，我們既可看出方教授對新
子學發展路線的遠見宏識，但也可發現他的徘徊猶豫。所以兩端來
回的原由，或許和方教授長期治理莊學史的古典學養特長，以及他
對回歸中國文化主體性的原點主張，還有擔心諸子思想過度哲學概
念化所導致的抽象空洞化弊病等等堅持和憂心頗有關係，因此將目
前新子學的主要發展重點，放在古典語境的「返回自身」之重建工
作上。言下之意，方教授似乎還是認為有一客觀諸子學的思想自身
可以原貌重返。而這樣的返回自身或重返原貌，可以不落入「不中
不西」的囫圇之學。如此看來，方教授似乎仍先預設了一個「原中
國性」的歷史原點來做為諸子學的研究基點，再延伸出去思考中國
的現代世界性處境，新諸子學如何面對西方現代學術的挑戰與回
應。由此觀察，方教授的新子學主張，在面對「世界性與中國性的
糾結」這一跨文化處境時，除了明顯站在中國性的優位這一端，多
少也仍然預設了（微細的）東西二分架構，亦即中國性與世界性的
本末優次之二分架構。而正是這種中國優位的關懷與東西細微二分
的前見，可能使得其所謂新子學在擺脫舊有理念束縛的「原創精
神」，融會當代新理念的「處士橫議」，以及中國學術如何進行世
界性回應的「多元開放氣質」，容易停留在觀念上的呼求，並對「即
中國即世界」的非二元論之跨文化交織，顯得相對保留與保守。如

---

33 方勇，〈再論新子學〉，《新子學論集》，頁21。

此一來，是否使得新子學的果敢創新與回應當代的新文化轉型課題，在觀念與實踐之間，產生徘徊猶豫與不易跨越的間距？這也將是未來值得觀察與對話的課題。

　　相較而言，台灣的新《莊子》學大體釋放了文化本質與國族主義的思考方式，但這不意味《莊子》完全被消除了文化風土的中國性韻味。事實上，台灣新莊學運動仍然必須放在兩重現代性處境來觀察，只是它並不退回封閉性的文化本質主義來排拒跨文化的生長機遇，不停在東西二元對抗的老調重彈，反而主張藉由跨文化機遇來更新、轉化傳統，從而產生內外語境交織的混雜現代性（也迎向多元現代性），以便促使古典文本的創造性「差異重複」，而非還原性的「同一重複」。這種跨文化語境後的內外交織之混雜現代性，或有可能同時具備世界性與中國性的雙重滋味。如此一來，才能批判地回應西方文化單向度所帶來的「外部現代性」（停留在「單一現代性」）之強勢文化殖民，從而產生一種既頡抗又對話的雙向辯證關係。台灣的新《莊子》學並未放棄文化主體性的堅持，但是更堅持任何文化主體都必然是在「主體他者化」的混雜過程中，化而不固地有機生長，其間並未有一純粹中國性可徹底還原，更不可能走向完全西化的單一現代性。而文化主體性的保護與跨文化異質交織，兩者之間弔詭共生，正是台灣新《莊子》學要積極肯認「現代世界下的中國」，可勇於自信面對文化大轉型的創造性邏輯。

　　跨文化「編織」這一隱喻，必然指向「跨域」和「混雜」，並在「經」「緯」錯綜複雜的織入編出之來回過程中，讓意義化的圖像不斷生成演化出來。每一時代的編織者，自然都有自身的當代視域和文化處境，也必然將當代經緯絲線織入古典經典詮釋的動態圖景中。如何在古／今、東／西的跨域肌理中，持續編織出更能回應世界性課題的《莊子》新義，已是台灣新莊學面對新文化轉型的「處

士橫議」之歷史新命。返本即開新,眼前「世界下的現代中國」所
面對的「本」,並非形而上的本源本體之完滿本體,也不是未曾遭
逢西方文化以前的「前現代性」之諸子本源,而是當代學者對諸子
學重新扣問的「古今交織」、「東西交織」、「自我與他者交織」
的「無本之本」。這樣的「無本之本」已不再能簡化為純粹中國性
之「老本」,而是世界性與中國性混然中處的「新本」。

若以曹礎基和楊國榮底下的區分來觀察,方教授新子學的上述
呼求,雖然也可同時包含「新之子學」與「新子之學」這兩個方面,
但他所謂中國性之「返回自身」則比較偏向「新之子學」,而其世
界性開展之呼籲則比較傾向「新子之學」:

> 新子學最難的還是個新字。新不是新標點,不是新解釋,不是
> 新考證,不是新編、新續,主要是新思想。……叢木裡有很多
> 樹種,許多樹種都是古已有之的。一種樹有它的遺傳基因,但
> 土壤、水分、空氣、周圍環境等條件變化,是會使之產生變異
> 的,何況現代人類掌握了雜交、轉基因的技術,產生新的樹種
> 也不是不可能的。新子學應該是新的樹種。[34]

> 這裡需要區分兩種形態:其一,以歷史上的諸子之學作為研究
> 對象。其二,通過創造性的思考,形成新時代的諸子之學。前
> 者屬學術史、思想史的對象,後者則是新的思想系統本身的形
> 成和發展。嚴格意義上的新子學,主要與後一種形態相聯繫,
> 它意味著在新的歷史條件下形成新的思想者和新的思想系統。[35]

---

34 曹礎基,〈新子學懸想〉,《新子學論集》,頁121。
35 楊國榮,〈諸子學論略〉,《新子學論集》,頁423。

　　新子學的思潮湧動基本上也可透過既返本又開新來描述，所謂「返本」意指重新挖掘漢代獨尊儒學「經學化」之前的「子學現象」，亦即回返先秦諸子百家爭鳴的多元思想與學術活力之本色。所謂「開新」，則意指不僅要返回先秦本源去闡釋「子學現象」的過去風華，更要提煉出可以貫通古今之變，能夠回應東西文化大變局的「子學精神」。亦即「子學精神」更強調世界性境遇下的文化再創發，被期許為具有回應古今東西之變的原創精神。簡言之，前者重在於張揚過去諸子文本在先秦處境的時代回應性。而後者則貴在將諸子文本放在東西文化的當代性處境，以開發諸子文本回應當前文化轉型的創造性挑戰。儘管從方教授個人對於新子學的工作重點、核心精神，可能主要是放在「重返西學介入之前諸子自身的原問題原視域上」[36]，但他仍然眼光前瞻地大力呼籲「新子的現代性學術轉型與中西文化交涉的回應能力」之重要性[37]。未來大陸新子學的發展方向，到底會以對先秦諸子思想的重新解讀以詮釋舊子學元典的「新之子學」為核心取徑？還是要從傳統子學思想中再創造新子學經典的「新子之學」為主導方向[38]？目前看來，方教授領軍的新子學研究工作團隊，似乎以返回中國性的「新之子學」為主要工作目標。而台灣的跨文化新《莊子》學則以中國性和世界性的互文交織、以創造「新子之學」為主要工作目標。若以曹礎基上述的譬喻來說，

36　若以方教授2013年〈再論新子學〉來看，較傾向將新子學的工作重點放在第一點上。

37　若以方教授2016年〈三論新子學〉來看，他對新子學的第二點工作有更大的開放性期待。

38　相較而言，吳根友在〈新子學：幾種可能的路向〉的發言，其所提及的蕭萐父和馮契觀點，明顯比較傾向「新子之學」，亦即對東西跨文化的世界性交織有更大的開放與自信。《新子學論集（二輯）》，頁97-99。

台灣新莊學由於承認中國性的老幹無所迴避於現代性的文化土壤，因此強調所謂返回自身並非返回純粹的中國性，而必然已是「與世界共在的中國」、「與當代共在的古典」。而這種跨文化交織互文下所織成的「世界性的中國」或「中國的世界性」，則自然已是一種混雜接枝後的新文化、新思想、新品種，而非原汁原味的先秦子學的品種還原[39]。

新子學未來的發展路線到底是以「新之子學」為主調？還是以「新子之學」為主調？雖然必有爭議，顯然還待磨合。但以當前新子學仍在蘊釀思想發展的摸索階段而言，或許仍非二擇一的悖論問題，反而是可以分工合作、相互加乘之兩輪事業。總之，當前面對中國性與世界性的爭論課題，我們或許仍可學習〈齊物論〉「和以是非」「以應無窮」的「兩行」態度，讓「新之子學」與「新子之學」分工合作、交互對話。學者可以依憑自身之學術訓練之側重面，分頭努力、相互加乘，只要持續保持彼此開放的對話態度，將來或有更為深度的相互交織之新共識新目標。

四、結論

文化大規模轉形期下的先秦子學，不僅在學術型態上，必從「以一統多」走向「多元交錯」，而就學術性格而言，則充沛著批判性格與實踐動能。諸子既強烈批判苛政猛虎的政治暴力，也各自奮力

39　吳根友根據蕭萐父觀點曾提出類似看法：「而這一兼綜並育的新文化，即是在中西、古今的交會中形成中國傳統文化的現代性轉化。這時的中國文化將是一個『矛盾、雜多的統一』的『和』的文化狀態，而不是單向度的純之又純的新文化。」〈新子學：幾種可能的路向〉，《新子學論集（二輯）》，頁99。

提出當周文規範崩解後，如何挽救天下秩序的新思想方針、新制度
變革。換言之，諸子百家的學術性格之起始點與生發處，便具有高
度的解放、多元、批判、淑世等等實踐性與理想性格。弔詭的是，
它們雖是大一統政治退位、學術政治化解構後，復歸學術自主性的
文化轉型運動，但不管老子、孔子、墨子、莊子、孟子、荀子、韓
非子等等，諸子卻也莫不以其獨特方式回應了政治，百家以差異思
維各自反思了規範性重建的新道路[40]。而提供的答案呈現眾多紛
紜、百家爭鳴的多音複調現象。可以說，諸子學之間激烈論辯的情
況下，大家各有所立、各有見解、紛陳其說，因此解答自然多元交
錯，千峰競立。

　　歷史上這種百花齊放、眾聲喧嘩的先秦子學現象，對於新子學
的主張者，也就具有了學術理想性格的烏托邦性質，至少被舉標為
最具理想類型的學術情境，並由此想要從中提煉出可「通古今之變」
和「通東西之變」的「子學精神」。然而相對於新子學主張的中國
學術史實況，由於長期在帝國邏輯的學術政治化主導下，經史子集
之傳統四部分類法所反映的「以經為統」、「以一御多」的經學中

---

40 從筆者的角度而言，並非只有韓非這種著力於新制度改革（如促成
封建制到郡縣制等等吏法改革），或者孔孟荀那種著力於仁義禮教
的古典秩序重建，才具有淑世性格。老莊也有它對何謂理想規範、
規範基礎何在的深刻反思，只是老莊的淑世性格必須更為曲折辯證
地來了解。這裏涉及了老莊的弔詭思維方式，以及老莊對學術與政
治的批判性間距。整體而言，筆者同意先秦諸子皆有一個重構天下
秩序的應世情懷，只是角度和方法各有深淺與異同。有關先秦諸子
在王綱解紐之後，重構天下秩序的應世性格，以及各思想流派和帝
國邏輯的遠近關係與內在糾纏，可參見聶學慧、劉思禾：〈追尋諸
子問題的現代解答——對新子學發展的一點思考〉，《新子學論
集》，頁282-300。

心化圖像，才是傳統國學、官方立場下的學術理想類型。由此一來，
新子學批判學術政治化的經學中心現象並非理想中的學術自主狀
態，並嘗試解構四部分類之權力支配性，重新定位「國學」甚至迎
向「新國學」的理想性格和未來意義。新子學意義下的「國學」，
其實已不再自我封限在經史子集學術系譜之傳統「舊國學」脈絡，
而是將「國學」明確放在中國現代（或現代中國）所必然遭遇的古
今、東西視域交融，重新扣問當今新文化轉型階段的現代性中國脈
絡下，國學是否依然保有產生回應時代的學術動能。換言之，國學
不必僅是古代的歷史產物，而是不斷面對當下文化新境遇而有待被
詮釋開採，有待被價值重估的活性資產。如此思考，由新子學所想
像的新國學之未來可能性，至少必得建立在兩重跨域接軌的學術自
覺上：一是古典與當代的視域融合，如此才有機會產生古典新義的
淑世性格，二是東方與西方的互文交織，如此才能回應百年來東西
文化衝突所造成的中國文化之斷裂與再轉型。「經學」和「子學」
這兩種學術性格，在新子學的主要論述架構中，傾向於被視為對立
典範來看待[41]。根據此一對比性，新子學認為以子學精神重新定位
自身的新國學，其學術精神並不停留在過去歷史性而具有未來前瞻

---

41 子學與經學的對舉具有理想類型學的對照意義，但學者對這個二元
    對分架構，仍有立場差異。有些學者仍然堅持經學並非鐵板一塊，
    主張可以多加關注經學內部的差異性，以及經子合作的空間，例如
    嚴壽澂：〈新子學與中華文化的復興〉，《新子學論集（二輯）》，
    頁278-300；李若暉：〈「新子學」必須與經學相結合〉，收入〈新
    子學：幾種可能的路向〉，《新子學論集（二輯）》，頁101-104。
    而方勇、陳成吒則明顯傾向突顯經子之間的學術性格之本質差異
    性。參見陳成吒：〈「新子學」對國學的重構──以重新審視經、
    子、儒性質與關係切入〉、〈「新子學」的儒家〉，《新子學論集
    （二輯）》，頁573-587、588-598。

性。更完整地來說，學術的古典新義在於以現代處境扣問古典資產，以促使過去的學術話語不斷與當下時代產生視域融合而產生新義蘊，而這樣的新義蘊才會同時具有歷史的和當代的雙重性格。而所謂中國文化的當下境遇，無疑有一最大的文化斷裂之嚴重缺口，亦即百年中國遭遇西方文化所產生的現代性危機。然而這個西方文化所帶來的中國現代性危機，其實也正是中國學術與文化被迫重新面對文化再轉型與再創造的大轉機。傳統經學的研究者似乎只能安居原來的歷史脈絡來迴避這個現代性挑戰，因此固守自我中心化的過往輝煌歷史，而新子學的研究者則呼籲中國學術無所逃避於這個現代化命運，主張唯有參與並促成東西文化對話的文化轉型工程，國學才足以承當面對未來挑戰的新使命[42]。

賴錫三，中山大學中文系教授。近年主要從事當代新道家的重建，以及跨文化莊子學的推動。著有：《莊子靈光的當代詮釋》、《丹道與易道》、《當代新道家：多音複調與視域融合》、《道家型知識分子論：莊子的權力批判與文化更新》等書。目前正在出版新書《莊子的跨文化編織：自然‧氣化‧身體》。

42　聶學慧、劉思禾指出：「現代子學研究的基本前提是，中國已經匯入現代性的洪流中，作為參照系的巨大背景消失了，權威已經遠去，一切言說都要從面對當下開始。……新子學不是目錄學意義的子部之學，而是一種蘊涵中國問題和表達方式的新中國學。而諸子問題作為中國政治與文化的元表達，是我們理解自身的初始境遇，也是面對現代性的思想起點。……我們相信，中國會有一個現代的文化體系，真正的困難也許是：在這一體系的建構中，中國的諸子學能有什麼貢獻？就此而言，新子學要對面對現實，構想未來，去承擔自身的命運。」〈追尋諸子問題的現代解答——對新子學發展的一點思考〉，《新子學論集》，頁299-300。

視聽暴力：

「九評」的生產、傳播及紅衛兵一代的記憶[1]

孫沛東

引言

作為最重要的「意識形態的國家機器」[2]之一，毛時代的媒體，尤其是紙媒和廣播，在建構和重塑中共革命傳統中有何作用？與蘇聯1930年代的「大批判」對比，1960年代的中蘇論戰中的「九評」，對中共政黨文化有何影響[3]？在探討中國革命傳統的文化根基時，裴宜理強調中共在實現普通民眾理解、接受並擁護革命政權過程中，「文化置位」和「文化操控」作用重大：自成立伊始，中共就對一系列象徵資源（宗教、儀式、修辭、著裝、戲劇和藝術等）進行戰

1 作者感謝哈佛大學燕京學社2016-2017年訪問學者專案的資助，感謝裴宜理、楊國斌、楊奎松、吳迪、金光耀和盧漢超等教授對文章初稿的指點，特別感謝哈燕圖書館卓越的文獻服務，文責自負。

2 Althusser, L. 1971. Ideology and ideological state apparatuses: Notes towards an investigation. *Lenin and Philosophy*. Trans. Ben Brewster. New York: Monthly Review Press, 127-186.

3 馬龍閃，〈蘇聯30年代的「大批判」與聯共（布）政黨文化的形成〉，《俄羅斯學刊》，2013年第1期，頁68-78。

略部署，旨在實現政治說服[4]。文革音景是從視聽文化角度研究文
革。現有研究認為聲音記憶是毛時代視聽文化和文化記憶的重要組
成部分，它直接嵌入「紅衛兵一代」的日常言語和行為，關涉他們
的認同及對世界的看法，影響至今[5]。其中，Clark等的研究發現：
文革時期的音樂將個體感官經驗與集體政治生活連接起來，音樂被
政治化，政治也被音樂化；音樂傳遞的意識形態資訊和政治價值，
存在丟失和再生產現象，並呈現出色彩多樣、嘈雜的景象[6]。

　　文字入心，聲音入骨，記憶入命。首先，就文化形式而言，聲
音文本具有單一性，而「九評」作為一個既有紙質文本，又有聲音
文本的雙重文本，能夠協助我們從文字檔案和聲音檔案兩個維度，
將文革音景研究上溯至1963-1964年，探究文革前17年，文革以及文
革至今「紅衛兵一代」的文化記憶。其次，文革音景的完整故事不

4　Perry, E. 2012. *Anyuan: Mining China's Revolutionary Tradition*.
　　Berkeley: University of California Press. 4-5.
5　Mittler, B. 2012. *A Continuous Revolution: Making Sense of Cultural
　　Revolution Culture*. Cambridge, Mass.: Harvard University Asia Center.
　　Clark, P. 2012. *Youth Culture in China: From Red Guards to Netizens*.
　　New York and Cambridge, UK: Cambridge University Press.
　　Clark, P. 2008. *The Chinese Cultural Revolution: A History*. New York:
　　Cambridge University Press.
　　Roberts, R. A. 2010. *Maoist Model Theatre: The Semiotics of Gender
　　and Sexuality in the Chinese Cultural Revolution（1966-1976）*（Vol.
　　2）. Brill.
　　Jones, A. F. 2014. "Quotation Songs: Portable Media and the Maoist Pop
　　Song", in Cook, A. C. Ed.. 2014. *Mao's Little Red Book: A Global
　　History*. Cambridge University Press.
　　Clark, P., Pang, L., & Tsai, T. 2016. *Listening to China's Cultural
　　Revolution: Music, Politics, and Cultural Continuities*. New York:
　　Palgrave Macmillan US.
6　Clark, P., Pang, L., & Tsai, T. 2016. *Listening to China's Cultural
　　Revolution: Music, Politics, and Cultural Continuities*. New York:
　　Palgrave Macmillan US.1-8.

應只包括多樣化和噪音化，暴力化的面向卻長期被學界忽視。本研究試圖解碼「筆桿子」的紙質文本和「金嗓子」的廣播文本，分析兩種文本的組織化傳播，接受情境，及其對「紅衛兵一代」[7]的影響。以言辭鮮明尖利，富有攻擊性，邏輯簡單粗暴，情緒裹挾理性，理直氣壯，冷嘲熱諷，剛柔相濟為特徵的九評[8]，讓紅衛兵一代記憶深刻，至今在主流媒體和社交網站頻繁出現[9]，「九評體」與以大字報為代表的「文革體」有何聯繫？從音景演進的角度，如何佐證九評

7　本文紅衛兵一代指1945年前後出生，在學期間（小學／中學／大學）經歷了「九評」，受影響最深的主要四十年代出生的大學生或一部分高中生，1950年代出生的學生因年齡問題，絕大部分到文革開始後還讀不大懂這類政論文章。

8　毛澤東1949年所寫〈別了，司徒雷登〉政論文，1951年《人民日報》發表社論〈應該重視電影《武訓傳》的討論〉（毛澤東親自修改），大抵是「九評體」前驅。文革前（包括「九評」寫作組）和文革中寫作組成員，以及為黨報寫社論的筆桿子們也深具「九評」文風。原北大教授錢理群（1939- ）也承認九評對他影響巨大（參見錢理群，《毛澤東時代和後毛澤東時代（1949-2009）：另一種歷史書寫》（上），台北：聯經出版公司，2012，頁404-408。）另外，文革時期各地文革小報的很多主筆，如著名的四川重慶大學815戰鬥團的《815戰報》主編周孜仁（1945- ），「九評」對他們的文風也影響深重（參見周孜仁，《一個紅衛兵小報主編的文革記憶》，台北：秀威資訊科技股份有限公司，2012，頁8）。

9　2014年黨報上的公開信和文章批評一些高校教師把持大學講臺影響青年人，不斷地抹黑中國，遣詞造句風格體現「九評體」。參見〈大學老師，請不要這樣講中國〉，《遼寧日報》2014年年11月14日，第1版；徐嵐，《高校宣傳思想工作難在哪裡？》，新華社電：〈高校教師須守好三條底線 決不許教師在課堂發牢騷〉，《京華時報》2015年1月30日第7版。

一些中國學者對「新清史」的批判文章，題目和內容沿用「九評體」。參見Wu, G. (2016). New Qing History: Dispute, Dialog, and Influence. *The Chinese Historical Review*, 23（1），47-69.

是文革的先聲？

何謂「九評」？ 1963年7月14日，蘇共中央發表了〈致蘇聯各級黨組織和全體黨員的公開信〉，公開批評中國共產黨，中蘇爭論因此進一步升級。同年7月23日，毛澤東在中南海主持召開中共中央政治局常委會議，確定撰寫系列中蘇論戰文章，由康生負責。根據毛的指示，中共中央總書記鄧小平直接領導「中央反修領導小組」，陸續推出九篇評論：從1963年9月6日至1964年7月14日，中共連續發表了總稱為《關於國際共產主義運動的總路線的論戰》的九篇文章（簡稱「九評」），全面抨擊蘇共的內政外交政策。九評包括：〈蘇共領導同我們分歧的由來和發展〉（1963年9月6日）、〈關於史達林問題〉（9月13日）、〈南斯拉夫是社會主義國家嗎？〉（9月26日）、〈新殖民主義的辯護士〉（10月22日）、〈在戰爭與和平問題上的兩條路線〉（11月19日）、〈兩種根本對立的和平共處政策〉（12月12日）、〈蘇共領導是當代最大的分裂主義者〉（1964年2月4日）、〈無產階級革命和赫魯雪夫修正主義〉（3月31日）和〈關於赫魯雪夫的假共產主義及其在世界歷史上的教訓〉（7月14日）[10]。

九評因何而來？1958-1964年，中蘇爭論是中國外交政策中壓倒一切的問題[11]。儘管1961年中蘇關係有所緩解，但是1960年7月前蘇聯單方面召回全部在中國工作的專家，同時大幅減少對華軍事及其他方面的物質援助[12]。與此同時，1949年之後歷次社會運動所累積

---

10 中國共產黨中央委員會《中蘇論戰文獻：「九評」及其他》，香港：文化資料供應社，1977，頁59-516。

11 麥克法誇爾、費正清編，《劍橋中華人民共和國史：革命的中國的興起 1949-1965 年》，謝亮生等譯，北京：中國社會科學出版社，1998，頁505。

12 陳兼，〈革命與危機的年代〉，載楊奎松主編，《冷戰時期的中國對外關係》，北京：北京大學出版社，2006，頁116-117。

的社會矛盾，尤其是1958年大躍進所產生的一系列嚴重後果，不但造成了大饑荒等嚴重的社會危機，同時導致中國領導層內部的結構性緊張。1960s中蘇同盟關係走向分裂不可逆轉。1962年隨著毛澤東提出「千萬不要忘記階級鬥爭」，中共的內政外交進一步「左」轉，中蘇意識形態公開論戰不可避免[13]。

資料來源與研究方法

本文資料來源主要有五個方面：1. 57個紅衛兵一代口述史；2.《人民日報》、《解放日報》、《文匯報》和《光明日報》等黨媒報紙和地方誌（尤其是1949年以後中共出版的工業志中，有關紙質媒體出版和廣播電視的內容）；3. 北京、上海、廣東、陝西和黑龍江等省和直轄市的廣播電視檔案；4. 紅衛兵一代有關九評的日記、學習筆記和工作筆記等；5. 九評中蘇雙方主要參與者（撰寫人和翻譯等）和當事人的回憶錄及著作等。

1949年中共建政後，視聽符號、群眾動員、社會控制和地緣政治想像，是社會主義革命和繼續革命中緊密聯繫和互動的重大議題。從全球層面觀照1962-1972年中國的政治和文化，會發現中共使用現代性符號（修辭、宣傳、政治演講、群眾大會、集會、報紙跟紅衛兵小報等）和全球性事件（如中蘇論戰）塑造這一新的社會主義現代性，並訴諸於日常政治，從而將中國政治定位為世界範圍內革命鬥爭的典範[14]。1949-1966年中共不斷重新編寫教科書，調整中

13　中共中央文獻研究室，《毛澤東年譜（1893-1949）》（第5卷），北京：中央文獻出版社，2013，頁152。
14　Scarlett, Z. 2013. *China after the Sino-Soviet Split: Maoist Politics, Global Narratives, and the Imagination of the World*, ProQuest

國與社會主義陣營成員國及其他西方國家的關係敘述,旨在適應邊變的國內外形勢,重新定位中國在國際關係中的角色[15]。討論九評的傳播、接受、影響和記憶,不但可以更好地理解九評至文革整個音景的聯繫與演變,而且能夠重新審視社會主義視聽文化在這種現代性敘述中的作用。

　　本文將中蘇論戰置於建國後國內政治的框架中,從傳媒視角關注九評傳播及其影響,主要分析作為記憶的檔案之一(as an archive of memory),九評紙質文本與語音文本的傳播效應及其影響有何不同?中共採用論戰文章、廣播和高音喇叭開啟「學習九評運動」意味著什麼?受眾的閱讀和收聽經歷如何將九評的文化內涵／價值傳遞至文革時期的紅衛兵論戰?紅衛兵一代中來自不同社會階層,身處不同地區,有著教育程度和性別的個體,對紙質文本和廣播文本中的哪些內容記憶深刻?文中還討論政治傳播、視聽記憶和暴力的聯繫。研究發現中共黨內頂級理論家起草,最高領導層親自修訂而成的九評文本,具有先天的傳播優勢,並通過無線廣播及黨內一流電臺播音員的聲音強化其影響力。從視聽記憶的角度,重新審視九評作為文革的先聲,如何從視聽暴力,思想暴力和對歷史的暴力三個層面,形塑紅衛兵一代。

文革先聲:九評的生產和傳播

　　報紙和廣播是毛時代普通民眾判斷政治走向的主要官方來源。

(續)─────────────────

　　Dissertations and Theses. Retrieved from http://search.proquest.com.
　　ezp-prod1.hul.harvard.edu/docview/1353104911?accountid=11311.
15　余敏玲,《形塑新人:中共宣傳與蘇聯經驗》,台北:中央研究院
　　近代史研究所,2015,頁85-123。

中國當時在世界上比較孤立，有利於媒體更有效地灌輸官方意識形態。復旦大學紅衛兵司令安文江（1944-2013）感到兩報一刊充溢硫磺味的文章使校園籠罩在令人窒息的濃霧之中，他竭力從報紙和廣播中搜索政治方向：「那一段時間，我幾乎一字不漏地聆聽每晚的新聞廣播，天天逐字逐句地研讀兩報一刊社論和評論員文章，總想在字背後找到支撐靈魂的東西。」[16]哈爾濱居民盧叔從1966年4月16日《北京日報》上批判「三家村」和《燕山夜話》的三版文章，推測「毛主席他老人家又要搞運動了，」理由是1957年的反右運動也是先從報上搞起來的[17]。顯然，紙媒和廣播是當時官方和民間公認的傳遞政治資訊的媒介；開啟毛時代的政治運動，媒體往往是急先鋒。

　　同時，1921年中共立黨以來，尤其是1949年建政後，與蘇聯同為社會主義陣營的親密盟友關係，是官方媒體極力宣傳的一個重要面向，如何在短時間內，迅速有效地向民眾傳達眼下的中蘇分歧和公開決裂的重大政治資訊？中共及其媒體面臨挑戰。北京小學生徐焰（1951-）當時既堅信中方有理，又感到內心彆扭，因為中蘇友誼「牢不可破」的宣傳深入人心，再加上從小閱讀了大量蘇聯文藝作品，對蘇聯文化有親和性，所以一下子難以接受蘇聯修正主義的新形象[18]。喜愛蘇聯文藝作品的武漢大學生徐海亮（1944-）在公開批

16　安文江，〈我不懺悔〉，載周明編，《歷史在這裡沉思：1966-1976年紀實》（第5集），北京：北嶽文藝出版社，1989，頁302。

17　梁曉聲，《一個紅衛兵的自白》，成都：四川文藝出版社，1988，頁14-15。

18　〈蘇聯總理談中蘇論戰：你們的「九評」太厲害了〉，鳳凰衛視2011年2月24日《鳳凰大視野》，http://news.ifeng.com/history/phtv/dsy/detail_2011_02/25/4852445_0.shtml.

判蘇共以後，內心衝突加劇，「要從內心深處活活地剝離出對蘇共以及對蘇俄文化的感情來。」[19]基於此，「筆桿子」與「金嗓子」緊密合作，實現九評的廣泛傳播和影響，同時進行深入的社會動員和政治說服，發展中共的現代性敘述。

「筆桿子」的九評：紙質文本的生產與傳播

中共論戰體濫觴於國共內戰時期（1927-1937年為第一階段，1945-1950年為第二階段）的廣播和紙媒。國民黨南京中央廣播電臺1928年建台，主要職能實行反對中共的內戰宣傳[20]。1940年建台的中共延安廣播電臺後所播發的如「揭露國民黨中央社篡改中共發言人聲明的無恥行為」和「國民黨死硬派還有多少號召力」等廣播稿，佐證國共之間的論爭[21]。1941年創刊的《解放日報》與新華社向全國傳達中共的一切政策：其社論均由中央領導及重要幹部執筆，並通過廣播傳遍中國；這些宣傳強調「政治家辦報」，「黨性第一」，報紙是「指導工作和教育群眾的武器」，黨「運用輿論反擊國民黨進攻」[22]。

1963年夏，「中央反修領導小組」彙集黨內最高水準的理論家

---

19 徐海亮，〈我的文革見聞──另一類學生與文革〉，《華夏文摘》增刊第522期，2006年8月23日，http://www.cnd.org/CR/ZK06/cr356. gb.html，2016年11月27日登入。

20 汪學起，《第四戰線：國民黨中央廣播電臺揭實》，北京：中國文史出版社，1988，頁184。

21 北京廣播學院新聞系編，《延安(陝北)新華廣播電臺廣播稿選》，北京：中國廣播電視出版社，1985，頁1-5。

22 中共中央文獻研究室編，《毛澤東新聞工作工作文選》，新華出版社，1983，頁1-10。

成立並進駐釣魚臺,其成員包括正副組長康生、吳冷西,以及姚臻、
熊復、王力、范若愚和吳江共七人,配多名助手及五個外文語種的
翻譯班子[23]。寫作組也得到兄弟單位,如中聯部和史學「反修組」
等部門專業、及時的資料供給和智力支援[24]。其工作程式是擬定題
目,再分頭完成寫作綱要,每篇提綱經領導小組初步討論後,再由
鄧小平親自到場審核敲定,然後寫成文章,由小組討論修改定稿[25]。
實際上,這些文章在中共中央政治局常委會上討論前,鄧也會在吳
冷西,康生修改的基礎上,進一步修改[26]。反復多次,再送毛澤東
和其他幾位常委及有關中央領導同志審改,重要的文件最後經政治
局討論通過[27]。

　　毛澤東等中共高層直接修改並領導九評。九評屢經多級多人多
次修訂,如〈七評〉先後有十九稿[28],〈八評〉有十三稿[29]。最為
關鍵的是,毛在中南海多次主持召開中共中央政治局常委會議,討

23　閻明復,《親歷中蘇關係:中央辦公廳翻譯組的十年(1957-1966)》,
　　北京:中國人民大學出版社,2015,頁319-320。
24　崔奇,《我所親歷的中蘇大論戰》,北京:人民日報出版社,2009,
　　頁208-210。
　　趙慶雲,〈中蘇論戰背景下的史學「反修組」初探〉,《中共黨史
　　研究》2013年第5期,頁45-54。
25　吳江,〈批判「赫魯雪夫修正主義」記略〉,《炎黃春秋》2005年
　　第5期,頁46-48。
26　中共中央文獻研究室編,《鄧小平年譜1904-1974》(下),北京:
　　中央文獻出版社,2009,頁1805。
27　閻明復,《親歷中蘇關係:中央辦公廳翻譯組的十年(1957-1966)》,
　　北京:中國人民大學出版社,2015,頁319。
28　中共中央文獻研究室編,《毛澤東年譜:1949-1976》(第五卷),
　　北京:中央文獻出版社,2013,頁311。
29　中共中央文獻研究室編,《毛澤東年譜:1949-1976》(第五卷),
　　頁326-327。

論並審閱定稿，並做增刪[30]。毛年譜上對〈一評〉、〈三評〉和〈六評〉無相關記載[31]，除〈四評〉無修改外[32]，其他五篇文章都由毛澤東最後審閱，並做出程度不同的修改。如：他先後三次審閱修改〈二評〉，並將標題改為〈關於史達林問題：二評蘇中央的公開信〉，修改原句100多字，增加600餘分析文字[33]。討論〈五評〉，審閱定稿，並做增刪[34]。審閱〈七評〉第十八稿，在「當前最大的分裂主義者」部分加寫：「蘇共領導的修正主義和分裂主義，是國內資產階級因素氾濫和增長起來的產物。」在「目前的公開論戰」部分最後一段的開頭加寫：「馬克思主義是科學，科學是不怕論戰的，怕論戰的不是科學。」[35]這些句子短小精悍，鏗鏘有力，而且朗朗上口，不僅增強了論戰的氣勢，而且直接回應1963年12月蘇共寫信希望停止論戰的訴求。1964年3月中旬，毛審閱〈八評〉，在文章開頭加了一長段話，闡明此評目的是「以比過去更清楚的語言，回答修正主義者。」3月22日，在中南海主持召開中共中央政治局常委會，討論八評蘇共中央公開信，幾天後，毛再次審閱並少量修改八評第

---

30 中共中央文獻研究室編，《毛澤東年譜：1949-1976》（第五卷），頁281。
31 1963年7月鄧小平回復康生、吳冷西、喬冠華關於撰寫文章評論蘇共公開信的請示時，批「擬原則同意（寫好幾篇後可再研究）」，參見中共中央文獻研究室編，《鄧小平年譜 1904-1974》（下），北京：中央文獻出版社，2009，頁1767。
32 中共中央文獻研究室編，《毛澤東年譜：1949-1976》（第五卷），頁269。
33 中共中央文獻研究室編，《毛澤東年譜：1949-1976》（第五卷），頁259-260。
34 中共中央文獻研究室編，《毛澤東年譜：1949-1976》（第五卷），頁281。
35 中共中央文獻研究室編，《毛澤東年譜：1949-1976》（第五卷），頁311。

十二稿[36]。而最為關鍵的〈九評〉，毛澤東更是從1964年7月5日起，
幾次召開會議，逐段討論修改此文，毛修改了題目，對內容也做了
小幅改動。12日主持召開中共中央政治局會，討論通過〈九評〉[37]。
九評譯者李敦白的回憶，佐證毛本人對九評的重要參與和最終定調[38]。

　　紙媒、廣播和單行本，這些毛時代的組織化傳播管道，最大限
度地覆蓋全國受眾，有助於實現有效傳播、社會動員和控制。九評
文本定稿後，翌日登上《人民日報》和《紅旗》雜誌等中共各級各
地紙媒的頭版頭條，同時新華社、央廣和各地廣播電臺廣而播之。
另外，人民出版社翌日印刷出版單行本，全國發行[39]。外文廣播和
中文廣播同時播出，還推出各種語言的單行本和各種小冊子[40]。與
大部頭政論文集相比，單行本攜帶方便，便於傳播，有利於在國內
外普通民眾中普及九評。單行本的源頭大致可以追溯到20世紀初民

36　中共中央文獻研究室編，《毛澤東年譜：1949-1976》（第五卷），
　　頁326-327。
37　中共中央文獻研究室編，《毛澤東年譜：1949-1976》（第五卷），
　　頁370-371。
38　在中央人民廣播電臺擔任外國專家的李敦白被抽調，親自參與了翻
　　譯九評論戰文章，自感其機密程度遠勝於翻譯毛選。首先，選中的
　　譯者都是政治清白者；進出位於新華社某隱秘辦公室的翻譯地點，
　　由遮著窗簾的轎車接送；譯者不可走出指定區域，也不能告訴認識
　　的人自己的工作；三餐由專人送入，不可進入公共食堂。如此保密
　　的原因是原稿由撰寫者那裡直接送來，草稿翻譯過程中陸續收到中
　　共中央領導人親筆修改意見或建議，通常毛澤東的意見一錘定音，
　　甚至推翻重來。參見〔美〕李敦白（Sidney Rittenberg）、艾曼達‧
　　貝內特（Amanda Bennett）著，《紅幕後的洋人：李敦白回憶錄》，
　　丁薇譯，上海：上海人民出版社，2006，頁172。
39　新華社，〈《關於史達林問題》出版〉，《人民日報》1963年9月
　　14日，第1版。
40　閻明復，《親歷中蘇關係：中央辦公廳翻譯組的十年(1957-1966)》，
　　北京：中國人民大學出版社，2015，頁321。

眾抗議活動中所使用的傳單，中共在抗日戰爭和國內戰爭中也都使
用傳單傳遞革命思想，進行群眾動員。

　　下文將從言語的力量和概念的啟迪兩方面，分析九評紙質文本
的先天優勢，如何有利於其影響以及傳播。

　　大量使用軍事用語，表現出對革命暴力的崇拜。九評中有「戰
爭」、「進攻」、「軍隊」、「戰鬥」等大量軍事語言，表明一種
簡單粗暴的邏輯，說明中蘇論戰雙方只有對錯，好壞，革命與修正
主義的區分。文革中，這種「革命的粗魯」首先被紅衛兵一代繼承、
使用並推向極致[41]。

　　引用革命導師和俄國諺語，尖刻而雄辯；援引當時蘇共領導人
赫魯雪夫的言論，針鋒相對，以子之矛攻子之盾。〈一評〉中轉引：
列寧說過，「政治上採取誠實態度，是有力量的表現，政治上採取
欺騙態度，是軟弱的表現。」馬克思列寧主義者總是採取誠實的態
度，總是尊重事實的。只有政治上墮落了的人才靠說謊過活。事實
是最雄辯的。事實是最好的見證人[42]。〈二評〉中轉引列寧引用俄
國寓言作家克雷洛夫的寓言〈鷹與雞〉諷刺修正主義者，「鷹有時
比雞還飛得低，但雞永遠不能飛得像鷹那樣高」。倍倍爾、盧森堡
是「偉大的共產黨人」，雖然他們犯過錯誤，但他們始終是「鷹」，
而修正主義者，則是「工人運動後院糞堆裡」的一群「雞」[43]。熟
悉中國古典詩文的知識分子，這類比喻讓他們聯想到中國的文化典

41　李遜、裴宜理，〈革命的粗野〉，《文學自由談》，1993年第4期，
　　頁33-39。
42　中國共產黨中央委員會，《中蘇論戰文獻：「九評」及其他》，香
　　港：文化資料供應社，1977，頁63。
43　中國共產黨中央委員會，《中蘇論戰文獻：「九評」及其他》，1977，
　　頁129。

故，更能體會其中的妙處。〈二評〉發表後，中央文史研究館館長章士釗寫信給毛澤東，贊此文「意賅情摯，切理饜心，迴圈諷喻，拍案叫絕，」並抄錄一首唐人吳武陵借嘲山雀諷刺官僚詩[44]。九評撰寫過程中，毛澤東指示引用蘇共領導人赫魯雪夫的原話，點評批評他，因為「他講話最多，而且前後矛盾，邏輯混亂，語言粗野，有時甚至胡說八道，」所以批判他既要嚴肅辯論，又要抒情式嘲諷，做到剛柔相濟[45]。

　　援引中國古典詩文，輔以富有畫面感的文字，為論戰體增色不少。〈八評〉寫到：「『沉舟側畔千帆過，病樹前頭萬木春。』冒牌的社會主義是死亡了，但是，科學社會主義卻充滿著青春的活力，它正在以更加寬闊的步伐向前邁進。有生命力的革命的社會主義，一定會克服一切困難和阻撓，一步一步地走向勝利，一直到贏得整個世界。」[46]表明中共無懼，甚至蔑視世界規模的「反華合唱隊」的批評和反對，堅持正統的社會主義的樂觀和豪邁。

　　以文中注和註腳的方式，呈現出學術論文般的嚴謹，增強其說服力。〈八評〉中馬恩列斯的專著仍舊採用文中注，但增加46條章節附註[47]。〈九評〉有70條注釋[48]。如〈七評〉除了所有馬克思、列寧和史達林專著的引用採用文中注釋外，另有21條章節附註，其

44　崔奇，《我所親歷的中蘇大論戰》，北京：人民日報出版社，2009，頁198。

45　崔奇，《我所親歷的中蘇大論戰》，頁184。

46　中國共產黨中央委員會，《中蘇論戰文獻：「九評」及其他》，香港：文化資料供應社，1977，頁445。

47　中共中央文獻研究室編，《建國以來重要文獻選編》（第十八冊），北京：中央文獻出版社，1992，頁366-368。

48　中共中央文獻研究室編，《建國以來重要文獻選編》（第十九冊），北京：中央文獻出版社，1992，頁64-67。

中的每一條蘇共言論引用，都像論文一樣作了章節附註，力證自己
有理有據[49]。文章引用了蘇聯《真理報》、《紅旗報》和《共產黨
人》三份蘇共核心報紙的社論、評論和編輯部文章，以及美國《新
聞週刊》和英國《泰晤士報》的相關文章，借「美帝」「英帝」之
口，證明蘇共領導是當代最大的分裂主義者。這些都給讀者製造出
一種文中所呈現的材料切實可信，消息來源覆蓋面廣泛的印象。然
而，中共後來承認「這種脫離現實生活的主觀主義的思想和做法，
由於把馬克思、恩格斯、列寧、史達林著作中的某些設想和論點加
以誤解或教條化，反而顯得有『理論根據』。」[50]

　　「九評」大量採用排比句、反問和設問句，咄咄逼人。「難道」
有47處，如〈三評〉中

> 難道有那麼一個像聲明所說的，在國際機會主義的變種──現
> 代修正主義「理論」指導下的「社會主義國家」嗎？
> 難道有那麼一個像聲明所說的，背叛馬克思列寧主義、同整個
> 國際共產主義運動對立的「社會主義國家」嗎？
> 難道有那麼一個像聲明所說的，進行著反對社會主義陣營和世
> 界共產主義運動的破壞工作的「社會主義國家」嗎？
> 難道有那麼一個像聲明所說的，進行著有害於一切愛好和平力
> 量和國家的團結的活動的「社會主義國家」嗎？
> 難道有那麼一個以美國為首的帝國主義國家花了幾十億美元豢

49　中共中央文獻研究室編，《建國以來重要文獻選編》（第十八冊），
　　頁120-121。
50　中國共產黨中央委員會，《中國共產黨中央委員會關於建國以來黨
　　的若干歷史問題的決議》，北京：人民出版社，1981，頁1-61。

養的「社會主義國家」嗎？[51]

　　使用大量的挑釁語言，富有戰鬥氣息，營造出排山倒海的氣勢。

　　隨著中蘇分歧和論戰的升級，官僚主義、特權階層、兩種路線、階級鬥爭等詞彙和概念開始武裝民眾的頭腦。1960年下半年至1961年，毛澤東談國內幹部作風問題，曾多次使用「死官僚主義分子」或「死官僚主義者」，此時，這些幹部仍是自己人，與他們的矛盾仍是人民內部矛盾[52]；1963年9月〈三評〉中拋出「官僚資產階級」，指出南斯拉夫的官僚資產階級依附於美帝國主義，屬於買辦資產階級[53]，這已升級為敵我矛盾。〈九評〉拋出「特權階層」概念，認為「赫魯雪夫修正主義集團篡奪了蘇聯黨和國家的領導，在蘇聯社會上出現了一個資產階級特權階層。」[54]

　　從關鍵字詞頻來看，隨著論戰的逐步推進，中共對蘇聯的定性也越來越清晰。除去附錄，九評每篇文章平均2萬2千多字，其中最長的第九評，字數達到3萬3千多。合起來203103字。「修正主義」出現400次，「路線」222次，「無產階級專政」出現155次，「階級鬥爭」79次，「修正主義者」63次，「特權階層」21次，「騙」字的詞頻達到54次，其中「欺騙」33次，「幌子」一詞10次。上述關鍵詞表明在這場論戰中，階級鬥爭日益成為外交和內政核心問題。

51　中國共產黨中央委員會，《中蘇論戰文獻：「九評」及其他》，香港：文化資料供應社，1977，頁154。
52　中共中央文獻研究室編，《毛澤東年譜：1949-1976》（第4卷），北京：中央文獻出版社，2013，頁499。
53　中國共產黨中央委員會，《中蘇論戰文獻：「九評」及其他》，香港：文化資料供應社，1977，頁189。
54　中國共產黨中央委員會，《中蘇論戰文獻：「九評」及其他》，頁470。

與二十世紀「革命」話語頻繁出現的現象一樣，上述革命話語的密
集出現和大幅增長，對應的是敵我矛盾的深度和革命形勢的嚴峻程
度[55]。

上文簡要分析了九評紙質文本的形式和內容特點。紙質文本的
傳播及其影響已然發酵，而經過中央人民廣播電臺播音員齊越、夏
青等人朗讀後，「簡直轟動中華大地的城鎮鄉村，那抑揚頓挫令人
亢奮的聲音被很多人模仿。」[56]

「金嗓子」的九評：廣播文本的生產與傳播

無線廣播作為一項新興媒體，於1920年代引入中國。國民黨認
為廣播是海陸空之外的「第四條戰線」，所以1928年國民黨中央政
府南京中央廣播電臺成立，主要用於反對中共的內戰宣傳，是國民
政府發動的軍事和文化圍剿的重要組成部分，尤其是1937年抗戰爆
發後，「宣傳抗戰意志，提高抗敵精神，爭取友邦同情。」[57]1940
年底建台的中共延安新華廣播電臺，說理與攻心並用，「運動輿論
反擊國民黨進攻」，一直擔負分化和瓦解敵人的職能。該台「是黨
的喉舌，是團結人民，宣傳真理，打擊敵人的武器」，與當時的革
命報刊一起構成了中國共產黨的傳媒系統[58]；戰時廣播消息製作和

55 金觀濤、劉青峰，《觀念史研究：中國現代重要政治術語的形成》，
   香港：香港中文大學當代中國文化研究中心，2008，頁384-390。
56 王娜、于嘉主編，《當代北京廣播史話》，北京：當代中國出版社，
   2013，頁69-70。
57 汪學起，《第四戰線：國民黨中央廣播電臺掇實》，北京：中國文
   史出版社，1988，頁184。
58 趙玉明，〈紀念中國人民廣播事業創建六十周年〉，《新聞戰線》
   2001年第1期，頁66-69。

播報，比報紙和其他印刷品程式簡單，電波傳送消息也不受紙媒發行限制。傳播前線戰況和時事新聞比報紙更神速和有穿透力[59]。解放戰爭時期（1945-1949），毛澤東和朱德多次發表有關時局和新年祝詞等廣播講話，鼓舞士氣，分化瓦解敵軍[60]。《對國民黨軍廣播》節目，以國民黨中上級軍官為主要聽眾[61]，國民黨被俘將領發現「中共的政治攻勢真比張良的楚歌還厲害。」[62]

中共建政初期就開始建設比較完整的廣播收音管道，旨在傳達中國在國內外的「聲音主權」。毛澤東歷來重視發展廣播，對建立和發展農村廣播，加強廣播電力及確保安全播音，多次做出指示。1955年，毛指示新華社向世界各地派駐記者，「把地球管起來，讓全世界都能聽到我們的聲音。」[63]同年，國務院令廣播事業局免費撥出1500部收音機，地方政府負責配備收音員和維護收音機，在雲南、貴州、西康、甘肅、青海、新疆、廣西、海南和內蒙古自治區建立收音站，旨在「加強對邊遠省份和少數民族地區人民群眾的愛國主義教育和政策時事宣傳」，同時預防惡劣天氣對農業和畜牧業的損害，也部分地滿足農民對文化娛樂的要求[64]。

59 鄭萍，〈延安新華廣播電臺宣傳作用的傳播學解讀〉，《西北大學學報》（哲學社會科學版），2010年第1期，頁158-161。

60 中國社會科學院新聞研究所編，《中國共產黨新聞工作文件彙編》（上），北京：新華出版社，1980，頁100。

61 郭鎮之，〈延安（陝北）台的「對國民黨軍廣播」〉，《新聞與傳播研究》，1983年第5期，頁103-116。

62 新華社，〈攻心戰〉，《解放軍報》1962年12月14日，第3版。

63 中共中央文獻研究室編，《毛澤東新聞工作工作文選》，新華出版社，1983，頁182。

64 國務院法規局中華人民共和國法規彙編編輯委員會編，《中華人民共和國法規彙編1954年9月—1955年6月》（總編號：1），北京：法律出版社，1956，頁465。

　　1960年代，遍佈中國城鄉的有線廣播和廠礦企業的廣播站構成了全球最大的傳播網路。1958年北京電視臺開播後，全國主要大城市的電視臺也相繼開播。因價格昂貴，耗電量大，難以普及，當時城鄉主要靠收音機來獲取資訊。每天清晨六點半的「新聞和首都報紙摘要節目」，每晚八點的「各地人民廣播電臺聯播節目」通過空中電波向全世界發佈著中國的資訊。1960年代起中國農村普及有線廣播，每個縣有廣播站，每個公社有廣播放大站，沒有電就用柴油機發電。多半農戶花一兩元買一個舌簧喇叭，細鐵絲拉根線就可以收聽廣播[65]。1964年「全國學習人民解放軍」後，位於寧夏某偏僻小村的勞改農場的作息制度開始由場部廣播指揮[66]。到1965年，毛澤東又專門為中央廣播事業局題詞：「努力辦好廣播，為全中國人民和全世界人民服務。」[67]軍隊廣播的普及程度也不例外。劉江華（1953- ）1974-1978年在閩北山區某部隊擔任文書，他記得營區裝有高音喇叭，重要的廣播都是通過這些高音喇叭播放。平時早上播放中央人民廣播電臺的新聞聯播節目，偶爾也會播放一些當時的歌曲。部隊的起床號和熄燈號也由喇叭播放[68]。

65　1962年就讀北大的張曼平，文革中曾在北大「井岡山」廣播台擔任機務一年多，用大喇叭打派仗，做知青時曾在山西某縣城有線廣播站擔任八年機務。引自筆者對張曼平的微信訪談，青島—上海，2016年8月17日。

66　張賢亮，《男人的一半是女人》，北京：中國文聯出版公司，1985，頁154。

67　中共中央文獻研究室編，《毛澤東新聞工作工作文選》，新華出版社，1983，頁220。

68　劉江華，〈毛主席逝世那年那月那日的記憶〉，微信公眾號「劉江華」， https://mp.weixin.qq.com/s?__biz=MzIwNTMyMzgwNw==&mid=2247484957&idx=1&sn=b14c9a4d58a4c998ae2862ff8ab6fd78&scene=2&srcid=0909wOguJQoDCPdPTkA278XB&pass_ticket=E8rYqsZc2kXN4lMYWH8YE7r7tJfZ8rQQj5WXIpK5DYdH7h8LXGiaU

　　1949年-1978年，廣播在歷次政治運動中都起到重要的政治動員作用，尤其在識字率較低的中國廣大農村，作用很大。1978年以前的廣播節目，大致分為新聞性廣播、教育性廣播（對農村、民兵、青少年和知青等的政治教育、科技教育和文化教育和教學）、文藝性廣播（音樂、革命歌曲、革命現代戲等）和服務性廣播（天氣預報）[69]。在陝西省寶雞市「明星旅社店員看來：廣播上都是些真人真事，我們每天輪流去聽，聽了回來向大家宣傳，因為我們不識字，聽了廣播就等於把報看了。龍泉巷、漢中路等地方群眾都要求裝喇叭。」[70] 1963年央廣播送雷鋒和王進喜的講話錄音，客觀上推動了全國範圍內學習雷鋒和王進喜的運動。播出後，央廣收到大量聽眾來信稱說王進喜精神「極大地鼓舞了他們，他們決心學習王進喜戰勝困難的大無畏革命精神。」[71]

　　廣播媒體是以聲音傳送資訊，播音員對資訊的播送過程是一個創造性的再生產過程，包含播音員自己的理解和情感的「動之以情式」廣播，遠比「曉之以理式」更能觸動並感染聽眾，達到理想的政治傳播效果。中共強調新聞播音工作的特殊性，播音員必須歷史

（續）───────────────

TyRN7cGqFMY#rd,2016-09-09的登入。

69　彭光乾 趙瑞軒主編，《陝西省寶雞市廣播電視志》，寶雞：寶雞市廣播電視局，1986，頁28-54。

70　彭光乾、趙瑞軒主編，《陝西省寶雞市廣播電視志》，頁141。

71　1963年3月5日，毛澤東「向雷鋒同志學習」的題詞發表，學習雷鋒的熱潮很快席捲中國。中央人民廣播電臺播出了1961年雷鋒在遼寧省實驗學校一次講話的錄音，這也是他留下的唯一聲音。雷鋒的講話是關於當年他在抗洪搶險中，冒雨連續戰鬥三天，生病，沒有吃飯的情況下，仍舊不顧勸阻，堅持參加抗洪搶險戰鬥的故事。而1964年鐵人王進喜在北京參加國慶觀禮期間的講話錄音，詳細講述1960年他初到大慶油田，如何克服困難打出第一口井的故事。參見王娜于嘉主編，《當代北京廣播史話》，北京：當代中國出版社，2013，頁67-69。

清白，政治可靠，具有一定政治覺悟和政策水準，因此，自延安時期至今，政治標準是選拔播音員的第一標準[72]。1952年中央廣播事業局召開的全國廣播工作會議明確提出「每個播音員都應是人民的喉舌，播音員不是傳聲筒，應是有豐富的政治情感和藝術修養的宣傳鼓動家，要使自己廣播的一言一句都深深打動人心。」[73]正是出於對黨和國家的深厚感情，齊越等「用聲音傳達黨的聲音，表達人民的心聲。」他用聲音重塑了雷鋒、焦裕祿和王進喜等社會主義新人形象，「把他們的精神播向千萬人心間。」[74]播音中的情感動員是「情感工作」，是中共對民眾進行心理管控所採取的一種有意識的策略[75]。這種做法植根於中國傳統誦讀藝術，朗誦水準對審美藝術和文本傳播效果十分重要[76]。

---

72 祝捷，《中國播音主持評價標準體系發展研究》，中國廣播電視出版社，2013，頁91。

73 祝捷，《中國播音主持評價標準體系發展研究》，中國廣播電視出版社，2013，頁93-94。

74 齊越，〈獻給祖國的聲音〉，《人民日報》1989年10月7日，第1版。

75 Perry, E. （2002）. "Moving the masses: Emotion work in the Chinese Revolution." *Mobilization: An International Quarterly*, 7（2）, 111-128.

76 《宋史·王洙傳》記載：「洙素善讀，縱文格下者，能抑揚高下，迎其辭而讀之，聽者忘厭。凡經讀者，每在高選。」王洙主持貢舉時，因善讀，經他讀過的試卷，無不大為增色，當時文人士子都希望自己的試卷有幸被王洙朗讀。參見《中華全二十六史》編委會編譯，《白話二十四史·宋史·王洙傳》（第6冊），北京：中國華僑出版社，2002，頁5338。
「三分詩，七分讀耳」的典故說明同樣的道理。宋代周密所著，《齊東野語》記載：有人將詩歌予蘇軾品評，後者給出十分。作者很高興，蘇軾曰「三分詩，七分讀耳」。意即詩作不佳，只得三分，而朗誦甚佳，可得七分。參見周密著，張黎陽選注，《齊東野語》，北京市：北京燕山出版社，1998，頁1232-1308。

　　1960年代，尤其是文革前，普通播音隊伍的人員配備及其教育水準相對良好。1960年代中共開始對播音員進行系統的科班培訓。1960年秋天北京廣播學院開設首屆播音班，邀請夏青、林田、齊越等老播音員和侯寶林等老藝術家傳授語言藝術，央廣播音部第三代播音員的業務骨幹鐵成、紅雲等都是該班學員，之後都成為精英播音員[77]。又以陝西省寶雞市電臺為例，1961年該台和市報分設以後，至1963年，編輯記者增加至9人，其中大學文化程度的2人，高中程度的5人，初中2人，年齡最大30歲[78]。

　　以夏青和齊越為代表，擔綱播送九評的央廣第一代最具實力的播音員的聲音魔力，對九評的傳播和影響居功甚偉。夏青播音的傳播魅力被譽為「祖國的形象」，「其播音之雄渾、內容之深刻、邏輯之嚴密、分寸之恰當、聲音之震撼，至今仍留在聽眾的記憶中。」[79]以下著重分析九評語音文本，解讀語音，有助於更好地理解語音和記憶之間的聯接[80]。

　　除選用最好的播音員擔綱，中央廣播事業局組織九評播音組集體學習討論具體的演播技術。播音組成員開會討論廣播稿，梅益局長也參加；大家一起分析稿子，具體討論每一段的演播態度，不能

77　呂大渝，《走近往事：一位元共和國第一代女電視播音員的自述》，北京：中國文聯出版社，1999，頁144-146。
78　彭光乾、趙瑞軒主編，《陝西省寶雞市廣播電視志》，寶雞：寶雞市廣播電視局，1986，頁118。
79　新華社，〈著名播音藝術家夏青逝世〉，《人民日報》2004年7月31日，第4版。
80　語音驅動型記憶（Voice motivated memory）有望為記憶研究和語音社會學提供分析概念、工具和方法論。參見Istvandity, L. 2014. *Musically Motivated Autobiographical Memories and the Lifetime Soundtrack*. Unpublished PhD thesis, Griffith University.iv.

聲嘶力竭對罵,而是要講道理,以理服人,有理有力有節;明確標
點符號的停頓原則,頓號停頓一秒多一點,逗號停一秒半,句號停
兩秒[81]。自延安新華廣播開播以來,中共宣傳部門創立播音制度,
重視播音技術和宣傳技巧。新華總社語言廣播部出臺諸多管理細
則,規範播音技術,強調播音員改進技術[82]。解放戰爭中,「記錄
新聞」集時事新聞、解放區消息和評論三者要點,慢速播音,突破
收音機不多,收音環境不佳限制,實現在地方報刊轉載,黑板報和
人群內二次傳播[83]。從〈目前形勢和我們的任務〉廣播稿原稿,可
見播音員為準確播音所做的種種標記,有關語氣、語調、重音等細
節處理[84]。

　　以下以播音中出乎尋常的長停頓,說明九評播音效果。〈七評〉
錄製中,夏青採用長時間停頓,產生強有力的傳播效果:「列寧說 反
對帝國主義的鬥爭 如果不同 反對機會主義的鬥爭 密切聯繫起來 就
是一句騙人的空話 那麼今天反對帝國主義 和新老殖民主義 同新殖
民主義辯護士的鬥爭 密切聯繫起來 不管帝國主義怎樣偽裝 怎樣掙
扎……」夏青在省略號後大停頓,同事正要關閘,以便夏青修改,

<hr/>

81　《蘇聯總理談中蘇論戰:你們的「九評」太厲害了》,鳳凰衛視2011
　　年2月24日《鳳凰大視野》,http://news.ifeng.com/history/phtv/dsy/
　　detail_2011_02/25/4852445_0.shtml.
82　如〈新華總社語言廣播部暫行工作細則〉,〈XIVCR陝北工作階段
　　的簡單總結〉,〈對目前改進語言廣播的幾點意見〉,以及〈口播
　　經驗〉和〈播音經驗〉。參見中央人民廣播電臺研究室北京廣播學
　　院新聞系編,《解放區廣播歷史資料選編:1940-1949》,北京:
　　中國廣播電視出版社,1985,頁119-133。
83　〈介紹XNCN〉,《解放日報》1945年10月25日,第4版。
84　劉佩、王明亮,〈延安新華廣播電臺在解放戰爭中的宣傳技巧〉,
　　《中國記者》2012年第7期,頁92-93。

結果他開始繼續播音。「他一環扣一環、一句扣一句、一層扣一層，緊湊而富有層次，我們都可以鮮明地體驗到。」[85]播出後，效果極好。停頓成功地調動了聽眾的期待，因此停頓之後的內容便字字入耳，被訪者黃以平（1947- ）說：「九評的具體內容忘記了，但當時聽了廣播感受到帝修反都來和中國鬥，形式嚴峻，心情沉重，更立志要好好幹革命。尤其是夏青那個緩慢而沉的節奏，不同以往，都是告訴我們情勢，都是將戰書打進我們心裡。」[86]網友也認為夏青是播音大師：「他播音時的莊重、沉穩讓人肅然起敬；他播音時氣息的運用，對「意群」（meaning group）、斷句、抑揚頓挫的處理可以說無可挑剔；他渾厚、富有磁性的男中音令人傾倒，聽他播音應該說是一種享受。」即便中蘇論戰時他還是一個不諳世事的少年，但「當時我能傻乎乎地、一動不動地把夏青播的長達數小時的論戰文章從頭聽到尾。」[87]

被譽為「黨的聲音，是祖國的聲音，是人民的聲音」的夏青等播音員在毛時代享有政治殊榮。能夠參與這麼重要的廣播，對播音員而言，首先是榮耀，其次是一個非常神聖的光榮任務[88]。九評通過中央人民廣播電臺向外播出後，在聽眾中引起巨大反響。〈五評〉播出後，周恩來、鄧小平和陳毅親自到廣播事業局，接見所有九評

85　方明與夏青在播音室共用一個話筒，主播若出錯，守閘者扳閘暫停。方明當年負責守閘。參見央視國際，「東方之子」——夏青（2004年 08 月 18 日 15:51 ）http://www.cctv.com/news/china/20040818/101904.shtml, 2016年8月16日載入。

86　引自筆者對黃以平的微信訪談，北京—上海，2016年8月17日。

87　〈夏青：用聲音記錄世界的播音藝術家〉，人民網，2004年07月28日，http://www.china.com.cn/chinese/CU-c/621075.htm，2016年9月12日登入。

88　王娜、于嘉主編，《當代北京廣播史話》，北京：當代中國出版社，2013，頁70。

播音組工作人員，〈九評〉播出後，周恩來總理專門在人民大會堂
設宴招待夏青和相關工作人員[89]。

　　從國際來看，集權體制一貫重視「功勳播音員」在政治宣傳和
動員中的作用。二戰時期的蘇聯，卡斯楚時代的古巴，胡志明時代
的越南北方，毛時代的中國，以及當今北朝鮮皆如此，旁證語音在
政治宣傳，社會動員和控制中的特殊力量。二戰時期的空中電波戰
被概括為「兵馬未動，廣播先行」[90]。二戰中蘇聯「功勳播音員」
尤里‧列維坦（Iurii Borisovich Levitan,1914-1983）在希特勒的暗殺
名單中排名第二，僅次於史達林。希特勒曾揚言在攻下莫斯科後割
下他的舌頭[91]。朝鮮首席新聞女主播李春姬（1943- ）播送朝鮮中央
領導人的所有重要活動報導和朝鮮政府的重要聲明。國家配給她高
雅住宅、高級轎車及專門司機。她播音時精神飽滿，莊重嚴肅，鏗
鏘有力，朝鮮媒體形容她「能讓敵人肝膽俱裂」，是「讓敵人膽戰
心驚的戰士。」[92]

　　文革開始後，毛澤東半身畫像成為電視播音員「頭像」。政治
徹底浸潤社會主義聽覺文化空間，來自意識形態國家機器的重要資
訊被投放進民眾的日常聽覺消費中，從而形成一種「全音景」（total
soundscape），來自政治中心的語音觸及並滲透在社會生活的各個
層面[93]。台標和標誌音樂過後，螢幕上是毛主席的半身畫像，配樂
《東方紅》，中央電視臺的播音員便不再「露臉」，只播「畫外音」，

89　葛蘭，〈我眼中的夏青〉，《新聞戰線》1998年第12期，頁40-41。

90　王緋編著，《傳播之路：資訊的傳播》，濟南出版社，1992，頁73-77。

91　程曼麗、喬雲霞主編，《新聞傳播學辭典》，新華出版社，2012，
　　頁162。

92　〈朝鮮鏗鏘主播李春姬〉，《炎黃世界》2012年第2期，頁52-53。

93　Huang, N. 2013. "Listening to films: Politics of the auditory in 1970s
　　China." *Journal of Chinese Cinemas*, 7（3），187-206.

形同電臺播音員[94]。

兩種文本的生產和傳播的比較

　　九評紙質文本與廣播文本兩種載體，對中共意識形態的傳播有
何不同影響？文本是一種政治武器。計劃經濟時代的大陸媒體黨媒
獨大，沒有競爭，上述兩種文本都是國家自上而下所進行的一種「感
覺分配」（distribution of the sensible）[95]。其中，紙質文本相對間接，
受眾需有一定受教育程度，而且需要通過想像力，才能獲得意識形
態國家機器試圖通過文本傳遞的資訊。同時，它比廣播文本具有更
多的複雜性和不透明性，承載著更多複雜的歷史和文化負累。對文
革小說的研究表明，語言的字面意義和深層含義這種「不透明性」
會給革命敘事帶來問題[96]。對在寧夏某勞改農場改造的勞改犯而
言，從報紙和廣播這些傳播媒介中傳來的國家大事，「就象一連串
象形文字，一連串符號，那是它，而又不是它。需要從那些曲裡拐
彎的筆劃中找到通向它的途徑。」「紅頭文件」對於住在荒僻之地
的局外人而言，註定是不可理解的[97]。

94　呂大渝，《走近往事：一位元共和國第一代女電視播音員的自述》，
　　北京：中國文聯出版社，1999，頁194。

95　感覺的分配指在某個時間節點上建立具有排他性的共同點，決定空
　　間、時間和人類的活動形式，明確個體的參與方式。參見Rancière, J.
　　2004. *The Politics of Aesthetics: The Distribution of the Sensible.*
　　London: New York: Continuum.12-13.

96　Tian, X. 2016. "Hao Ran and the Cultural Revolution. In Rojas," C.,
　　Bachner, A.,ed. *The Oxford Handbook of Modern Chinese Literatures*,
　　Oxford University Press. 356-371.

97　張賢亮，《男人的一半是女人》，北京：中國文聯出版公司，1985，
　　頁76。

　　而廣播則是毛時代民眾日常生活的一部分，國家以聲音形式深
度介入民眾的私人空間，能夠更為直接地宣傳中共的意識形態，民
眾只要收聽即可，教育程度和識字水準的高低不會對傳播力度和效
度影響很大。儘管讀報組、電影流動放映隊、劇團下鄉巡迴演出等
文化活動，有益於黨和國家在農村實施宣傳和教育。但上述文化活
動都要求社員在同一時間，集合到一定的地點去閱讀和觀看。而農
村的有線廣播，卻提供了比較方便的條件，有些社員認為「別看喇
叭小，國家大事由它來指導。一聽喇叭叫，心明眼亮勁頭高。」[98]與
1970年代民眾收聽電影一樣，廣播不但「創造出一種更加廣泛而平
等的進入社會主義視覺文化的象徵秩序的幻覺，」[99]而且，以一種
不容思考，不容置疑的占領性，通過聽覺系統形塑社會政治。

　　總之，毛澤東的媒體觀強調政治功能和階級屬性，強調媒體是
「團結自己，戰勝敵人」的武器，是聯繫、動員群眾，指導革命和
建設的政治工具[100]。

論戰的激情：紅衛兵一代對九評的記憶

　　以1957年反右為起點，廬山會議，三年大饑荒，階級鬥爭觀點
不斷在黨內和社會上強化。1962年黨的八屆十中全會重提階級鬥爭
以後，毛澤東堅持「反修防修」戰略，指導中蘇論戰和在全國城鄉

98　英楠，〈社員歡迎有線廣播〉，《人民日報》1964年4月25日，第4
　　版。

99　Huang, N. 2013. "Listening to films: Politics of the auditory in 1970s
　　China." *Journal of Chinese Cinemas*, 7（3），187-206.

100　李成，〈毛澤東的媒體功能觀及其啟示〉，《新聞與傳播研究》2013
　　年第12期，頁5-14。

進行的社會主義教育運動，這兩件事相互推定和作用，使毛的思想進一步向「左」，為文革的發動做了思想輿論準備[101]。1964年毛澤東又提出「黨內走資派」的概念。鑑於中蘇兩黨對什麼是社會主義和怎樣建設社會主義問題上產生分歧，九評要旨在於深度闡釋國際「反修」，國內「防修」的必要性，從而防止美國的和平革命策略。論戰使毛澤東確信蘇聯修正主義已經上臺，中國也有可能出現修正主義，從而使自己親手締造的社會主義國家改變顏色。因此，中國的反修防修鬥爭十分迫切。這就需要教育中國的年輕一代成為革命接班人，這裡面包含泛指的年輕一代對老一代革命者的接班，另一個特指是毛澤東作為黨的最高領袖的接班人問題[102]。

中共建政後前十七年的學校教育，形塑了紅衛兵一代的人生觀和世界觀：黨和毛主席的教導是這代人行為和思考的唯一依據，並在未來的革命風暴面前躍躍欲試。學習九評，接受接班人教育，進行憶苦思甜，參與四清等，不斷的階級鬥爭和反修防修運動，對這代人的思想造成深刻影響[103]。這一時期的中學和大學，政治氛圍日益緊迫。北京101中學是高幹子弟雲集的寄宿制學校，1950-1960年代學生日常活動軍事化和革命化，革命氣氛比其他學校更加濃厚：「先輩浴血奮戰打下來的江山，靠我們這一代來捍衛，來建設；先輩未實現的共產主義理想，靠我們這一代去實現！」[104] 1963-1967

101 中共中央文獻研究室編，《毛澤東傳》（第6冊），北京：中央文獻出版社，2011，頁2275。
102 席宣、金春明，《「文化大革命」簡史》，北京：中共黨史出版社，1996，頁58。
103 唐燦、米鶴都、陸建華、印紅標，〈思考一代的自我反思：一項關於紅衛兵及其同代人的思想軌跡的研究〉，《青年研究》1986年第11期，頁23。
104 肖文，〈文革回憶〉，載徐友漁編，《1966：我們那一代的回憶》，

年就讀於復旦大學的安文江和武漢電力學院的徐海亮都感到自1957年反右以後「學校像教堂，老師像牧師，學生像羔羊」，一代人的中學時代是「思想被強制，天性被壓抑，個性被扭曲，靈魂被淨化的自得其樂的痛苦時期」[105]。

在持續的灌輸和教育下，紅衛兵一代中革命情懷和接班人意識最強烈的高幹子弟，曾經慨歎沒有生在大革命的時代，錯失建功良機。當中蘇論戰爆發後，使命感和幸福感交織，讓他們幾乎透不過氣來[106]。陳佩華的研究表明青春期的政治社會化，使中蘇論戰時期的青年人以不同的方式接受了政治教導，又以不同的方式向黨表達忠心[107]。同時，自1950年韓戰爆發以來，教科書開始出現文革時期隨處可見的攻擊性語言，大躍進後，教材中的語言轉變為對敵對陣營和叛離社會主義陣營的國家的辱罵，學生長期浸淫並儲存了大量「煽情式謾罵和政治意味濃厚」的語言，被「灌足了火藥」，隨時可以用這些暴力語言，宣洩他們對「階級敵人」的仇恨[108]。還有，反右運動中作為右派分子「污蔑蘇聯」，「反對向蘇聯學習」和「挑

（續）─────────────

北京：中國文聯出版公司，1998，頁73-74。

105 安文江，〈我不懺悔〉，載周明編，《歷史在這裡沉思：1966-1976年紀實》（第5集），北京：北嶽文藝出版社，1989，頁301。徐海亮，〈我的文革見聞──另一類學生與文革〉，《華夏文摘》增刊第522期，2006年8月23日，http://www.cnd.org/CR/ZK06/cr356.gb.html，2016年11月27日登入。

106 徐友漁，〈我在一九六六年〉，載徐有漁編，《1966：我們那一代的回憶》，北京：中國文聯出版公司，1998，頁20。

107 陳佩華，《毛主席的孩子們：紅衛兵一代的成長和經歷》，朱曉陽、陳淳譯，台北：桂冠圖書公司，1997，頁66-89。

108 余敏玲，《形塑新人：中共宣傳與蘇聯經驗》，台北：中央研究院近代史研究所，2015，頁122。

撥中蘇關係」等罪證[109]，暴露1950年代以來社會上存在對中蘇關係
的異議，這也是九評能夠激發紅衛兵一代強烈的民族主義情緒和仇
恨修正主義的社會土壤。

　　九評對於形塑紅衛兵一代的國際觀影響深遠。國家之間，非友
即敵。1964年，高幹子弟周七月（1947-　）在北京市外語學校上高
一，開學半月下鄉勞動，晚上一起學習九評，念、讀、談感受。身
處培養外交儲備人才的學校，學生都自居為革命接班人，天天發自
肺腑地學習九評。討論中，周七月提出勞動艱苦沒關係，只要晚上
能夠有條件洗澡和正常如廁，被批為修正主義。勞動結束後，當時
的政治老師姚淑奇在全校組織長達半個學期的討論，題目是「是要
做紅色接班人還是做紅色翻譯？」周七月被點名發言，他認為作為
職業的翻譯跟作為使命的革命接班人不矛盾。全年級發起「跟資產
階級爭奪周七月」新運動，正是通過學習九評運動，周七月形成了
「面對帝國主義和修正主義，我們要擔負世界社會主義革命的領導
地位，我們要眼觀全球，去解放亞非拉」的觀念[110]。學習九評運動，
激起他們強烈的民族主義，認為世界革命的中心由西方轉到東方，中
國才是世界革命的中心，毛主席才是國際共運的導師和「老大」[111]。
中共在學習九評運動中實施的這種階級教育和接班人教育，實際上
形塑了這代人的國際觀。

　　受九評影響最深的主要是四十年代出生的大學生或一部分高中
生，其中高幹子弟革命情懷和接班人意識最強烈。1950年代出生的

109　羅平漢，《牆上春秋：大字報的興衰》，福建：福建人民出版社，
　　　2001，頁27-28。
110　引自筆者對被訪者S15-ZQY的訪談紀錄，北京，2015年3月13日。
111　王復興，《搶救記憶：一個北大學生的文革回憶錄》，香港：中國
　　　文化傳播出版社，2016，頁4。

學生還太小，絕大部分到文革開始後還讀不大懂這類政論文章。

　　紅衛兵一代中因年齡、階層和受教育程度不同，對九評內容的記憶及其影響相異。出身紅色家庭的徐海亮（1944- ）1967年畢業於武漢水利電力學院，他從叔父家帶回斯特朗的《史達林時代》，研讀九評系列文章，關注文藝與理論界的大批判，「與同學相比，我是極為自覺自願和全力投入，爬上批判修正主義的文化大革命戰車。」[112]他對第九評印象最深，認為它激發了一代大學生政治熱情，紅衛兵文風模仿九評；接班人五條，成為大學生追求和衡量自己的目標，不管出身好壞，有一個世界革命的使命感；第九評中的專政十五條經驗，成為他們看外面社會，政治，文革熱身的條例；「兩位主播義正詞嚴，字正腔圓，抓緊了絕大多數學生的心。我們在結束曲國際歌的節奏中，含淚走向教室。」[113]

　　北京高幹子弟秦曉（1947- ）記憶中1963年有兩件大事，除了學雷鋒，就是中蘇關係破裂和中蘇論戰。他意識到學習九評非常重要，自己受到極大的激勵。他與全家收聽九評：「播音員夏青和齊越，鏗鏘有力地說：你們撕毀的合同不是幾個、幾十個，是幾百個……你們傾伏爾加河之水也洗不盡對中國人民欠下來的債！那語調，那每一句話，讓人聽著都特別激動，特能激起義憤，真的感覺是出了心中的大氣了。」[114]

　　大陸自由派知識分子代表陳子明（1952-2014）在1963-1965年

---

112 徐海亮，〈我的文革見聞──另一類學生與文革〉，《華夏文摘》增刊第522期，2006年8月23日，http://www.cnd.org/CR/ZK06/cr 356.gb.html，2016年11月27日登入。

113 引自筆者對徐海亮的微信訪談，武漢─上海，2016年8月17日。

114 米鶴都主編，《回憶與反思 紅衛兵時代風雲人物──口述歷史之一》，香港：中國書局有限公司，2011，頁97。

「反修」運動和學雷鋒時是北京小學生，深受「中國是世界革命中心」的民族自豪感和「解放全人類」的國際主義的鼓舞，嚮往「毫不利己、專門利人、」「為人民服務」的道德情操[115]。報紙整版的論戰文章和夏青、葛蘭抑揚頓挫令人亢奮的播音，令上海小學生尤澤勇（1950-）記憶猶新。文革開始後他成為「逍遙派」，因〈二評〉〈七評〉引用了「劉少奇同志」的話，存在「理論錯誤」而遭禁售，而他自己「閑得無聊」，由於「禁文的吸引力」，便動手抄寫這兩篇超過3萬字的文章，並裝訂成冊，還做上封面，「足見當年論戰的氣場對我潛在的影響之大。」[116]

　　小學生也被學校組織收聽九評廣播，讀九評文章，甚至發明了與赫魯雪夫有關的遊戲，進行教育。知識分子家庭出身的上海小學生肖巍（1954- ）認為九評間接影響自己的興趣和職業：「我全文抄過中蘇論戰的九封公開信，九評提出的概念和文筆都非常好，那時看得非常入迷。它對我有間接影響，我對政治學、政治理論、政治方法的興趣，從大學一直保持到現在，而且我現在也是政治課的教師。」[117]西安小學生曹永明（1951- ）記得「學校還組織學生到革命公園玩『抓壞蛋』的遊戲，我當時是少先隊的大隊宣傳委員，大隊輔導員讓我事先繪製了幾張『壞蛋』的漫畫像，藏匿在隱密處供同學們搜尋，其中一張就是赫魯雪夫。」[118]學習中蘇論戰的連篇巨文和下鄉參加「四清」運動，對學生來說完全是文化大革命前夕

---

115 陳子明，《荊棘路、獨立路——陳子明自述》，台北：秀威資訊科技公司，2009，頁9-10。
116 尤澤勇，〈荒誕歲月的荒廢青春〉，載王曉純、吳晚雲編，《大學生GE閱讀》（第11輯），中國傳媒大學出版社，2014，頁298-299。
117 引自筆者對被訪者S14-XW的訪談紀錄，上海，2014年12月18日。
118 曹永明，〈中蘇四十年間的是與非〉，http://blog.sina.com.cn/s/blog_48fca72f0102vl60.html，2015年6月9日。

的一次練兵和前奏[119]。

　　九評對紅衛兵一代的影響在文革時期有一個發酵的過程，革命高潮過後，有些人通過閱讀《新階級》，《史達林時代》和《赫魯雪夫主義》等開始反思文革。首先，由於學習九評，文革之初「五一六通知」公佈後，有些人很快領會毛主席提出的要特別警惕「赫魯雪夫那樣的人物」，並開始琢磨誰是中國的赫魯雪夫[120]。其次，革命高潮過後，有些人通過閱讀《新階級》和《史達林時代》等書開始反思文革。廣西小學生秦暉（1953- ）對這些論戰文章尚未深刻理解，但他懂得「特權階層」這個說法。他猜測當時許多人也大概懂得這個提法。文革伊始，包括他在內的很多人立即將「特權階層」與「走資派」對等起來，而〈九評〉中列舉的蘇聯「特權階層」的種種惡行，也立即被人們拿來對照現實[121]。歷史學者卜偉華（1950- ）1963年就讀清華附中，印象最深刻的是〈九評〉，一方面，播音員水準都很高，義正辭嚴，慷慨激昂，真理在握；另一方面，正是因為〈三評〉痛批南斯拉夫，〈九評〉大談「特權階層」，這些概念和困惑埋在他心裡，1967-1968年閱讀《新階級》和《史達林時代》之後，他發現「新階級」與中國的「特權階層」有相似之處，從史達林時代大清洗聯想到當時「打倒」一部分人，懷疑黨和

119 岑穎義編著，《赤子：武漢水利電力學院文革回憶》，香港：中國文化傳播出版社，2016，頁20-23。王復興，《搶救記憶：一個北大學生的文革回憶錄》，香港：中國文化傳播出版社，2016，頁4-6。
120 王復興，《搶救記憶：一個北大學生的文革回憶錄》，香港：中國文化傳播出版社，2016，頁5。
121 秦暉，〈沉重的浪漫：我的紅衛兵時代〉，載林賢治主編，《烙印：「可以教育好的子女」的集體記憶》，廣州：花城出版社，2010，頁287。

毛主席是否一貫正確[122]。文史學者丁東（1951- ）1964年入讀北京
師大一附中，67、68兩年，擔任學校革委會小報編輯，宣傳毛主席
最新指示，成為熟練編輯，但知識儲備不行，「因為接觸的全是兩
報一刊社論之類的東西，寫文章也是學戚本禹、姚文元的口氣」。
文革開始後讀到錫蘭共產黨領導人古納瓦達納寫的《赫魯雪夫主義》
這本書，書中講述蘇共的兩次權力鬥爭，使他「第一次知道共產黨
上層是這樣一種鬥法，赫魯雪夫捧史達林和林彪捧毛澤東很相似」
[123]。

　　1970年代公共生活中，民眾「收聽」電視和電影，政治資訊透
過聲音媒體進入日常生活中，逆聽(listening against)和傾聽(listening
in) 同時存在[124]。出身舊式家庭，且有海外關係的熊景明（1943- ）
1964年就讀於雲南大學：全校師生坐在大操場的水泥地上，聞著學
校食堂廚房裡水煮茄子和捲心菜令人倒胃的氣味，聽央廣播出九評
[125]：「那兩個播音員裝腔作勢，虛偽又凶巴巴的聲音令我噁心死了。」
她認為自己覺悟較早，廣播員試圖告訴聽眾他們是黨和國家的聲音
代表，但她聽到的卻是蠻不講理和粗疏：「他們的聲音有感染力，
令人信服，絕對不是事實。那只喇叭吹出來的調子讓普通人恐懼，
讓『階級敵人』顫抖。」[126]1963年進入中文系就讀的工程師子弟康
正果（1944- ）也發現：從學習九評尤其是第九評，陝西師範大學
的學生被拖入一場局部整人的運動。班上每天大會小會，每個人必

---

122 引自筆者對被訪者S16-BWH的訪談紀錄，北京，2015年3月15日。
123 引自筆者對被訪者S7-DD的訪談紀錄，上海，2015年1月10日。
124 Huang, N. 2013. "Listening to films: Politics of the auditory in 1970s
　　China." *Journal of Chinese Cinemas*, 7（3），187-206.
125 熊景明，《家在雲之南：憶雙親，記往事》，北京：人民文學出版
　　社，2010，頁163。
126 引自筆者對熊景明的微信訪談，香港─上海，2016年8月17日。

須向黨交心，進行思想檢討。目睹成分不好或表現較差的同學在討
論會上作踐自己詆毀自己的家庭，康正果感到這些交心表演噁心透
頂，所以始終保持沉默[127]。

　　九評的傳播力度和影響力地域差異明顯。北京作為政治中心，
學習力度無疑較強。1960年進入清華大學的孫怒濤承認階級鬥爭是
大學生活的一門主課，每篇九評文章發表，學校總要組織大家準時
收聽中央人民廣播電臺的廣播，並組織學習和討論，以激發對赫魯
雪夫修正主義的仇恨，堅定對共產主義的信念。第九評發表以後，
學校組織了一次為期好幾個月的學九評運動[128]。

　　內地基層對九評的重視程度亦有差別。河南省禹縣人民政府機
關每週二和五下午都組織學習九評。學習方法是一人念，大家聽，
之後討論，寫心得體會。下次例會互相學習，一起評議，共同提高。
好的心得體會，會被登在機關《學習園地》。九評給政府辦公室文
書留下的記憶是：毛主席的秀才們「舞文弄墨，數黑論黃，引經據
典，落筆萬言，或直擊要害，或旁敲側擊，嬉笑怒罵，洋洋灑灑，
把蘇修批駁得體無完膚。」筆桿子與金嗓子珠聯璧合，讓人聽得熱
血沸騰，真理在手[129]。在山東省平度縣的廣播電視志所記錄的「大
事記」中，1963和1964兩年只提到縣廣播站「廣泛深入地宣傳雷鋒
同志的模範事蹟」和「廣泛深入地開展宣傳學習人民解放軍活動」，
突出宣傳「黨的好幹部焦裕祿、南京路上好八連和王傑等先進典型，

---

127 康正果，《出中國記：我的反動自述（1949-2003）》，台北：允
　　晨文化公司，2005，頁100.
128 孫怒濤，《良知的拷問：一個清華文革頭頭的心路歷程》，香港：
　　中國文化傳播出版社，2013，頁364-365。
129 董振寅，《憶九評·我們一代人的經歷》，北京：中國文史出版社，
　　2008，頁161-162。

隻字未提九評[130]。對中國農村而言，如果居民點房頂上的廣播喇叭每天重複同一個調子，其作用就僅限於報時[131]。

而同期，越南河內部分群眾積極支援中共。他們非常關心論戰，向駐越中國工作人員索要中共的論戰文章，「每發表一篇文章，就似乎全世界都在傾聽，播音員穩重，深沉，雄辯，真理在握的聲音，令人們的耳朵不能不傾聽，神經不能不緊繃，靈魂不能不顫動，」有越友認為九評等文章必將和馬列經典著作一樣，成為國際共運中的經典著作[132]。

文革預演：學習九評運動中清華學生孫怒濤的經歷

1964年夏天，清華大學開始在學生中開展學習九評運動。運動分兩個階段。第一階段是學習、討論，提高對階級與階級鬥爭的認識與覺悟。班上的黨員和絕大多數同學認為資產階級挑起階級鬥爭，無產階級不得不應戰。孫認為階級鬥爭源於階級壓迫和反抗。大家對他的說法進行了爭論。第二階段學校短期停課，對照革命接

---

130 《平度市廣播電視志》編撰委員會編，《平度市廣播電視志（1950-2004）》，中國國際廣播出版社，2005，頁9、73。

131 張賢亮，《男人的一半是女人》，北京：中國文聯出版公司，1985，69頁。

132 1962-1964年，時任人民出版社編輯的安若女士被國家對外文委派往越南工作，協助《胡志明選集》中文版等編輯出版事宜，同時兼任中國援越文教專家組組長。她幫助出版了當時在中國家喻戶曉的《南方來信》一書上下集。當時中國剛經歷大饑荒，國際上正處在中蘇論戰時期。安若用日記記錄下她在那段特殊歷史時期在越南的親歷與所想。其女整理出一部《越南日記》。從安女士的日記可以看出越共中央與河內群眾對論戰的不同態度。參見汪向東，〈母親的「越南日記」〉，《中華讀書報》2008年10月8日，第3版。

班人五項標準,集中清理自己在前幾年,尤其是大饑荒中時期的思想認識。當發現學生基本談正面思想,自我檢查皆雞毛蒜皮時,黨團幹部鼓勵大家向黨交心,宣稱講出來,問題就解決了一半,甚至嚴肅中帶些警告意味地說這是對黨和革命是否忠誠的一次嚴峻考驗。

　　受此鼓勵,孫試圖在發言中有所新意,舉兩例說明大躍進鋼鐵生產指標的隨意性和大饑荒時期浙江農民經歷的饑餓。二者皆為道聽塗說所得。黨團組織對此發言高度重視,幹部輪番啟發他說出所有曾經聽到的、看到的、一閃念想過的,與黨的政策不符合的東西。幾番下來,孫已百口莫辯:「談著談著,那些本來不是我的思想,卻被兜來兜去兜了進去,慢慢地似乎變成了我的思想。」最終,他成為學習九評中暴露出嚴重政治問題的「反面教員」。他坦言九評學習中的這幾句話,影響了他一生:「我從一個受組織信任、培養到需要組織說明;從優質生變為差質生;從春風得意到坎坷曲折,我為此付出了慘痛的代價,對我在文革中的表現也有直接的影響。」[133]筆者今年追問這種影響究竟指什麼,孫答覆九評學習不僅對他在文革中的表現有直接影響,對清華文革也有一定的間接影響。他一心想在文革中好好表現,挽回在九評學習中給組織留下的不良影響,爭取文革後入黨,並在畢業鑑定中有良好的評語;另外,儘管文革初期他是清華井岡山兵團總部委員,但最終與沈如槐等聯合成立414,形成造反派分裂[134]。對紅衛兵一代的成長和經歷的研究也表明:「政治化的社會化過程,」如學習九評運動以及與之相輔的

---

133 孫怒濤,《良知的拷問:一個清華文革頭頭的心路歷程》,香港:
　　中國文化傳播出版社,2013,頁364-371。
134 引自筆者對孫怒濤先生的郵件訪談,2017年2月3日。

1960年代學校中的小組學習，階級教育，模範教育等形塑了這代人的政治行動主義[135]。

事實上，1949-1978年間，「反動學生」一詞常見於教育系統的內部通報，但只是在1963-1966年「清理反動學生」運動中，真正作為政治帽子和處分大學生的一個正式案由。1964年清理「反動學生」是一個比較普遍的現象（包括北京、上海、廣東、廣西、四川、河南、河北和安徽等省市）[136]。同樣，在陝西，九評發表後，1964年7月16日省委發出《關於立即組織幹部學習「九評」的通知》，西北農業大學黨委根據這個通知的精神，組織教授、幹部和學生進行學習和討論。在學習過程中，對一些具有「資產階級思想」的學生的生活作風與思想認識問題，上綱上線，對其進行批判，迫使一些被「重點幫助」的「問題學生」寫書面檢查。運動後期，對參加九評學習的學生寫了鑑定材料，有的學生還受到處分[137]。

九評將培養和造就革命接班人問題，提到「關係到我們黨和國家命運的生死存亡的及其重大的問題」[138]的高度，在學校引起一系列連鎖反應。1964年9月14日，中共中央發出改進高等學校、中等學校政治理論課的意見：認為在爭奪青年一代的鬥爭中，政治理論課的根本任務「是用馬克思列寧主義、毛澤東思想武裝青年，向他們

---

135 Chan, A. 1985. *Children of Mao: Personality Development and Political Activism in the Red Guard Generation*. Seattle: University of Washington Press. 52-123.

136 王學泰，〈文革前高校清理「反動學生」事件〉，《炎黃春秋》，2009年第4期，頁60。

137 關聯芳，〈九評學習材料檔案的燒毀〉，《西北農業大學校史》，1986，頁126。

138 中國共產黨中央委員會，《中蘇論戰文獻：「九評」及其他》，香港：文化資料供應社，1977，頁513。

進行無產階級的階級教育，培養堅強的革命接班人」；改進課程和
教材，政治理論課「必須以毛澤東思想為指標，把宣傳毛澤東思想
作為最根本的任務，把毛主席著作最為最基本的教材」；同時要求
教師隊伍必須革命化，同時加強學校中黨的領導[139]。學校的螺絲越
擰越緊，為文革中師生之間、學生之間的文攻武鬥的爆發埋下伏筆。

視聽暴力：九評的文化內涵及其影響

　　毛時代中共政權的合法性植根於槍桿子出政權的暴力革命的法
則。國內階級鬥爭和國外敵我鬥爭中使用暴力符號，包括長篇累牘
的暴力語言，鋪天蓋地的大字報，從早到晚的關於革命形勢和動態
的廣播和高音喇叭，也具有天然的合法性。1949年以後中共依靠暴
力、意識形態和個人崇拜建構的合法性，一直維繫到1971年林彪事
件。

　　暴力並不僅限於身體。本文所指的視聽暴力首先指一種符號暴
力，指通過紙媒上的論戰文章、廣播和高音喇叭等媒體，占統治地
位的意識形態和文化向一定社會階層和群體強加某種觀點和價值。
這種符號暴力不易察覺，民眾下意識地被勸說接受作為正統。其次，
視聽暴力是階層化的。出身軍人、幹部、工農階層的人，更容易接
受黨媒的宣傳；知識分子和幹部階層，以及被打倒的階層，同樣的
文字和聲音，只會讓他們感到恐懼和威脅。

---

139 中共中央文獻研究室編，《建國以來重要文獻選編》(第十九冊)，
　　北京：中央文獻出版社，1992，頁188-195。

視聽暴力

　　相對於常規暴力（normative violence），九評的視聽暴力是一種「符號暴力（symbolic violence）」。言辭的力量，指令的威力，以及能夠下達指令並創立秩序的言辭的力量，源於民眾對講話者及其言辭本身所具有的合法性深信不疑，而言辭本身並不生產這種信仰[140]。首先，九評和各類評論員文章，在兩報一刊及各地黨報系統全文轉載，造成視覺暴力：這些大塊頭的文章長期占據各種報紙的頭版頭條；單位組織的各類有關九評的集體學習，充斥民眾工作和業餘時間的視聽空間。九評和各類評論員文章，由央廣和各地廣播電臺廣播，導致聽覺暴力。大字報、宣傳畫的視覺暴力都展示了國家無所不在的浸潤和占領[141]。其次，這種國家意義上的視聽霸權與想像中的「聲音主權」相連，聲音可以是承諾，也可以是威脅，可以構建「聲音共同體」，表明聲音在民族認同和地方政治中具有特殊的效用[142]。

---

140 Bourdieu, P. 1979. "Symbolic Power." *Critique of Anthropology*, 4（13-14）, 77-85.

141 濫觴於1957年反右運動的大字報也是毛時代視覺暴力的一個重要來源。因為數量巨大，上海和廣東農村都宣稱1958年底前已貼出一億張；分佈在機關、工廠和學校，城市和農村廣大範圍：從黨內整風到對敵鬥爭，「放」、「燒」、「自焚」等涉及社會各個群體之間，各種社會成員之間，以至於大字報無處可貼，很多大字報根本無法閱讀，人們在單位行走困難，紙張和漿糊告急。參見羅平漢，《牆上春秋：大字報的興衰》，福建：福建人民出版社，2001，頁38-104。

142 Sykes, J.（2016）. Sound as Promise and Threat: Drumming, Collective Violence and the British Raj in Colonial Ceylon. In Biddle, Ian and Kirsten Gibson, eds., *Cultural Histories of Noise, Sound and Listening in*

　　視聽暴力的共同載體是語言暴力，語言暴力集中反映「九評體」語言及其特點。這類暴力話語旨在表達一種蔑視、極端厭惡和仇視的敵對態度和情緒。對文革中紅透半邊天的一些動詞、形容詞、副詞這類慣用語的分析，同樣表明革命話語的「政治唯美主義審美觀」[143]。與大字報和諸多社論一樣，「九評體」及後來的「文革體」在暴力語言向暴力行為轉化過程中，在語言陣地上打了頭炮，其影響至今明顯。1998年，中國舉辦中蘇論戰問題討論會，與會者認為九評「文字漂亮，氣勢磅礴，但是文風也有問題，很多地方不嚴肅。不實事求是。那種搞『言論對照』[144]以及攻擊一點，不及其餘和無限上綱等做法，到了文革時期就風靡全國了。」[145]

　　旅居澳洲的紅衛兵一代陳向陽（1954- ），於2016年在當地的華文報紙文革專欄撰文討論語言暴力對這代人的影響。「他們使用過革命語言，至少在每個人都必須表態的政治學習中模仿過。這種語言就是對敵人的戰鬥語言，氣勢洶洶，不講道理，不顧邏輯，不容質疑。有些人曾滿嘴髒話，張口就來，說者、聽者都習以為常。」[146]目前大陸的一些網路辯論，實際上仍舊複製和沿襲著九評和文革

（續）─────────────────

　　　Europe, 1300-1918. Ashgate Publishing. 127-152.

143 孫沛東，《時尚與政治：廣東民眾日常著裝時尚（1966-1976）》，北京：人民出版社，2013，頁111。

144 「言論對照」，指九評援引馬恩列的言論，對照赫魯雪夫的言論，以此證明赫氏背離正統，搞了修正。這種言論對照在文革中是大批判慣用之法，當時出版了無數XXX反革命言論摘抄：一邊是毛主席語錄，一邊是這些反革命的言論。

145 閻明復，《閻明復回憶錄》（下冊），北京：人民出版社，2015，頁910。

146 陳向陽曾經是北京知青，當過七年工人，78級北京大學地理系本科。1984年之後在澳洲求學並工作定居。參見陳向陽，〈我們，「壞人老了」的一代〉，《大洋日報》2016年8月9日，第12版。

的辯論模式。

思想暴力

思想暴力體現在媒體動員模式、人的異化及其精神遺毒。

1949年以後，九評文章和學習九評運動是最靠近文革的一次輿論演練，這種媒體總動員模式業已純熟。與1951年全國批判《武訓傳》一樣，在長達一年多的時間裡《人民日報》等連續發表批判文章，有關人士的檢討和反思，群眾集會和讀者來信等，「聲勢宏大，炮火猛烈，版面集中，顯得十分突出。」批武訓實際上樹立了一個模式，之後歷次政治運動中，紙媒如何緊跟運動，貫徹和宣傳黨的最新精神，都有了有章可循的先例[147]。

人的異化包含很多層面，這裡只討論由這種思想暴力滋生的文字獄和檢討體。1949年以來的文字獄，從1950年批電影《武訓傳》到1960年代批《三家村》和《海瑞罷官》等，因思想犯罪的人不勝枚舉。根據《聶紺弩刑事檔案》，在給聶定下寫詩犯下「惡攻罪」前，有關領導指示讓舉報人提供詩稿，並詳細注釋聶詩反動之處，以重新闡釋詩句的方式，檢舉聶的罪行。從舉報人解詩可以看出，羅織罪名的方法與封建時代並無二致[148]。「青眼高歌望吾子，紅心大幹管他媽」，映照當時粗鄙的政治話語。

制度化的檢討體文風盛行，將普通民眾置於自賤自辱的無恥中。降低自我認同，減損社會認同，是個體靈魂的巴士底獄。「受不完的蒙蔽，站不完的隊；做不完的檢查，請不完的罪，」反映出

---

147 袁鷹，《風雲側記：我在人民日報副刊的歲月》，北京：中國檔案
出版社，2006，頁77。
148 寓真，《聶紺弩刑事檔案》，香港：明報出版社，2009，頁65-80。

毛時代上至國家主席劉少奇，下至普通人，都必須面對檢討[149]。毛澤東宣導的「批評與自我批評」使自我批評正式進入公共空間，由黨內走向黨外；從反右到文革，形成一整套檢討書的結構模式[150]。自我檢討、內部檢討、公開檢討等一系列檢討技術，使檢討成為一門生存學問。作為公共空間裡的一種私人懺悔，檢討是列寧政黨維護秩序、控制思想的一種文化手段。「文章信口雌黃易，思想錐心坦白難」[151]，這種具有中國特色的公開懺悔是「摧殘個人尊嚴的文字酷刑，是培訓無恥人格的造句練習，是迫使檢討者把自己的小辮子任人亂揪的精神折磨，是指令一個人按照上級的批示去罵自己的話語暴政，是拿起筆桿子打自己嘴巴子的糞便作文。」[152]

人的異化也體現在歷次政治運動中加害者和受害者之間身份的流動性。文革開始後，在西北農業大學學習九評運動中受到迫害的問題學生，提出清理九評學習鑑定材料，於1967年1月10日，強行燒毀九評學習檔案材料，並在燒毀過程中，強迫學校黨委領導下跪請罪[153]。1960年代「三家村」雜文〈「偉大的空話」〉與毛澤東的〈反對黨八股〉遙相呼應，甚至吳南星[154]對愛講空話的人的建議都模仿

---

149 史寶編著，《文革中的檢討書》，台北：時英出版社，2011，頁9。
150 表態認罪；挖掘根源，具體剖析；上綱上線，為錯誤定性；決心學習改造。參見王偉，〈檢討書：公共空間裡的私人懺悔（1949-1976）〉，首都師範大學碩士論文，2012，頁11-31。
151 侯井天主編，《轟紺弩舊體詩全編注解集評》，太原：山西人民出版社，2009，頁2。
152 康正果，《出中國記：我的反動自述（1949-2003）》，台北：允晨文化公司，2005，頁102.
153 關聯芳，〈九評學習材料檔案的燒毀〉，《西北農業大學校史》，西安：陝西人民出版社，1986，頁127。
154 吳南星是集體筆名，「吳」指吳晗；「南」指馬南邨，即鄧拓；「星」則指繁星，即廖沫沙。他們用這個名字出版了《三家村劄記》。

毛澤東[155]；以明史專家身份，1949年11月當選北京市副市長吳晗「奉旨」創作《海瑞罷官》[156]，1959年6月至9月發表〈海瑞罵皇帝〉和〈論海瑞〉等文章，1961年《海瑞罷官》發表和上演，1961-1964參與「三家村箚記」寫作。但文革前夕，以姚文元為首的黨內幹部對《三家村箚記》和《燕山夜話》的批判。到了文革之後，為《海瑞罷官》平反的文章以同樣的「文革體」宣稱：「冤獄就是你們這些禍國殃民的『四人幫』製造的，今天我們就是要平冤獄，包括你姚文元《評新編》造成的以批《海瑞罷官》為中心的文字獄，都必須一個一個地清算，一個一個地平反。冤獄不平反就不足以平民憤，冤案不昭雪就不足以快人心。」[157]由此可見，任何政黨，如果不能形成制度化的通道，以制度化的方式，公開處理黨內所謂路線鬥爭，黨同伐異、冤冤相報的惡性循環就不會被打破，政治鬥爭永遠是一場沒有妥協和協商的零和遊戲，結局永遠是雙輸。一句話，「沒有民主憲政，豈能告別政治生活的惡夢」[158]。

---

155 參見吳南星，〈「偉大的空話」〉，載吳南星，《三家村箚記》，北京：人民文學出版社，1979，頁7-9。

　　1942年2月8日，在延安幹部會議上，毛澤東作《反對黨八股》報告，羅列「黨八股」的八大罪狀，並指其必須被徹底拋棄。參見毛澤東：《反對黨八股》，北京：人民出版社1953年，頁1-25。

156 1959年4月毛澤東不滿大躍進期間幹部隱瞞資料，號召他們學習海瑞的直言精神，講真話。毛的一個秘書打電話給吳晗，讓他撰文介紹海瑞其人其行。吳晗1959年6月16日在《人民日報》發表〈海瑞罵皇帝〉。參見麥克法誇爾（Roderick MacFarquhar）、沈邁克（Michael Schoenhals）著，《毛澤東最後的革命》，關心譯，唐少傑校，香港：星克爾出版有限公司，2009，頁6。

157 蘇雙碧，〈評姚文元〈評新編歷史劇《海瑞罷官》〉〉，《光明日報》1978年11月15日，第3版。

158 丁東，〈《文革中的山西》序〉，載石名崗執筆，《文革中的山西——山西文革親歷者的記憶與反思》，香港：香港天馬出版有限公司，2015，頁4。

　　「九評體」作為精神遺毒至今猶存。自1930年代延安時期開始，尤其是1949年以後，透過文字和聲音的力量，以及其本身所具有的一種「不透明性」[159]，陰謀論在全黨全國和普通民眾中盛行並蔓延，「真相焦慮症」被建構出來。從1961-1964年北京市委機關報《前線》和《北京日報》連續刊登《三家村劄記》和《燕山夜話》[160]，到1963-1964年中蘇論戰九評的出臺，再到1965年底，以姚文元為首，隨後全民批判新編歷史劇《海瑞罷官》[161]和「三家村」[162]，所有這些對外論戰和對內撻伐的共同點是：對人不對事，事實並不一定最重要；都宣稱按照馬恩列斯的教導，遵照毛澤東思想和精神；都承諾並告誡讀者和聽眾：存在一個騙局，民眾被騙，民眾讀到或聽到的內容將說明其揭開迷霧，撕下畫皮，最終還歷史以真相。同時，鼓勵讀者或聽眾，根據作者引導，對作者所批評的人和事，進行新的解讀和聯想，由此在社會上產生一種普遍的群眾性解讀。這種「深度解讀／解毒」都指向一種壞的、有毒的、惡的東西；這些

---

159 文中語言的「不透明性」、「對歷史的暴力」的提法得益於哈佛大學東亞系田曉菲教授2016-2017學年「文化大革命中的暴力與藝術」課程上所授內容及討論。特此說明並致謝。

160 吳南星，《三家村劄記·「偉大的空話」》，北京：人民文學出版社，1979，頁7-9。
　　吳南星，《三家村劄記·專治「健忘症」》，北京：人民文學出版社，1979，頁60-62。
　　鄧拓，《燕山夜話·他諷刺你了嗎？》，北京：中國社會科學出版社，1997，頁421-423。

161 姚文元，〈評新編歷史劇《海瑞罷官》〉，《學術月刊》1965年第12期，頁1-11。
　　姚文元，〈評新編歷史劇《海瑞罷官》〉，《文匯報》1965年11月10日，第1版。

162 姚文元，〈評〈三家村〉〈燕山夜話〉〈三家村劄記〉的反動本質〉，《文學評論》，1966第3期，頁 8-22。

東西在隱藏中，尚未被大眾覺察。在不同時期黨和國家的最新革命
精神指引下，全民族都在追尋一種意義，再加上歷次群眾運動所積
累的社會矛盾，中國社會掀起一股又一股「全民偵探風」。意識形
態國家機器順勢而為，從而將一種文學批評、政治論戰或政論文章，
演變成一種政治運動的先聲。1976年以後所有的相關平反文章[163]，
仍舊沿用了九評以來的一貫的文風；這種文體、修辭和邏輯至今仍
具有強大的生命力。

歷史暴力

　　九評實際上是對中蘇交惡這段歷史的一種暴力。「九評體」屬
於八股文章這個判斷，出自1963年6月「反修檔起草小組」對陳伯達
組織的《紅旗》雜誌和中宣部等人馬完成的〈中共中央對蘇共中央3
月30日來信的答覆〉初稿的評價，此文後來定稿時題為〈關於國際
共產主義運動總路線的建議〉。該小組認為「這樣的八股文章，老
祖宗講什麼，赫魯雪夫講什麼，相比對照，不一致或有差異，就是
修正主義，完全沒有聯繫實際」。閻明復看到陳伯達小組逐段摘抄
《馬克思恩格斯全集》和《列寧全集》等，《紅旗》雜誌社大會議
室桌子上、窗臺、茶几和地板上到處堆滿了馬列主義經典著作[164]。
全國政協文史資料委員會文史專員聶紺弩當時就認為，九評只是摘
抄列寧在《國家與革命》中的一些詞句，世易時移，列寧的觀點無

---

163 蘇雙碧，〈評姚文元〈評新編歷史劇《海瑞罷官》〉〉。
　　新華社，一個驚心動魄的政治大陰謀──揭露姚文元〈評新編歷史
　　劇《海瑞罷官》黑文出籠的經過〉〉，1979年1月6日，第3版。
　　黎澍，〈一個圍殲知識分子的大陰謀──評姚文元對《海瑞罷官》
　　的批評〉，《人民日報》1979年2月1日，第12版。
164 閻明復，《親歷中蘇關係：中央辦公廳翻譯組的十年（1957-1966）》，
　　北京：中國人民大學出版社，2015，頁320。

助於解決當下的新問題[165]。

　　以下舉兩例分析九評對歷史的暴力。〈三評〉圍繞南斯拉夫是不是社會主義國家展開。文章從經濟、政治、外交等方面論證南斯拉夫是「資本主義復辟」的典型：「南斯拉夫不是一個社會主義國家。南斯拉夫共產主義者聯盟的領導集團，背叛了馬克思列寧主義，背叛了南斯拉夫人民，是國際共產主義運動的叛徒，是帝國主義的走狗。」[166]〈三評〉的寫法是「南斯拉夫黨和國家已經變質」這個結論在先，之後再搜集資料進行論證[167]。通過錯誤地勾畫「資本主義復辟」的基本輪廓，使中共八屆十中全會有關在社會主義條件下繼續進行階級鬥爭的思想進一步向「左」發展。親歷者吳江認為中共在這個問題上犯了根本性的錯誤。斯達林提出南斯拉夫是修正主義的典型，赫魯雪夫把它平反了，並親自登門道歉，中共卻出來維護斯達林的無理判決[168]。

　　〈六評〉聚焦社會主義國家是否能與帝國主義國家和平共處，提出戰爭不可避免。列寧和史達林的和平共處政策強調，和平共處靠鬥爭得來；無產階級國際主義是列寧對外政策的根本原則；被壓迫階級／民族同壓迫階級／民族不能和平共處，因此，蘇共藉口「和平共處」，鼓吹社會主義同帝國主義「全面合作」，這是「為帝國主義對社會主義國家的滲透大開方便之門，這恰恰適應了美帝國主

---

165 寓真，《聶紺弩刑事檔案》，香港：明報出版社，2009，頁120。
166 中國共產黨中央委員會，《中蘇論戰文獻：「九評」及其他》，香港：文化資料供應社，1977，頁151。
167 中共中央文獻研究室編，《毛澤東傳》（第4冊），北京：中央文獻出版社，2011，頁1289。
168 吳江，〈批判「赫魯雪夫修正主義」記略〉，《炎黃春秋》2005年第5期，頁46-48。

義的『和平演變』政策的要求。」[169]事實上，以暴力奪權為主，議
會鬥爭為輔的策略，並不符合北美西歐等發達資本主義國家的實
際，因此也遭到歐美共產黨的抗拒[170]。1969年珍寶島衝突爆發，中
蘇處敵對狀態，中美關係反而開始正常化，到1979年中美正式建交。

　　鄧小平承認，在中蘇論戰中雙方都不完全尊重事實。從1957年
第一次莫斯科會談，到60年代前半期，中蘇兩黨展開激烈論爭。作
為那場爭論的當事人之一，鄧認為自己「扮演了不是無足輕重的角
色」。但是，「經過二十多年的實踐，回過頭來看，雙方都講了許
多空話。馬克思去世以後一百多年，究竟發生了什麼變化，在變化
的條件下，如何認識和發展馬克思主義，沒有搞清楚。」[171]其實，
「鄧小平宣導的改革開放，很多都是當年中共所批判的『修正主
義』，而且比那些所謂的『修正主義』走得還遠。」[172]這一時期央
廣的政治宣傳給一些越南幹部和知識分子留下不好的印象。60年代
時中蘇都在越南做宣傳。越南人聽得懂蘇聯人的宣傳，卻無法理解
中國人的宣傳。因為蘇聯的宣傳中談到戰爭與和平，建設等等還有
人性和理性。與中國一樣，當時越南也到處是高音喇叭，每天固定
播放中國北京電臺的廣播。越南幹部中有一個特別的詞彙，當說到
某個人說話高亢武斷時，就說「他像北京電臺一樣」[173]。

---

169 中國共產黨中央委員會，《中蘇論戰文獻：「九評」及其他》，香
　　港：文化資料供應社，1977，頁316。
170 錢理群，《毛澤東時代和後毛澤東時代（1949-2009）：另一種歷
　　史書寫》（上），台北：聯經出版公司，2012，頁408。
171 鄧小平，《鄧小平文選》（第3卷），北京：人民出版社，1993，
　　頁291。
172 李洪林，〈從山雨欲來到浩劫晚鐘：文化大革命簡述〉，香港：《當
　　代中國研究》2016年第2期，頁37。
173 袁訓會、徐書鳴，〈程映虹：中越之間的恩怨糾葛〉，《同舟共濟》

事實上,中蘇破裂的根本原因是結構性的:國際主義理念與民族主義追求存在矛盾,意識形態的統一性無法掩蓋國家利益的差異;社會主義陣營內部實行領導與被領導的組織原則,出現利益訴求,缺乏妥協機制,因此,中蘇同盟破裂無法避免[174]。

誠然,靠訴諸於人們被誇大的恐慌、真實的憤懣情緒以及出於本能的偏見在政治論戰和紛爭中獲得好處的做法,並非中蘇論戰或文革所特有[175]。以往帶有冷戰宣傳意味的歷史學和政治學敘述強調,美國革命與血淋淋的俄國革命和法國革命不同,前者是一場「好的、有秩序的、有節制且成功的革命」,但實際上,它也是一場激烈的革命,諸多保皇黨人與愛國者、白人與黑人和印第安人等多個面向都爆發內部的爭鬥;種族主義、暴力、分裂以及用污言穢語辱罵、恐嚇對手這些伎倆,從美國革命一開始就是美國政治文化的一部分[176]。

然而,關鍵的問題並不是歷史包含著多少黑暗,而是在於能不能吸取教訓,追求進步。時代的洪流永無止息。有的民族和國家能

(續)————————————————

　　2014年第12期,頁16-19。

174 沈志華、李丹慧,《戰後中蘇關係若干問題研究》,北京:人民出版社,2006,頁481-482。

175 「種族隔離」時代的白人至上主義;19世紀50年代本土美國人致力於控制移民入境的「一無所知運動」(Know Nothing);尼克森的「南部戰略」(Southern strategy)也利用了南方白人選民對黑人在民權運動中所取得的成果的怨恨情緒。美國政治史上的暴力不在少數。19世紀選舉期間美國國會時有鬥毆,各大城市爆發騷亂。直至20世紀,生活在南方試圖參與選舉的黑人還會面臨三K黨以及類似群體的暴力威脅。參見Foner E. 2016, "Book review of *American Revolutions: A Continental History, 1750-1804* by Alan Taylor," *London Review of Books*, Vol. 38, p.11-12.

176 Taylor, A. (2016). *American Revolutions: A Continental History, 1750-1804* (First ed.). New York: W. W. Norton & Company. 3-9.

夠從過往中去糟存精，在時間的流裡不斷剔除制度和人性中的膿包和毒瘤，從而使社會和民眾更加清明跟自省。但在有的民族和國家，這些膿包並沒有被徹底擊穿，這類毒瘤仍舊蔓延，甚至化作一種新的病毒，在街市閒談，學術辯論，學術批評，網路圍攻，外交文宣等等領域和場合，依舊為患社會。從歷史覆轍所獲得的教訓，尚未匹配所經歷的苦難，慟。

　　孫沛東，復旦大學歷史學系副教授，斯坦福大學胡佛研究所國家研究員（2017-18）。主要研究文化大革命文化史和社會史。在《中國季刊》等期刊發表文章20多篇，已出版專著《時尚與政治：廣東民眾日常著裝時尚（1966-1976）》（2013）和《誰來娶我的女兒？上海相親角與「白髮相親」》（2012；2013）。

「業餘」的位置：
當「彩虹」開始合唱

羅小茗

一、現象級的「業餘」

今日社會中，人們對「業餘」的偏愛和推崇，正日益高漲，由此形成的社會話題和商業活動也越發密集。比如，若沒有理所當然的專業界線和由此出現的「業餘」，氾濫中的「跨界」——運動員演喜劇、漫畫師設計新鞋、演員當大廚，便無從博人眼球。再比如同樣氾濫的「選秀」。如果說「跨界」追捧的是由精英和專業混搭而來的「業餘」，打造一小撮人做什麼都出色的社會景觀，那麼整套選秀機制的前提，便在於高度肯定普通人的「業餘」。仰仗於這種被抽象肯定但範圍極為有限的「業餘」，無論實際表現如何，「業餘」的展示總能調動特別的社會情緒，產生立足於此的商業價值。就連不少「網紅」的爭議性，也由此而來。從早年的旭日陽剛、余秀華到最近的范雨素[1]，引人注目的首先是他們在「業餘」時間裡的

---

[1]　旭日陽剛，是兩位打工者的業餘音樂組合，2010年憑借他們在租住屋內翻唱汪峰的〈春天裏〉的一段視頻，走紅網絡，此後參加系列選秀，參與春晚演出，出版自己的音樂專輯；余秀華，腦癱患者、打工者，業餘時間從事詩歌創作，2014年因〈穿過大半個中國去睡

歌唱與書寫居然不錯。其次才是這些打工者的「業餘」，既不曾遵循商業利益的明確指導，又溢出了選秀機制的刻意規範，如何對其展開評價，成為極具爭議性的話題。

上述羅列，並不能窮盡「業餘」在當前社會生活中的膨脹與滲透[2]，卻足以說明：長期以來，作為工作的對立面或剩餘物而存在的「業餘」，越來越成為重要的集體欲望的集散地。這固然是因為，在這個注意力經濟（economy of attention）的時代，經濟和文化的攜手共進，正催生出一種特殊的繁榮；其基本特點在於，無論是廣義還是狹義的文化，都不得不以經濟為標準，加速度地生產自身，並由此形成社會生活的新節奏。兀自膨脹中的「業餘」既是對這一變動的本能反應，也是被此類繁榮擠壓而出的一種新的生活狀態。但更要緊的是，由此產生的對「業餘」的推崇和熱情，瀰漫在經濟利益和大眾文化的縫隙之中，無法被它們之間過於俐落的交換清除和窮盡。此時，運用各色名詞指稱聚集於此的集體欲望，分而治之，將其轉化為文化經濟的助燃劑，是饑渴中的資本的基本策略。在這一策略中，一方面「業餘」被大規模地徵用，積極參與在注意力經濟對社會景觀的重塑之中；另一方面，此種分而治之的徵用方式，

（續）

　　　妳〉一詩走紅網絡並引起巨大爭議，其詩集《月光落在左手上》使其成為20世紀90年代以來唯一一個詩集超過10萬冊銷量的「網紅女詩人」；范雨素，家政工，參加了皮村「工友之家」文學小組，2017年因〈我是范雨素〉一文走紅網絡，同樣引發巨大爭議。

2　更多的例子來自「業餘」由「臨時」向「正式」的過渡，往往被吸納和解釋為新自由主義下的一種新的工作。工作。比如，同人、字幕組、「斜杠青年」、「網紅」、優步專車的兼職等等。這一業餘性，也已經進入金融行業。在《經濟學人》最新一期的報導中，成立於2011年的對沖基金和網上眾包平臺Quantopian擁有12萬的業餘人士作為會員，為其提供演算法。

又使得「業餘」被或著眼於經濟利益、或注重大眾文化的媒體和學術話語迅速瓜分，就此隱形。這意味著，想要打破分而治之的徵用，理解被擠壓而出的不斷膨脹的「業餘」，把握其對經濟生產和文化生產的意義，進而描述在此過程中社會欲望的集結和投擲的可能方向的話，就需要將「業餘」確立為一類明確的社會事實，展開更為認真的審視和思考。

正是在這一形勢中，上海彩虹室內合唱團（Rainbow Chamber Singers）具有其特別的意義。這不光是因為這支由各界青年組成的業餘合唱團，亦正亦邪，在短短兩年間，持續貢獻著神曲和雅樂，為人們帶來了彩蛋不斷的歡樂時光；更是因為它持續穿梭在專業／業餘、工作／休閒、商演／公益、高雅／搞怪、嚴肅／娛樂這一系列二元對立之間，使這個時代裡「業餘」的豐富含義初步顯形。至此，考察其所具有的業餘屬性，特別是由合唱團的運動軌跡和社會際遇所揭示的「業餘」在當前社會中的位置也就構成了本文的任務。

二、擠壓而出的工作之「餘」

2016年年初，憑藉合唱演出的搞笑返場視頻〈張士超你到底把我家鑰匙放在哪裡了〉，上海彩虹室內合唱團迅速走紅網路。在這首被網友稱為「開年第一神曲」的合唱歌曲中，男女八聲部共同追討「我家鑰匙」的去向，氣勢恢宏地表達著城市生活中的小怨念。一時間，正經八百的室內合唱與追討鑰匙未遂的小情緒之間的巨大反差，引燃了人們對合唱團的好奇和熱情。這支成立於2010年，最初由音樂學院指揮系學生組建、此後吸納各界合唱愛好者加入的業餘青年合唱團體，就此走進公眾的視野。

在一次電臺的訪談節目中，當被問及指揮系的同學怎麼會想到

自組合唱團時，團長金承志坦言，一個直接的原因就是他們的專業
考慮。既然學了指揮，按照專業對口的思路，未來的工作就應該是
幹指揮這一行。可偏偏樂團指揮這個職業過於冷門，不僅工作機會
極為有限———一個城市最多1-2個正規樂團，在崗人員的退休速度又
異常緩慢——「老而彌堅」在這一個行當裡仍然準確管用。與此同
時，勝任這份工作的要求，卻是指揮經驗的積累越深厚越好，這恰
恰需要不斷的練習和反復的揣摩。於是，對指揮系的學生來說，既
有的工作崗位和可能的工作經驗，構成了一個「雞生蛋蛋生雞」的
矛盾：必須有豐富的工作經驗，才有競爭上崗的實力；可豐富的工
作經驗，又只能在不斷上崗中積累。對年輕的指揮者們來說，如完
全依賴既有的專業樂團制度，這就是一個不可能完成的任務。與其
等到別人終於把一個團交到自己手上，不如「自救」，組個團先操
練起來。在「業餘」的過程中期待上崗，彩虹合唱團應運而生。

　　可以說，「彩虹」和其他業餘樂團的誕生，正是源於這種「制
度性的不可能」。乍看之下，這是由於指揮這個行當過於專門造成
的。但實際上，經驗積累和崗位競爭之間猶如二十二條軍規般的「制
度性的不可能」廣泛存在。無論是大學生在求職時，用人單位對實
習經歷的格外重視，還是越來越多的沒有酬勞甚至於需要繳費才能
獲得的「實習崗」的出現，或是不斷加碼的晉升規則和對功成名就
者的高價引進機制，都意味著社會對「工作者」的要求正滑向荒誕。
指揮這個冷門職業的現狀，不過對這種荒誕性做了最直截了當的表
達：在經歷了近四十年的改革開放和經濟高速增長之後，中國社會
進入了各行各業相對飽和，工作機會和社會資源不再向青年一代輕
易開放的新階段。與此同時，由新自由主義主導的工作制度，又將
持續減少就業崗位，使工作變得不穩定，作為提高效率、攫取更大
利潤的方便法門。這兩個變化彼此疊加的後果，就是讓不斷提高對

工作者的要求、拉高穩定工作的門檻等做法變得理所當然。於是，充分享受了改革紅利、執掌分配大權的社會中堅，對於新自由主義下的後福特制，有著某種天然的親近感。凡事優先考慮如何對自身有利，而不考慮此種「制度上的不可能」對社會長久運行的利害，是其最自私短視的一面。只是，這樣的制度顯然無法獨立運作。各種在體制之外的替代性或補充性做法由此催生，以大量彈性、不穩定和隱形的工作類型和工作方式與之配合，共同維持一個「不可能」的工作制度持續運行。這種體制內外的默契，已經成為當前社會的常態。以「業餘」而自覺待崗的彩虹團，便是其中的一種。就此而言，「彩虹」的業餘，是對當前不合理的工作制度的自覺補充。此時的業餘，是缺乏正規工作者的社會發明，朦朧地承擔著未來就業者的蓄水池功能。

　　如果只是這樣，那麼「彩虹」的業餘性，至多凸顯了這個時代的極端功利，以及對這一功利行為的社會自救，並無太多的新意。不過，它的運動軌跡，顯然還有另一個重要的面向：來自社會各界的合唱愛好者們的持續加入和參與；即便是它尚未成名之前，也是如此。按照金承志的說法，一個完全由未來指揮者組成的合唱團困難重重。因為每個人都有對音樂的專業理解，調和妥協總是異常困難。於是，指揮者們的「自救」，因為過於專業而不可持續。新鮮的血液，來自各行各業的愛好合唱的年輕人。他們對於合唱有著自己的熱愛，這樣的熱愛和專業無關，而是和另一種工作之「餘」相關。如果說指揮者們的組團自救，是被正規工作制度擠出時的本能反應，那麼合唱愛好者們的加入，則是被既有的工作制度牢牢套住的年輕人，在面對工作壓力時的另類選項。參加合唱，調整身心，從中獲得和工作相對的一種完全不同的精神狀態，由此形成安排工作之「餘」的時間和情感，乃至投擲精力的新方式。

　　顯然，對絕大多數城市青年來說，這一種工作之「餘」，是後福特制高強度剝奪的另一個結果。而被剝奪後的本能反應，則在「彩虹」的「神曲」〈感覺身體被掏空〉中得到了精準而全面的表達。這首自帶彈幕、加入了「葛優躺」和作為老闆的「黎明」等各類噱頭的歌曲，在短短的五分半鐘之內，既生動描述了後福特制中工作的基本特點，「眼神似黑背犬」的老闆、隨時隨地的開會加班、看似平等親近實在緊張的上下級關係——「寶貝加班吧」、以微信這樣的社交平臺為媒介而不斷延長的工作時間——「辭職以後拉黑他」，以及「天天KPI」的績效考核制度。又將年輕人在今天的城市生活中，為保障這份工作必須付出的身心條件和盤托出：所能承擔的住處與工作地點之間永遠遙遠的距離，每天花費大量的時間和體力與惡性的交通環境作戰——「起來征戰北五環，我家住在迴龍觀」，加班加點導致的「作息紊亂」、「越來越胖」，由此堆積起來的疲憊心態——「感覺身體被掏空，我累得像隻狗」和自我調適的辦法——「難道你沒有家？」、「不要加班」，「我要去雲南」。在這裡，作為對沒有邊界的黑洞般吸納一切時間和精力的工作的對抗，家的重要性，生活在別處的信念和對工作的徹底拒絕，成為年輕人在心中恣意揮舞的想像性武器。

　　更有意思的是，借助於合唱這種多聲部的表達形式，歌曲還帶出了正尷尬地夾在這兩者之間的第三部分——現代工作倫理。一面是媒體正在大力宣傳和推動的「匠人情懷」，可每天高強度的工作和追在屁股後面的KPI，自然容不得慢工出細活的「匠人」，也就很難讓人體會工作帶來的意義感和成就感，這無疑是對目前這種糟糕透頂的工作狀態的控訴。與此同時，另一個聲部又極具諷刺地高唱：「我熱愛工作，工作讓我進步，我喜歡學習，超快樂」。顯然，現代人日益發達的自我管理術，已經將工作和進步、學習和快樂這

些關鍵字直接掛鉤，工作學習和個人成長、情感獲得之間的關係，是比「匠人情懷」更為深層也更廣為接受的工作和生活倫理。於是，一方面是拒斥當下的工作，但另一方面，作為這種工作狀態的對立面，一種「更好」的工作想像，及其與自我成長的關聯，並未徹底破產，而是以某種諧謔反諷的身份重返。這種對工作倫理的半信半疑，和來自西伯利亞的爸爸和遠在天邊的雲南一樣，成為「累成狗」的工作者們，在躲避、嘲諷乃至對抗現實中的工作時僅有的既極為必須又極不穩定的理念支持。

至此，在彩虹室內合唱團這一個案中，我們看到的是兩種工作之「餘」的疊加組合。其中，第一類工作之「餘」，是被佔據支配位置的正規工作制度擠壓而出的剩餘。作為對既有的工作制度必不可少的補充，這樣的剩餘，正以各種方式現身。無論是政府大規模地提倡大學生自主創業，是數量激增的白領投身「代購」或「共用」事業，還是大量以志願、實習或派遣等名義存在的職位，都是這一類剩餘的不同表現形式。與之不同，第二類的工作之「餘」，是人們被這一整套工作制度——正規和非正規的集合——高度剝奪後的必然要求。當後福特制使人精疲力竭，補償的不二法門又總是消費之時，尋找不同的組織和安置自身情感、精力和時間的方式，這一類的願望也就越發強烈。

正是這兩種既和現代工作制度緊密相關、又不盡相同的工作之「餘」，它們的疊加組合，使得彩虹室內合唱團成為一個特別的團體：既非一心等待，以期更加專業和商業，從而進入體制的樂團，也非純屬興趣愛好，為了一味的開心有趣而失去音樂上的自我要求的團體。也正是這種特殊的組合方式，敦促我們去思考，在當前社會中，由新自由主義的重壓擠出的，究竟是一個什麼樣的「業餘」的現實位置？

三、在工作／消費之外：誰的餘數？

　　已有報導指出，彩虹合唱團貢獻的〈感覺身體被掏空〉、〈春節自救指南〉等歌曲，唱出了「新城市民工」的心聲，為壓力巨大的城市職場生活提供了發洩的出口。這當然是彩虹合唱團一部分走紅網路的作品極具特色之處。然而如果只是如此，那麼作為「業餘者」的彩虹合唱團以及他們所提供的音樂，也就淪為大眾文化商品中的一種，是包裝完畢、只待消費的對象。面對這樣的文化商品，每個被高度剝削的城市民工，只需回家後在沙發上以標準的「葛優躺」，打開電腦或手機，一邊欣賞一邊發笑自嘲便可。如此一來，工作之「餘」再次蛻變為消費時段。此種片面化的描述，也在有意無意間，將人們對「業餘」的要求，重新拉回工作／消費的二元對立，把嘲笑工作和自嘲，變為合格勞動力再生產的必要手段。然而，彩虹合唱團對既有的工作制度、消費制度及其合謀的挑戰，遠不是幾首歌曲幾段視頻那麼簡單，而是來自於其創作和實現這一類歌唱的業餘化的運作模式。

　　正如團長金承志在多個場合反覆說明的那樣，彩虹團的團員們參加排練和演出，並非想成為專業的演出團隊，也不是為了賺錢。他們都只是以業餘者的身分做一件自己喜歡的事情。因此，每年固定的幾場演出，如果條件許可也願意參加幾次商業演出，但這些都要視大家的意見而定。對於有著固定且不錯收入的城市白領們而言，參加合唱團是一種嚴格區別於工作的狀態。如果說賺錢往往構成了人們評估工作的重要指標，甚至成為唯一目的和動力的話，那麼與此相區別，「業餘」之所以可貴，恰恰在於它的目的不是金錢，也無法以金錢加以衡量。

　　若僅到這一步是不夠的。因為這樣的「業餘」，仍只能經由對工作的否定來確立自身。這樣的否定之法，並不能夠給予業餘自身的根基，反而成為人們詬病或徑直將彩虹團、跑團或其他由興趣愛好而起的自發組織，視為中產階級自娛自樂的一個原因。畢竟，合唱也好，馬拉松也罷，如果「業餘」總是建立在不在少數的金錢投入和慷慨的時間投擲之上，此外又別無與消費娛樂更為根本的區別性特徵的話，這樣的指責自然在所難免。這意味著，倘若要正面論述今天社會中的「業餘」，就需要進一步梳理和明確，「業餘」究竟如何確立起自身的意義，它是否可能或正在從工作／消費的支配下擺脫出來。

　　就此而言，在彩虹團尚未紅火之前，一篇發在其微信公共號的討論文章〈我不覺得一群人唱得高興就好〉很值得注意。文章一開頭便申明，自己是一名合唱團的團員，對合唱有著自己的理解和要求。對於合唱團中普遍存在的對於「業餘」的看法——「大家在一起唱得開心就好」，作者頗不以為然。他／她在合唱團所做的一切，也就成了和這些看法持續交戰的過程：

　　開唱不準音高或者沒時間複習樂譜都是有原因的，為什麼要揪著不放，破壞別人的樂趣呢？識譜雖然沒那麼強，但是這個人很有趣啊；對聲音的控制雖然無感，但這個人知道哪裡有好吃的啊；音準的概念雖然弱，但這個人……，為什麼要揪著不放叫別人不高興？而且為什麼總是說那幾個個別的人好，他們是做事認真，排練認真，唱得也很不錯，但為什麼就是對別人視而不見？是啊，為什麼呢？[3]

3　哈貝，〈我不覺得一群人唱得高興就好〉，上海彩虹室內合唱團微

　　這段生動有趣的紀錄，不僅把我們帶回到了紛擾的排練場和各有特點的合唱者們中間，更是向我們展現了當前社會中，人們對於「業餘」的習慣性定位，即便是業餘者們自己也不例外。比如，既然是「業餘」，也就意味著它並不是那麼重要的事，一旦需要，就應該為工作或其他更要緊的生活內容讓路。首先犧牲「業餘」，有何不可？既然是「業餘」，那麼所有的活動便是為了樂趣或開心而來，一切導致不那麼開心或有趣的做法，例如艱苦枯燥的練習，就不受歡迎或乾脆拒絕。不然，怎麼叫放鬆？既然是「業餘」，那麼業餘者就不再是異化勞動下的片段，而是應該被視為一個「完整的人」來接納。唱的不好，但有其他優點的人，難道不同樣值得友愛珍視嗎？於是，這段看起來再平常不過的合唱隊員之間的彼此埋怨／相互體諒，實際凸顯的是「業餘」在現實中的尷尬位置，以及這個位置緣何而來的各色線索。

　　顯然，長久以來，人們不斷投擲在「業餘」之上的，是在工作中無法被滿足的自相矛盾的欲望和要求。一方面人們如此看重和渴求業餘，羨慕別人展開此類活動的能力，但另一方面又總是不假思索地認為它不重要，並不需要特別地思考、養成和呵護。一方面人們認為在繁重高強度的工作中，人慘遭異化，失去了完整性，另一方面又似乎覺得只要脫離了工作，作為完整的人的資格就會自然恢復。一方面人們厭惡工作，把無聊、繁重、費心勞力視為工作的基本特徵，於是，拒絕它們也就理所當然地被視為對工作的抵抗。另一方面，享樂、搞笑、不花力氣便可以輕鬆享受的消費樂趣，卻也很難真正讓青年人心滿意足，歡樂中的空虛，被越來越頻繁地注意到，變得刺目和尖銳。然而拒絕費心勞力的本能反應，卻又決定了

（續）───────────────
　　信公共號，2014年12月3日。

這一注意和抵抗之間，始終斷裂[4]。

不難發現，在這些矛盾中，人們對工作的厭惡越是強烈直接，工作越是能以一種更為深刻和隱秘的方式支配人們的喜好與取捨。不費心勞力的以消費為核心的休閒，也就越發順理成章地接替工作，成為注意力經濟時代的另一重剝削之法。這些自相矛盾的欲望和要求，既構成了人們對「業餘」幾乎條件反射式的理解，也開啟了重新思考它的契機。關鍵在於，我們是否願意梳理這些欲望和要求，重新設定問題？

首先，究竟什麼才是今天社會中，工作和業餘這一組關係的實際狀況，和我們應該具有的對它們的認識？一般說來，今天人們普遍持有的對這組關係的看法，是在馬克思所描摹的大機器時代這種特殊的社會條件下逐漸成形的。在這一時代中，工作的種類、樣式乃至有無，看起來總是由機器在創造和規定。按照馬克思的說法，是人成為必須配合機器這個死結構的活零件[5]。正是在此種社會條件下，業餘與維持勞動力再生產的休息不同，它的作用在於豐富人們

4　這一斷裂的結果，是「有趣至上主義」的盛行。有趣成為評價一切的標準，但究竟什麼是有趣的判斷，實際上又是從對既有的工作制度的批評和不滿中直接匯出。對既有工作的高度不滿和對此種不滿所導致的規定性的毫無知覺，共同促成了此種主義的盛行。「網紅」，在某種意義上說，不過是這一主義在網路空間中的表現形式。

5　「在工廠中，死機構獨立於工人而存在，工人被當做活的附屬物併入死機構。……不是工人使用勞動條件，相反地，而是勞動條件使用工人，不過這種顛倒只是隨著機器的採用才取得了在技術上很明顯的現實性。」馬克思，《資本論》（第一卷），頁486、487，人民出版社2004年版。當然，馬克思最終強調，是資本主義制度對這一機器系統的應用，而非機器系統本身，最終導致了機器對人的徹底支配。人和機器（系統）的對立／敵對，是資本主義制度運作的結果。目前的狀況，也是類似。

的社會生活，如果一時沒有時間和精力去展開，也沒有關係。這也就決定了，在這一組關係中，業餘總是可有可無的錦上添花。

　　問題在於，一旦離開了機器系統對工作的支配狀態——它總能「隨心所欲」地創造／消滅活零件們的工作，業餘作為對工作的補充和輔助的關係，是否依然成立？當前的變化正在於此。在後福特制中，機器系統主導生產的地位並未改變，但其創造和規定「工作」的能力，卻因機器自身的發展大大變化了。這一變化主要表現為齊頭並進的兩個方面。首先，是人必須配合機器的運行，擔任各種活零件的機會，正越來越被機器自身的「進化」剝奪。越來越多人的勞動和社會時間，從具體的物質生產中被「驅逐」／「解放」出來，投擲於社會生活內容的意義生產和更新。1950、60年代以來，無論是米爾斯討論的「人格市場」，還是拉紮拉托（Maurizio Lazzarato）企圖定義的「非物質勞動」，都是對這一趨勢的敏銳觀察。可惜的是，這一類觀察和命名，都過於聚焦工作形態和屬性的變化，而忽略了工作和業餘這一組關係的實際變動及意義，以致於無從解釋，在新自由主義的衝擊之下，「工作」越來越需要甚至依賴於「業餘」的翻新、補充和供給這一點，究竟意味著什麼？與此同時，在機器「進化」的干預下，人不斷發展和調整自身，構成了這一變化的另一個方面。從生產的角度，這個方面可以被理解為，在機械生產力不斷提升的狀況下，「業餘」以及業餘與工作之間依舊殘留的合謀關係，導致了大量彈性、不穩定且缺乏社會保障的工作種類的「發明」，就此重新結構人類社會。如果從人的整體發展而非生產的角度來打量這一變化的話，便會發現當被驅逐的時間和精力持續生成不斷膨脹翻新的「業餘」時，人會近乎本能地探索，當機器可以代替絕大部分體力和腦力勞動之時，人究竟還能為自己和社會創造什麼。

　　上述變化意味著，究竟是誰在定義和創造「工作」，且一併定

義與之相關的「業餘」？這樣的問題，必須在新的社會形勢中被再次提出。在這裡，真正的難點，並不是持續更新的「業餘」是否可能順利轉化出同樣多或更多的工作，以便人們從容就業，養活自己。而是，當大機器時代勢必終結，機器不再牢牢把持著當年從人們的手中搶奪而去的創造和規定「工作」，乃至「業餘」與「休息」的權力之時，人是否有能力真正收復這一定義權？就此而言，人工智慧的緊迫性，並不在於它們將大規模地取代人，從而迫使人承認自己在生產力上遠不如機器，而是在於，以人工智慧為代表的機器，極有可能再一次入侵乃至全面接管目前仍主要由人而非機器來控制的社會生活內容的生產和更新，進而主導創造和規定工作／業餘的新一輪進程[6]。在這一過程中，再次失去定義權的人們，勢必和當年身處大機器時代的人們一樣淪為被其支配的微小部件。只是這一次，人的反抗能力會因機器對社會生活內容生產的全面接管進一步喪失。

如果說，這一狀況是人們今天重新理解工作和業餘關係的依據，那麼顯然，在這一急劇變動的過程中，認為業餘可有可無，隨時可以放棄的常識，和這樣的現實不僅不匹配，而且嚴重滯後。在這種陳舊的理解中，通過機器獲得更美好的人類生活的樸素願望勢必落空。格外重視人們幾乎本能的展開「業餘」的能力，不僅使之擺脫可有可無的地位，且將其視為與機器（及其背後的資本主義應用）爭奪定義權時人的獨特能力，也就成為需要首先確立的新常識。

6　在阿爾法狗全面碾壓人類旗手的圍棋賽過後，社會輿論有兩種基本的議論方式：承認人不如人工智能，和認為人還是比人工智慧強，儘管理由各不相同。這種空疏的感歎，顯然不利於對當前形勢的理解。或者說，派出人類中的精英去和人工智慧戰鬥，以此來思考人與機器的優劣，這本身就是極為錯誤的命題方式。對這一類提問的回答，自然很難準確。

其次，不難發現，新自由主義的經濟制度，已經在驅使和利用
這一工作和業餘之間關係的新變化了。它比一般人更加敏銳地意識
到，業餘不再可有可無，而是利潤的新的增長點。本文開頭所描述
的大部分「業餘」便是如此。這一驅使和利用的方式，有著一個固
定不變的目標。那就是，將其徹底吸納到既有的工作制度之中，使
之成為一種職業，一個崗位，以及一個繼續以生產力和利潤為標準
來確立自身合理性的所在。不過，這並非以彩虹合唱團為代表的「業
餘」模式的訴求。如果說，「大家在一起唱得開心就好」是一種在
舊有的工作和業餘的關係中生成的對「業餘」的理解，就連合唱愛
好者也不例外的話，那麼在對這一常識的反駁中，實際上就包含了
這樣一個命題：擺脫了作為工作的輔助內容而存在的「業餘」，是
一套既不根據金錢和生產率，也不根據純粹的有趣來衡量的對自我
展開組織和勞動的方式。音要唱得準，排練之前要熟悉樂譜，彼此
之間需要多多協同合作，所有這些都不僅僅是為了歌唱的愉悅、合
音的曼妙，也是通過歌唱來煉成的一個更為成熟的自我。這個自我，
不是通過「工作」在現有的體制中被動地生產出來，而是通過「業
餘」和更加自覺的對「業餘」的理解，主動出現。正因為如此，合
唱這樣的練習功夫，不僅是為了唱得開心，也不光是為了唱得更好
聽，而是通過合唱更好地平衡自身的欲望，節制情感和能量，就此
展開一種針對自我的勞動。正是這，構成了業餘的區別性特徵。和
工作或休閒不同，只有它才能徹底擺脫一切生存、勞動、商業和市
場問題，將精力投擲於人的生長之上[7]。只有這樣的自我勞動，才有
可能恢復被工作異化了的自我。一種不圍繞工作，而以業餘為核心

---

7   迪富爾，《西方的妄想：後資本時代的工作、休閒與愛情》，頁128、
    129，中信出版集團，2017。

展開的新型自我，以及與其一併發生的新的社會集體，正是它們構成了人類爭奪社會生活定義權的抵抗的主體[8]。

最後，說到這一步，我們也就不難發現，長久以來，工作所壟斷的，從來不僅是金錢觀念，它同時也強有力地控制著我們對於辛勤、艱苦、樂趣、欲望、壓迫、時間、空間、公共性等一系列基本觀念的把握和理解。因為工作是辛苦的，進而將一切辛苦都視為工作，繼而拒斥與迴避；因為工作是無趣的，進而將一切有趣都視為對工作的抗拒，便是現成的例子。換言之，工作最終壟斷和剝奪的，是人對於自我究竟如何可能更好地生長和成熟的認識能力。而無處不在、蠢蠢欲動的「業餘」保留的，實際上是這一能力的殘餘與進一步恢復的可能。如何更深地理解「業餘」對於自我的意義，如何從中發現抵抗和反思工作的因素，乃至於將針對自我的訓練和創造，從唯利是圖的資本邏輯中解脫出來：這些理應構成整個社會持續重視「業餘」的動力所在[9]。

8　彩虹團的「業餘模式」，在這一方面有一些初步的表現。其所展開的這些活動，在當前的解釋框架下，被籠統地稱為「公益」。在這裡，需要進一步整理和思考的是，這些活動究竟如何和舞臺表演、商業活動、媒體傳播等，共同構成了「業餘模式」下新型自我和新的公共性的生成和發展。

9　在此，有必要重新考慮阿倫特在《人的境況》中對馬克思的批評。在她看來，馬克思以解放社會生產力為手段來實現的人的解放，最終是讓人陷入到無世界性的純粹新陳代謝的苦役之中。對由此產生的「業餘活動」，阿倫特同樣充滿了不屑，認為這不過是人作為勞動動物的私人性的活動，毫無意義可言。時至今日，這種對於「業餘」的看法，恐怕需要進一步更新。而如何從當前的「業餘」中發展出公共領域，對抗資本主義應用，而非解決溫飽和趣味問題，則有待進一步的討論。彩虹團的業餘模式，在這一方面有一些初步的表現，但仍有待觀察。參見漢娜・阿倫特，《人的境況》，上海世紀出版集團，2009。

四、「業餘」之戰：今天的餘數，會成為未來的多數嗎？

　　若帶著上述線索，重新審視彩虹室內合唱團，便會發現其實際
呈現的，是在今天社會中，幾種不同類型的力量就規範和制約「業
餘」展開的一場爭奪戰。

　　首先，是為娛樂消費服務的商業制度，對「業餘」的牽制和拉
扯。娛樂和消費，作為一種制度性的力量，總是充分利用其與工作
之間的合謀，機敏地聯絡和吸納任何可能溢出既有規定的行為，為
己所用。2016年，因「感覺身體被掏空」而走紅的彩虹合唱團，受
「天貓雙11」[10]之邀，錄製〈我就是這麼誠實〉。這首廣告歌曲，
雖同樣控訴著後福特制下無法讓人滿意的工作現狀，結論卻是人應
該對自己好一點，在諸多不滿的現實中，通過購買讓自己的身體首
先滿意起來。此外，參與衛視節目、與「鳳凰傳奇」[11]合作，發佈
多首電影主題曲，走紅之後的彩虹合唱團參與商業活動的活躍程
度，正持續增長。

　　一方面，將具有新穎的「業餘」活動，轉化為對現實制度毫無
挑戰性的消費品，這樣的商業利用，在曲解和遮蔽「業餘」時，顯
然比一般媒體報導更具效力。但另一方面，這種商業的利用，也極

10　「天貓雙11」指每年11月11日的網絡促銷日。淘寶商城（天貓）於
　　2009年11月11日舉辦的促銷活動，獲得空前成功，此後11月11日成
　　為天貓舉辦大規模促銷活動的固定日期。近年來「雙11」已成為中
　　國電子商務行業的年度盛事。
11　「鳳凰傳奇」是成立於2004年的中國大陸男女二人音樂組合。他們
　　的演唱將民族唱腔和流行唱法相結合，是「民族流行風」的代表；
　　其演唱的多首歌曲，都成為中國大媽廣場舞的經典伴奏曲目。

有可能將新的對「業餘」的重視和更為明確的理解——如果有的話——傳播得更遠。在這裡，一個更為基本的事實在於，在今天社會中，就任何「業餘」得以生長和壯大的領域而言，此種商業的利用和可能的傳播效果都將如影隨形，難以迴避。如果說，無論是具體的業餘活動，還是新一輪的「業餘」觀念，都只能在與商業制度的共存和爭奪中慢慢壯大的話，那麼需要思考的問題，就不是如何去商業化，而是在這一力量的箝制和利用之中，真正干擾乃至阻撓業餘模式更順利地運行的究竟是什麼？就此，一個現成的回答，也正由彩虹團給出。那就是，業餘運作和商業節奏之間不可避免的衝突。在《十三邀》這一檔訪談類節目中，剛剛走紅一年多的金承志便已經生出了這樣的感慨，實際的創作節奏，難以追趕商業所要求的加速度的推陳出新。至此，高度重複也好，加快創作和排練的節奏也罷，都是初步成型的彩虹團式的「業餘模式」在面對商業力量逐步做出的妥協和平衡。如何真正持續「業餘」運作的問題，也只能在對這一節奏的平衡和把握中出現、判斷和權衡。除非有一天它徹底與商業節奏相一致，蛻變為與之匹配的工作，否則所有這些判斷和權衡，都是在積累我們這個社會對於業餘模式的有效經驗或教訓，應當得到珍惜和重視。

其次是趣味的力量。「業餘」之所以存在，不光是因為與工作／休閒的角力，還源於其呈現和塑造趣味的能力。這種呈現和塑造趣味的能力既可以被商業利用，比如在2017年5月「紅星美凱龍」[12]廣告歌曲的重點，便在於中產階級的居住品味；但也可能被劃為「高

12　「紅星美凱龍」是中國經營面積最大、商場數目最多、地理覆蓋面積最廣的家居裝飾及家具商場運營商。此次它與彩虹合唱團的廣告合作，是為了五壹假期的促銷活動。

雅文化」保護起來，成為少數人才能欣賞的部分，比如在「蝦米」[13]上，對彩虹合唱團的另一類作品——《澤雅集》、《雙城記》等，一種常見的評論便是：大多數人都只關心〈感覺身體被掏空〉一類的神曲，而對更好聽的合唱歌曲毫不關注。更值得注意的是，這一趣味不光是音樂上的，同時也是更大範圍內的文化資本和經濟資本的選擇和呈現。比如，彩虹團一年一度的招新簡章，便要求團員除了有合唱的經驗之外，還至少熟悉一門外語。

　　在這裡需要指出的是，當布迪厄在《區隔》中大談趣味，視之為區分階級的有效標籤之時，中國當代社會中的趣味，還遠不是一個既成事實。這是因為，任何一個社會或階級的趣味，都不可能單憑迅猛的消費主義獨自完成。相反，只有在一個社會、一個時代的集體記憶、消費經驗、歷史積澱、政治意識等多種因素得到充分整合之後，具有區分效力的趣味方有可能成形。到目前為止，在消費主義的持續衝擊之下，屬於當代中國社會的足以區分階級的趣味，仍在艱難地形成之中。彩虹合唱團的作品，既是這一混雜的形成過程中一種趣味類型的標本，也是「業餘」模式如何積極參與趣味形成的社會過程，對其展開整合和形塑的階段性個案。於是，在他們的歌聲中，既可以聽到對改革開放初期懵懂無暇的童年的懷念，也可以聽到在當前激烈的社會競爭下，對城市的厭棄和對田園鄉野的眷戀；既可以從中辨識出對自身品味不假思索的標榜，也可以聽出對遠去的人文情懷和古風的追慕。在這一類正在形成中的趣味背後，是改革開放以來，中國社會逐漸出現的階級分野。生活在城市、接受過高等教育，且有一定的國際交流經驗和體面工作的年輕人，構成了這一趣味形成的主體。而支持這一趣味的形成的，則是改革

13　「蝦米」為中國大陸知名的音樂分享平臺。

開放以來城市化進程的加速度。同時，這也對正在形成之中，且努力保持新穎性的「業餘」，提出了更進一步的要求：倘若「業餘」模式，具有此種整合形塑社會乃至階級趣味的力量，那麼參與和堅持此種「業餘」的人們，應該如何理解其內在的階級屬性？理解由這樣那樣的「業餘」經營而來的「趣味」，最終如何可能在嚴酷的等級區分之外，對社會現實發出真正的挑戰？

　　最後要注意的，是既有的理解和展開「業餘」的觀念性力量。顯然，到目前為止，讓「業餘」變得重要起來的途徑，往往使之最後榮升為「工作」。這樣的觀念無疑仍然佔據了主流。當前的流行詞彙──「斜槓青年」──便是其中一例：趕緊把你的業餘愛好變成一項可以賺錢養活自己的職業吧。網紅們的簽約上崗，大把賺錢，似乎也正把這一轉化變得越來越不需要討論。然而，正如之前所指出的那樣，如果「業餘」模式的目標，只是為了發明一種新的工作，那麼，我們便很難真正從機器的手中奪回對「工作」、「業餘」和「休閒」的定義權。因為在既有的以生產力為指標的工作制度中，機器將永遠比人更有效率──秒殺人類，不在話下。當「休閒」總是與以此為目標的「工作」相配合時，「業餘」卻是以人的完整和生成為旨規，只為人而投擲的活動。也就是說，當越來越多的「業餘」，被轉為新的工作種類的時候，人留給自己和整個人類社會的生長空間，恐怕也就越來越小。至此，當阿爾法狗在圍棋大戰中全面獲勝之時，人們迎來的倘若不是人的終結，那麼就應該是一個社會將展開「業餘」的能力，視為人區別於機器的重要特徵，為此展開全民教育的新時代[14]。

14　分析到這一步，實際上也就到了擺脫既有的「工作」和「業餘」的關係，在新的社會情境中重新定義「業餘」，或者說，尋找一個新

　　在一個窘迫糟糕的時代，人們總是很容易產生一種不自覺的希望：有一群人能夠突然做對所有的事，幫助或示範人們如何脫離困境。又因為這樣不自覺的希望，於是對那些被社會形勢所推動，偶然做對了一些事情的人們，變得異常苛刻。彩虹合唱團的遭遇，也將大底如是。

　　誰也無法預料，在這一場特別的「業餘」之戰中，彩虹合唱團是否可以堅持得更加長久一些。然而，無論他們的將來會怎麼樣，在這場戰爭之中，單打獨鬥的勝利或失敗並不重要。重要的是人們意識到，面對這樣的戰爭，任何袖手旁觀、只待別人提供戰果的人是可恥的。在這個社會中，並非每一個人都能歌唱，正如並非每一個人都擁有發展業餘的能力，這本是現實生活諸多制度限定的結果。但是，珍惜一點一滴的事關「業餘」的偶然，幫助它們從既有的話語和制度中持續掙脫出來，並且意識到，將目前零星的餘數，變成將來的大多數是一個應該為之努力的美好目標，恐怕是絕大多數不那麼擅長唱歌，卻仍然對將來有所期待的人們力所能及之事。

2017/6/13初稿　2017/6/21修改

　　羅小茗，上海大學文化研究系副研究員，關注城市文化和教育議題。主要著作有《形式的獨奏：上海「二期課改」為個案的課程改革研究》（2013）、《末日船票：日常生活中的文化分析》（2015）。另發表學術文章包括〈城市結構中的「個人悲傷」〉、〈誰是「工人階級」：「我的詩篇」媒介組織中的個人危機〉等。

（續）————————————————————
　　的更為準確的詞語，指稱和命名人的這種特殊能力的階段。限於篇幅，這一部分的思考，此處無法展開。

反思進步價值

序 言

近年來，美國領導地位的衰退、歐盟的整合危機、中國的強勢崛起，以及新興民主的向下沉淪，都歷歷在目。經濟全球化被保護主義所取代；人權的全球化遭到重挫；貧富差距在各國持續惡化；移民與難民激起排外浪潮，身份認同政治變成右翼民粹的溫床；各種威權政黨也接踵興起。環顧今日世界，歷經啓蒙和社會抗爭而茁壯成形的「現代」進步價值，例如自主、平等、開放、公平、多元、博愛，刻正遭遇一波嚴峻的挑戰。川普當選美國總統，被視為這個趨勢最具體、最富有奪目戲劇效果的表現。

在中國知識界，一些積壓已久的情緒與意見，以批判「白左」的形式在網上流傳。所謂「白左」，包含了兩性平等、社會公正、包容差異、善待弱勢者等訴求。顯然，川普的勝利，鼓勵了中國的反白左思潮。這股思潮表達了中國部分知識人對啓蒙、西方、現代的敵意，也意味在中國的特有脈絡中，一種保守主義正在蔓延。

面對這種氣氛，本刊邀集了台灣、香港以及中國大陸多位學者，共同探討「進步價值」在今天世局中的處境與前景。大家意識到，經過幾十年的沖刷，現代自由主義、民主共和主義以及左翼進步主義的根基，並不如想像的那般穩固。進步價值亟需新的思考與論述來賦予新的生命。這件工作頭緒繁多，有待長期的耕耘與辯難。

本期的專輯「反思進步價值」，即是這次會談的部分成果，其他尚在撰寫中的文章也會陸續在本刊發表。這次能夠邀集島外的作者遠道前來參與，我們要感謝中研院人社中心以及雙清文教基金會的鼎力資助，也要感謝沈玫璟小姐的費心操持。

——編者

政治正確「殺死」言論自由：
真實憂慮還是話術陷阱？

孫金昱

　　言論自由對普通中國大眾而言並非一個陌生概念。在公共討論中，相比於其他自由主義基本價值，言論自由獲得認可的程度似乎更高一籌。大眾或多或少都訴諸言論自由，為自己發聲的資格辯護，認為表達自由應是一種普遍狀態，受到限制的言論則是特例，並且需要提供充分的理由。大眾對苛刻的審查制度、刪貼封號的普遍反感，都與這種直覺相關聯。

　　在中國大陸，這種認同雖然缺乏制度上充分的法律和政治保障，卻凝聚了另一股頗為強勢的力量，即反「政治正確」。這一風潮大致始於歐洲難民危機。當德國等歐洲國家向敘利亞戰爭中的難民敞開邊境、伸出援手之時，中文互聯網上出現大量聲音批評歐洲國家的做法是白人左派的「聖母病」，意為一味追求道德高地而不顧實際情況和援助對象的特質，最終將自食惡果。網路上大量湧現針對穆斯林群體的仇恨言論，事實與謠言夾雜在一起，將難民危機中的一系列問題和歐洲發生的若干恐怖襲擊，均歸因於伊斯蘭教的「本質問題」，並且牽連甚廣。中國大陸女演員姚晨因擔任聯合國難民署中國親善大使而被網友指責攻擊，責難其在聯合國的履職是鼓吹中國接受難民。而姚晨在對此發出澄清之後，再未繼續更新其微博。

　　「反難民」和「反穆斯林」言論自然也遇到了他們的反對者。但是不同立場的論辯很快陷入了政治正確是否侵害言論自由的泥潭。與此同時，川普參選美國總統，這位口無遮攔的候選人——當今的美國總統——以他對美國少數族裔、穆斯林群體以及女性帶有冒犯、廣受爭議的言論，直接開啟了一場政治正確與言論自由的對抗。川普的支持者和同情者認為，一直以來，美國在女權問題、種族問題、宗教問題等方面形成的政治正確，以平等之名，要求人們遵循特定的表達方式，讓人們不敢放心大膽地吐露心聲、揭露真相，結果言論自由被嚴重地侵害了。

　　這種抱怨亦不是單單為美國操心，對政治正確的質疑與反感迅速進入中國眾多公共議題的討論中，在截然不同的語境之中，對政治正確的理解和種種反對理由竟幾乎完全複製了西方的理念與內容。浙江大學教授馮鋼在微博發言中抱怨女生讀研難以繼續堅持學術道路，讀研多是混文憑。馮教授因為這番言論受到眾多批評，並有連署要求他為此道歉。在廣泛的批評聲浪中，中國政法大學教授蕭瀚以短文〈政治正確與言論自由〉評論「馮鋼」事件。蕭瀚強調言論自由不僅僅保護正確的言論，對於錯誤的、冒犯性的言論也一視同仁。歐美的政治正確把西方文明引向墳墓，中國要學習的應是更自由時代的歐美。批評馮鋼、要求馮鋼道歉是一種政治正確、一種應當警惕的霸權。在這則評論中，「政治正確」與「言論自由」被蕭瀚放置於彼此敵對的位置。

　　這種對歐美政治正確憂慮的嫁接，當然也受到了批評，被認為完全錯誤理解了中國現狀和語境：真正的問題並不是政治正確過度，而是政治正確嚴重不足。中國人民大學教授周濂在一次訪談中談到，「我一方面批判過度的政治正確，因為它讓自由左派忽視甚至無視美國社會乃至整個世界所面臨的危機。但是另一方面，我始

終認為必須肯定並且堅守政治正確，否則會導致更大的危機和困境。我們萬萬不可錯把杭州當汴州，因為在中國的語境中，我們還遠沒有建立起具有底線意義的政治正確觀」[1]。但是，這種觀點也同樣肯定了政治正確和言論自由的對立關係，只是強調在不同情況之下，兩種價值之間的取捨並不總是偏向言論自由。不過二者的關係必然如此緊張嗎？二者的取捨僅僅依存於語境嗎？政治正確被量化為「不足」或「過度」是有意義的嗎？

　　與反政治正確觀點和為政治正確辯護觀點不同，我嘗試從釐清言論價值的意義和圍繞言論自由概念的普遍誤解入手，梳理政治正確與言論自由的關係。我所要回答的問題，不是政治正確與言論自由哪個更有價值，也不是政治正確和言論自由應當如何取捨。我反對預設公共討論中平權問題都涉及政治正確與言論自由的對立。多數情況下，尤其在當下中國，涉及平權問題的辯論不存在「政治正確」，而僅僅是不同立場的人在使用各自的言論自由。

為何需要言論自由：接近真理與實現自主

　　言論自由的價值在哪裡？哲學家密爾給出一個純粹基於功利原則的論證。以功利原則為基礎的論證圍繞允自由表達帶來的好處與傷害展開。這個好處就是真理（truth）。這並不是說在某一個時間點，言論自由一定能讓我們得到真理性的認知。密爾認為，人類會犯錯，我們能做到的是盡可能去保證我們所認為的真理是真理，增加判斷的確定性。這種保證無法通過禁止其他言論來挑戰、攻擊我

1　周濂，〈訪問周濂（中）：流沙中國下的正義的可能｜微思客大家
　　訪談〉。

們所認為的真理來實現；恰恰相反，徹底放開討論，讓既有的信念得到充分的反思、質疑和反駁，才能增加我們發現真理性知識的把握。在一個自由的環境中，我們才能說，我們已經瞭解、考慮到了種種反對意見，但是這些反對意見都不足以駁倒我們現在持有的觀點，所以目前看來，我們所持有的這個觀點是更可靠的。更重要的一點是，只有在各種不同觀點的交鋒之中，我們才能得到對真理透徹的理解，不僅僅「知其然」，更「知其所以然」，避免知識成為一種教條的偏見。

以上辯護主要是從言論的接受者一方出發。而從說者的角度出發，言論自由涉及人的尊嚴。與密爾不同，這是基於人之為人的自主性為言論自由進行辯護。言論表達是一個人思想的自然延伸，是個體自主性的體現。一個人怎樣去思考、判斷、辨析等等，是對自己的身體和頭腦最基本的控制權利，如果喪失了這種控制，我們很難認為一個人是他自己，我們不能認為他具有主體性，而如果林林總總的想法被牢牢禁錮在一個人的頭腦中不能交流不能表達，流露一個人真誠的想法就要被懲罰，那麼他的主體性其實也名存實亡。作為自己的主人，人有權利為自己做出判斷，哪怕這個判斷不夠完美、包含錯誤。要實現自己做判斷，就不能存在一個權威事前代替她篩選出資訊來源，更不能代替她直接判斷哪些是對、哪些是錯，哪些絕對不能接受、哪些必須接受。同樣，她的觀點也需要被表達出來，獲得說服別人或者被其他人修正的機會。

言論自由的兩種誤解：「言論即應自由」與「事實才自由」

對言論自由的誤解包括了將這種自由理解得過寬和過窄兩種情況。

　　過寬，是指人們常常誤解，擁有言論自由意味著自己的言論不受到任何阻礙地傳播，自己可以想說什麼就說什麼，凡是言論，都應當享有自由，簡而言之，就是「言論即應自由」。在這種誤解之中，阻礙不僅僅包括法律的限制，甚至也包括不同意見者的批評。

　　但是實際上，雖然我們認為言論自由是現代文明世界不言自明的原則（無論來自國家層面的言論審查是否存在），但是對言論的限制五花八門。欺騙、誹謗這類行為被法律和道德同時禁止，不同的組織機構對自己成員的言論也有不少內部規則的約束，這些規則通常被認為是正當的。日常生活中，言論也被社交禮儀和慣例規範。這些事例說明，我們的直覺並不總傾向將言論自由等同於言語不受任何限制。言論自由問題的核心之一在於如何劃出合理的邊界。言論的邊界要排除那些不應當被法律保護的言論，同時要提供排除它們的充分理由。

　　言論自由為每個個體平等享有，不同觀點之間的衝突和交鋒不可避免。而個體與個體之間的意見衝突，不構成對任何一方言論自由的侵犯，因為雙方仍然享有同等機會讓自己的聲音在公共空間內得到傳播。以言論自由為名，拒絕接受對自己觀點的批評和反對，恰恰背離了言論自由背後的寬容精神。

　　不過，言論自由不是絕對、無限的自由，言論在一定條件下應當受到限制的想法也會催生出對言論自由過於狹窄的理解。既然言論需要限制，那麼首先就應當限制那些「不好」的言論。何為「不好」呢？有些人認為這包括不道德的言論，因為違背社會主流道德觀念的言論會敗壞整個社會的道德風氣；有些人認為包括低俗的言論，因為無聊、低品質的文化產品會拉低整個社會的審美；有些人認為，不符合事實的言論也是不好的言論，因為它們會誤導大眾；有些人認為，「不愛國」的言論也在這一範疇之中，因為它們能夠

破壞國家團結和社會穩定……。這裡，每一個對「不好」的判斷標準都連接著一個重要的、涉及公眾利益的問題。但是，如果我們真的以這樣的標準來決定言論的界限，那麼言論自由就成為了一個空洞無效的概念。這種自由只允許「好」言論被表達，那麼事實上它就成為了自由的反面──限制。這就好比說，人們不能濫用投票自由，他們只能選擇「好」候選人，這在事實上限制了投票自由。

如果這兩種極端都不能取，那麼言論的邊界又該如何確定呢？中國人民大學教授朱景文認為，言論邊界是各個國家根據各自的歷史、文化、社會情況權衡出的結果，是一個「度」的問題。比如，如果一種文化傳統更偏重國家安全、榮譽和利益，那麼焚燒國旗的行為將不會受到言論自由的保護，反之這種行為則是一種被認可的表達[2]。這種劃定言論界限的方法實則是一種政治的方法，它並非完全沒有道理，在現實中也發揮作用，比如德國明確禁止否認大屠殺。但是，這恐怕是另一種較為流行的誤解。首先，劃定言論邊界從而為言論自由提供堅實的保護的，必須是一種具有普遍性的規範性方法。在本質上，言論的邊界不能依賴於特定的歷史情景、一時的社會思想狀態和所謂的政治智慧，否則對言論的限制就仍然會充滿隨意性。朱景文教授的觀點雖然以文化傳統解釋了不同國家法律關於焚燒國旗問題的不同，但是卻無法解釋同一國家在這一問題上的法律判例轉變，也不能解釋推動法官判決背後的哲學和法理辯論。在美國涉及焚燒國旗的司法案例中，控辯雙方的依據都從來不涉及文化因素。我們需要的是一個或多個普遍原則來劃定言論邊界，而非意涵模糊且充滿偶然性和特殊性的社會情境。第二，這種政治權衡的本質依然是以言論的內容來劃定言論邊界，是依靠言論內容與傳

---

2   朱景文，〈言論自由及其界限〉，《學習時報》第173期。

統、文化、社會思想等是否符合、多大程度上符合來決定某類言論
是否有表達的自由。這在本質上，依然是一種審查。

為言論劃界：傷害原則、即時危險、說服原則

　　圍繞言論的邊界問題，不同的政治學者給出了不同的原則。

傷害原則

　　在《論自由》中，密爾提出了對自由進行限制時應當遵循的普
遍原則，即傷害原則，言論邊界的問題也由這一原則來處理。所謂
傷害原則（harm principle），是指對他人自由進行干涉的唯一目的
只能是防止對他人的傷害，哪怕是為了行為人自身的利益和好處，
也不能對他進行干涉。對於言論而言，無論內容傷風敗俗還是挑戰
主流價值，只要沒有造成傷害，那麼都應當被自由地表達和聆聽。

　　那麼，何種言論會造成傷害，或者說，言論在什麼條件下會造
成傷害呢？事實上，《論自由》當中關於這方面的論述很少。密爾
所處的時代並不是一個言論自由被廣泛認可的時代，這是密爾與今
天政治哲學家極大的不同。密爾所面臨的挑戰，並不是在捍衛言論
自由的基礎上處理一些富有爭議、難以定奪的案例，而是為最廣泛
的言論自由提供辯護。所以我們發現，在密爾的言論自由理論中，
言論帶來傷害、言論受到限制只是一些特例。這些特例之外是否還
有其他情況會導致言論帶來的傷害足以讓言論受到限制？密爾留下
的卻是有待後人補充的空白。

　　密爾明確排除的一類應當享有自由的言論是具有即時效果的煽
動性言論。當某種情境下，言論的表達構成了對有害行為的鼓動，
言論就喪失了豁免權。通過報刊傳播「糧商使窮人挨餓」的觀點是

一種言論自由，但是同樣的觀點，如果在一群激憤地聚集在糧商門前的民眾面前口頭表達，則可以被正當地懲罰。因為後者所出的情境下，圍堵糧商大門的民眾缺乏足夠的時間思考這樣的觀點，他們的激情可以被瞬間引燃，從而造成哄搶、騷亂等傷害。傷害與言論之間的聯繫是明顯、直接的。

雖然密爾沒有花費很大力氣來形成一套完整的為言論劃定界限的規則，但是我們依然可以發現，密爾希望最大可能地對觀點進行保護。無論是對言論的事前限制和事後懲罰，應當被考慮的是傷害產生的機制，而不是言論的內容。而這一點在後來的言論邊界問題的討論中，一直被延續保存了下來。

即時危險

美國大法官霍爾姆斯將美國憲法中涉及言論自由保護的第一修正案不適用的條件描述為「清晰而即時的危險（clear and present danger）」，這或可看成對傷害原則應用於言論問題的精確總結。那些在特定的情境下，能夠直接迅速地引起明確傷害的言論，才應該受到限制。而那些相似內容的言論，如果出現在其他語境下，不足以立刻帶來傷害，則依然受到憲法的保護。

湯瑪斯·斯坎倫也對傷害原則應用於言論問題做出了補充說明。雖然一些傷害由表達行為所引發，但是在兩種情況下，這種傷害不能作為法律限制言論的理由。一是，受害者通過某些表達行為產生了錯誤的想法從而受害；二是，施害者在表達行為的影響下，相信傷害行為應該或值得去做，從而行動並造成傷害。這兩種雖造成傷害但不構成充分的理由來限制表達行為的情況，有一個很明顯的共同點，就是傷害最終都是通過聽者（表達行為的接收者）的判斷理解來實現的，這其實是對「清晰而即刻的危險」的一種反向說

明。經過了聽者的判斷選擇，傷害雖然處於因果鏈條之中，卻破壞了「清晰」「即刻」兩個條件。這就好比在一次銀行搶劫案中，一個為劫匪提供了作案工具、銀行的安保資訊等協助的人會被視為從犯，而一個向劫匪宣揚銀行剝削普通人財富，普通人應當奪回這些財富的激進作家卻不必被懲罰，因為激進作家的觀點要通過劫匪的判斷才能造成傷害。

說服原則

不同於對傷害進行具體的解釋和應用，丹尼‧所西亞（Danny Soccia）指出，自由主義者在劃定言論界限時其實遵循了兩個原則。除了傷害原則之外，還包括說服原則。根據說服原則，由言論的說服效果所產生的傷害不足以正當化對言論的限制。這是因為，從言論自由保障和發展個體的自主性的角度來說，言論在受者身上產生的說服效果，正是該個體發揮自主性的體現。如果忽視了言論係通過說服效果最終引起了傷害，而直接限制言論的表達，這是不承認、不尊重個體能夠自行對各種觀點和資訊進行獨立理性的判斷，認為他們都會輕易接受這些言論，進而必須有一個家長式的角色（通常是國家）來監護他們，為他們提供純淨安全的資訊環境。說服原則強調，應當為傷害負責的，應該是對於表達者的觀點作出了自主判斷和選擇的人，而不是表達觀點的人。因此，說服原則也進一步解釋了為何傷害原則只能應用於存在「清晰而即刻的危險」的案例中。因為，只有當所處情境沒有進行充理性判斷的充足時間和充分條件時，傷害才會和言論建立起緊密直接的關聯。

有趣的是，所西亞以說服原則論證了自由主義者也可以支持對暴力色情片的禁令。一直以來，是否應當禁止暴力色情片也是言論問題的爭議熱點之一。相當一部分女性主義者認為，暴力色情片的

內容包含大量對女性的侮辱、貶低，這類影片的傳播會塑造社會文化，使女性的價值被貶低、被物化。鑒於這種巨大傷害，暴力色情片應當禁止。而反對者則認為，這種禁令明顯是基於言論內容的，並輕易假設成年人會將影視作品當真。但是根據說服原則，暴力色情片並不通過觀眾的理性思維產生作用，而是以激情、感性的方式灌輸一種特定的女性形象。與其他涉及性別的普通言論不同，暴力色情片不通過說服效果產生作用，它本就不屬於言論自由所覆蓋的範疇，自由主義立場並不和禁令矛盾。

言論自由的侵犯者

我們知道，言論自由在當代社會受到法律保護，眾多國家已將言論自由的保護寫入憲法。以美國為例，根據憲法第一修正案，「國會不得制定關於下列事項的法律：確立國教或禁止信教自由；剝奪言論自由或出版自由；或剝奪人民和平集會和向政府請願伸冤的權利。」

值得注意的是，在第一修正案的表述中，言論自由的潛在侵犯者是國家。圍繞言論自由權利的法律訴訟，都在政府與公民之間展開。作為憲法權利的言論自由，是一項國家對公民負有的義務。

但是，言論自由的潛在侵犯者並不只是國家。言論自由不僅僅是一項憲法權利，還是一個現代文明社會應當推崇的價值。密爾對言論自由的經典辯護中，已經注意到了這一點。社會整體的寬容氛圍，決定了事實上社會成員能夠享受的言論自由範圍。但是這種寬容是法律和政府無法插手的；這只能依靠公共討論中自發形成的道德規範。

透過不成文的社會規範、習俗，既成的社會權力結構，集體的

非故意行為等，言論的空間會被限制。這解釋了為什麼言論自由會
被誤解為不能被攻擊的自由，解釋了為什麼當自己的言論遭到反駁
時，很多人會抗議這是自己的言論自由被侵犯。法律之外的這種體
系性的力量會給表達者帶來壓力，使他們畏懼表達、放棄表達。**但
是，對於這種系統性力量的警惕，和拒絕被批評攻擊，完全是兩碼
事。**因為這種體系性的對言論自由的限制，並不總是和大量且猛烈
的抨擊相伴生，而是依存於既有的社會權力結構，多數與少數的力
量對比。反政治正確人士往往認為，自己受到的猛烈批評就是對自
己最大的壓制和威脅，但是他們往往無法換位思考，自己的言論是
否也讓不同立場持有者有相似感受。他們同時也忽略了，更能夠在
社會中形成系統性力量的，通常是佔據了更多社會資源、享受特權
的多數群體，而非受到不公正對待、在資源配置中處於劣勢的少數
群體。女權是最經常被批評借助政治正確壓制言論自由的群體之
一，但是事實卻是，白熱的互聯網討論以女權立場的言論被刪除收
場。女權不僅沒有構建霸權的能力，在國家權力面前更是毫無言論
自由可言。

政治正確：一個話術陷阱

當下，中國大陸基於言論自由考量而反對政治正確的呼聲，給
人時空錯置之感。在21世紀的語境下，政治正確問題的產生來自於
言論自由和歧視性言論之間的矛盾。當言論具有歧視意味時，我固
然不同意你的觀點，但我是否還應當捍衛你說話的權利？這種矛盾
的產生是需要一定條件的。首先，從大環境上來說，言論自由要得
到文化的認可和法律的保護；其次，歧視性言論要承受來自社會的
普遍壓力，使用這些言論的人或多或少要為其言辭付出一定的代

價。只有這樣，在這個問題上才會形成觀點對立的雙方，雙方在論辯中才會有各自的依仗。

當下的中國大陸不滿足任何一個條件。當言論自由缺乏制度性的保障和堅實的文化認同，中國民眾尤其是學者所面臨的挑戰，應當是密爾式的：如何能夠為廣泛的言論自由提供一種辯護？但是，這一階段卻被跳過，在對言論自由缺乏共識和普遍存在誤解的情況下，人們直接開始進入當代西方政治哲學對言論難題的探討。同時，當下中國大陸，使用歧視性用語通常並不會付出過多代價。法律在這一問題上近乎空白。微博、微信等公共區域的歧視性言論比比皆是——對女性、宗教群體、少數民族的群體的侮辱性稱呼，直接宣稱他們低人一等，更不必說氾濫的地域歧視言論。但除了少數企業因此道歉之外，其他使用者在工作、人際關係等方面幾乎不會受到嚴重的負面影響，所謂的社會壓力十分可疑。文章開始處提到的馮鋼教授，其實並沒有為自己的言論付出代價，而且他的支持者和辯護者也不少。所謂的壓力不過數量眾多的批評，但也正如前文強調的那樣，言論自由並不包括免於批評。

正是這種錯置感，才不斷有人反駁道，中國當下的問題不是政治正確太多，而是政治正確嚴重不足。但是，這種反駁抓住了問題的本質嗎？問題的本質並非將政治正確量化，再以某一標準去衡量哪些國家的政治正確過度，哪些國家的政治正確不足。

我們首先需要明確的是，當人們使用「政治正確」一詞時他們的所指是什麼。歧視性言論的使用和懲罰存在巨大爭議，在學界被稱為仇恨言論問題。即使在美國等少部分西方國家，法律不制裁這些言論，但這不妨礙人們認為仇恨言論有害，從而形成一定的反仇恨言論的氛圍，這種氛圍俗稱「政治正確」。現在，當我們談起「西方政治正確」或者「白左政治正確」的時候，指的大部分也是在涉

及女性和少數族群權利和平等的議題上，一套社會中形成、流傳的
言論規範。

如果我們能夠用支持者和反對者來區分人們對政治正確的態
度，政治正確的支持者是那些認同這一些規範的人，而政治正確的
反對者則既包括那些指責特定觀點（通常是左翼觀點）僅僅在政治
上正確的人，也包括那些認為這種特定的話語規範虛偽、沒有必要、
甚至剝奪他人自由權利的人。

這兩類反對者在中文世界同時存在，他們對政治正確的惡感甚
至更甚於西方世界。對第一類反對者來說，對政治正確的惡感多來
自對少數民族、穆斯林、黑人、女性主義者、性少數群體等弱勢群
體的仇視或厭憎。政治正確的反對者通常認為事實的正確就是這些
少數群體本身就具有道德、能力、素質或其他方面的問題，從而不
配或不該享有平等的權利。而拒絕批評這些社會群體，否定、迴避
這些問題，或以其他方式解讀這些問題的成因，則是一種政治正確。
這種政治正確只是一種無用的聖母心態，遮蔽真相，保護不該保護
之人，對其他社會成員極不公平。

而對第二類反對者而言，這些惡感來自政治正確帶來的束縛
感。在部分政治正確的反對者看來，政治正確的用詞要求過於敏感，
全無必要。他們聲稱「黑鬼」「阿叉」這類明顯具有貶義色彩的詞
彙只是習慣而無惡意，辯解讓女性覺得受到冒犯的笑話是女性自己
的問題，抱怨以「阿茲海默症」「聽力障礙」等詞替代「老年癡呆」
「聾子」等說法荒唐而無意義……總之，政治正確限制了口無遮攔
與真性情，但這種限制卻小題大做。

無論西方還是中國，政治正確一詞或是成為批判的對象，或是
成為批判的理由。尤其是在西方當代觀念下，政治領域一向推崇言
論自由、多元聲音、平等開放的討論，在這樣一個領域中設置「正

確」顯得矛盾。政治與正確兩詞的組合，也因此從一開始就顯得奇怪而尷尬；它天然暗示著「政治上正確，事實上不正確」這一結論。結果是，這一概念很難被其支持者和反對者平衡地使用。若為某一觀點立場辯護，稱其合理的理由是政治上正確，我們難以認為這是一種有意義的論證；更多時候，辯護者還需要特別強調「這不是政治正確，而是……」。但若為反對這一觀點，稱其僅僅為政治正確，甚至不需要多少事實論據和邏輯推理，就能完成一次很有攻擊力的批評，僅僅將對立觀點稱為「政治正確」，就好像已經給了對手重重一擊，宣稱對方在事實上大錯特錯。實際上，當支持平等、反對仇恨言論的人使用「政治正確」一詞時，恐怕已經落入了一個話術陷阱。相比於更重要的問題——對方的言論是否是仇恨言論，仇恨言論會造成怎樣的危害，仇恨言論是否應當被法律禁止或自發抵制——我們已經為自己增加了不必要的、也是荒謬的論證負擔：為什麼一件事情在事實上不正確，我們卻要在政治上維護它？

政治正確的支持者所維護的並非是作為表象的言語規範，而是這套自發規範得以形成的根源——平等權利、平等尊嚴、平等對待。仇恨言論不是政治上正確與錯誤的問題，而是事實上對特定社會群體和屬於特定群體的個體的攻擊、孤立和邊緣化，是一種切實的傷害。基於對這些群體在社會中境遇的關切，避免刻板印象和弱勢地位的進一步固化，謹慎措辭就成為了一種必要。

那麼，仇恨言論到底是什麼，它被限制的依據又是什麼呢？通常，我們是根據字面意思來理解的，即表達仇恨情感的言論，這種表達通過貶低、侮辱、謾罵具有某一類身分的社會成員來實現，這一類身分包括宗教、性別、性取向、種族、民族等等，而這些身份特徵本身在道德上本是中立的。不過，這種字面理解容易引起這樣一種誤解：仇恨言論之所以成為問題，是因為它表達了仇恨這樣一

種極端、負面、不夠健康的感情；同時，仇恨也是表達者必不可少的動機。按照這一邏輯，限制仇恨言論就有了懲罰情感與思想的嫌疑。

傑瑞米‧沃爾德倫教授（Jeremy Waldron）糾正了這種錯誤的字面解釋。針對仇恨言論的限制性立法並不關心表達者的動機，也並不是源於對「仇恨」這種情感的負面評價。這類立法所關注的根本是仇恨言論所產生的結果。仇恨言論因為激起仇恨而得名，並非因表達仇恨得名。是仇恨言論所產生的結果，使傷害原則依然能夠應用於仇恨言論問題。

仇恨言論之所以構成道德問題，並在於一次性的或粗魯或極端的表達，而是以一種更持久的方式成為我們生活中時常可見的一部分，如同污染物慢慢浸透在社會環境之中，使得弱勢的少數群體不得不生活於這類言論的陰影之中，而且，這種環境對於社會成員來說，是幾乎無法通過自主選擇逃避的。他們要時刻準備著接受這樣的資訊：「你是不受歡迎的」，「你應該滾回你來的地方」，「不要以為自己很安全，我們在盯著你」……對這些少數群體而言，仇恨言論不是對某些言論感到憤怒、不悅、屈辱、受傷害那麼簡單，它的效果不單單是在仇恨言論進入少數群體視野那一刻產生的心理精神效果。除心理感受之外，他們在社會中本該平等享有的尊嚴受到了侵犯。但享有尊嚴本是一種權利：即作為一個個體，被認為是平等的社會成員，不因其某種身分而被視為低人一等。如果一個社會所呈現的環境中，充斥著對某些社會群體的侮辱、攻擊，而法律和社會一般規範卻對此無動於衷，社會無疑背棄了承諾給這些少數群體的平等權利。

如果仇恨言論確實產生了傷害，那麼它產生傷害的機制是否滿足說服原則，從而能夠使仇恨言論免於法律的限制呢？沃爾德倫沒

有回答這一問題。但是從他的論證中不難發現,仇恨言論並不能因說服原則免於限制。有人會說,仇恨言論只要不直接煽動暴力,就依然是通過說服效果來產生傷害。看到仇恨言論的人,依然要通過自己的判斷來辨別真偽是非,從而決定對少數群體的態度。這種說法其實完全忽視了社會少數群體是直接面對仇恨言論的群體。仇恨言論可能會通過對社會多數群體的逐步說服來傷害少數群體,但就像沃爾德倫強調的那樣,它更為重要的作用方式是直接將少數群體浸入一個被污染的環境,背負著少數群體的身分在充斥仇恨言論的環境中生活,是一種完全不同的體驗。這種言論效果,與說服沒有關聯。

如果限制仇恨言論的理由是正當的,那也就是說仇恨言論並非一種受到言論自由保護的言論,正如誹謗、虛假廣告、人身攻擊等被排除的言論一樣。言論自由是一種權利,少數群體在社會中獲得平等尊嚴也是權利。一項權利在傷害另一權利之處停止。因此,無論仇恨言論管制法律,還是社會自發反對仇恨言論的政治正確氛圍,都不與言論自由對立。

結論:政治正確限制了言論自由嗎?

釐清了言論自由真正的含義,和政治正確話術背後真正的問題,我們就可以回應那些關於言論自由的憂慮。以反對仇恨言論為核心內容的政治正確,並不會限制言論自由。

首先,政治正確對平等價值的關切和執著是否阻礙了我們獲得真相,從而形成一種新的言論審查?在包括中國在內的多數國家,政治正確並未通過法律和政治權力對人們的發言形成強制,從而侵害了言論自由。在公共討論中,不同觀點之間產生衝突,彼此之間

進行爭論、批評、否定，本身就是言論自由的表現，這種互有往來的衝突，有時卻被政治正確的反對者誤解為對自己言論自由的侵犯。從社會氛圍對少數派言論形成壓力的角度出發，我認為判斷出政治正確是否是一種壓抑言論自由的氛圍，並非一件容易的事情。政治正確未必佔有統治地位的主流觀點，它可能恰恰處於少數和邊緣；歸入政治正確範疇的觀點和立場所產生的壓抑其他政治不正確的言論的效果，並非因為少數族裔、女性等社會少數群體建立霸權；它可能僅僅是社會優勢群體的特權受到質疑、動搖之後的不安。

其次，批評某一觀點僅僅是政治正確並不能幫助我們更接近真相，反而有架空討論的嫌疑。在公共事務中，人們關心事實是什麼，對事實恰當的解讀是什麼，不同的價值之間應當如何取捨。如同之前提到的，當指責一個觀點僅僅是政治正確時，同時也在指責對方的表述是事實上的不正確，隱含地表達著自己的立場才是事實上的正確。但是事實上是否正確，依賴於可靠的資料、真實的事例和自洽通順的邏輯。一句輕巧的「政治正確」，既迴避了對自己立場的事實論證，也迴避了對對方立場提出有憑有據的質疑。本應聚焦於論據與論證過程的觀點交鋒，在反政治正確者的話語中，輕易就轉化成了「真實」與「虛偽姿態」的對峙。在他們眼中，那些為穆斯林說話的人，為女性說話的人，為LGBT群體說話的人，不過是在作出一種「善良」的姿態，或為展示自己的高尚，或為避免得罪大眾；對其背後的事實論述和價值判斷，反政治正確者卻很少正面觸及。

事實上，政治正確並不可能被拋棄。只要還有珍視平等價值的人存在，他們就自然會在公共討論中自發形成一套避免歧視、冒犯、仇恨的話語規範，對其他討論者所使用的帶有歧視、冒犯、仇恨意味的話語提出批評和反對。只要這樣的人足夠多，自然就會形成某

種氛圍。

　　政治正確反對者有必要反思自己的立場了。他們聲稱自己最為
關心的真相，解決問題的方案以及言論自由，都無法經由反政治正
確得到。相反，單純將政治正確作為一種指責，故意突破政治正確，
只會起到架空討論、惡化問題的作用，使討論越來越偏離求真的路
徑，轉而製造新的矛盾。

　　對於華人群體而言，這種反思更為必要。缺乏平權運動的經驗
或許使我們難以對平等足夠敏感，但一個在歷史上也曾飽受歧視、
壓迫和邊緣化的群體，理應更明白「己所不欲，勿施於人」的道理。
作為一套話語規範的政治正確，就是文明社會的基本禮儀，它所給
予少數和弱勢群體的尊重，恰恰是我們每一個人都期待和盼望的。

　　孫金昱，倫敦大學學院（UCL）政治科學系政治理論方向博士生
候選人，論文研究題目為非民主國家公民的政治義務。學術興趣包
括自然義務理論、集體行動問題和政治義務理論，對女性主義和言
論自由問題也有涉獵。

進步價值與時間

葉蔭聰

　　在歐洲出現右翼排外主義，美國總統川普的冒起，以至中共打壓自由派之時，許多人都把以上現象閱讀成進步價值沒落的徵兆。但我有一個不同的想法，某些進步價值的「論述」可能的確有沒落之勢，例如，政治自由主義者在中國學術界及知識界裡影響力下降，以至年青知識人中間出現了各類國家主義思潮；在香港，人們對溫和民主化論述的認同及信心下降。但是，與此並行的，是進步價值已散落在日常生活裡，成為一種模糊共識，甚至是公共發言時不自覺的正當性基礎。

　　我既然生活在香港，不妨就由這裡的日常生活觀察說起。我近年接觸的中國大陸大學生，沒有多少對政治自由主義有強烈認同，但卻也沒有很強烈的國家主義。從他們日常談吐裡，隨處可以讀到或感受到各種進步價值，無論是「自由」、「民主」、「平等」及「文化多元」等等，都得到認同或默認。

　　香港近年出現本土主義及港獨思潮，回應中共對香港的所謂「全面管治」（中央的用詞），以及因為中國作為資本主義強國崛起後的社會文化影響。在衝突之中，固然有種族歧視及仇恨言論，有雙方的族群及民族主義情緒，甚至有人質疑「民主」或「民主化」論述。但若仔細去看，進步價值還是潛藏在這些吵吵鬧鬧之中。去年9

月，中文大學裡出現了「香港獨立」及「拒絕沉淪 唯有獨立」的布條及大字報（其實是「香港獨立」的單張貼滿了壁報版），布條遭校方以未經批准為由拆除，大字報則有校內的中國大陸學生到場撕毀，並與學生會幹事爭吵。在事件中，一位香港學生領袖級人物粗言侮辱大陸學生，而小部分大陸學生亦以類近言語還以顏色。但是，在吵鬧中之，我們看到中大學生會用言論自由作為理據，指責撕毀大字報的學生；而陸生這一邊，也控訴學生會無理「代表」了他們，作出政治表態及行動，他們貼出「#CUSU IS NOT CU」與「對不起，我們拒絕被代表」的海報，指責學生會不尊重作為選民的同學的意見及意願。不管雙方理據是否能自圓其說，但都祭出個人權利的相關概念。

日常發言時宣稱的理據，與環繞進步價值的政治論述，屬不同層次及性質的言行。前者預設了這些價值是不證自明的，具有道德正當性，為當下的行動提供即時理據，但一般人沒有為這些共同價值作出深入及完整的闡述；後者則結合特定政治立場、位置與籌謀，指向未來的政治視野。例如，中國大陸大部分人也會同意，人際交往應尊重個體自由，符合素樸的平等原則，但是，同意中國要走自由憲政之路的，可能是少數。從這個角度可以理解早前毛左青年張雲帆被捕，不同政治及思想立場的人聯名聲援的事件。包括平日針鋒相對的自由主義者與毛左，他們共同支持言論無罪的基本原則，要求釋放張。這個臨時搭建起來的跨派系的聯盟，與其說是有心人精巧的策略操作，不如說是一些共同的基本價值早已埋在廣泛的人群共識或潛意識之中，隨時有機會動員起來，只要有追求「共同」的即時迫切需要，是有可能成為橋樑的，當然也會即聚即散。

因此我認為，對進步價值論述的諸多質疑之中，並不關乎價值本身，而是關於進步的「時間性」（temporality）問題與話語才是

最受爭議的。進步價值稱為「進步」，必然蘊含了進步的時間觀，而它又可粗略分為兩種。第一，「進步」可以是革命性的，例如19世紀以來不同派別的左翼革命理論，指向一種既急速又激烈的變動。《國際歌》裡唱著的「這是最後的鬥爭」，革命成果彷彿就在明天；毛澤東的大躍進及文化大革命，也是預示及描繪著這種急風暴雨的時間跳躍。第二，自1960-70年代後，當這類革命式的進步觀在全球範圍裡漸消退，冷戰亦差不多結束，餘下的便是漸進的進步觀，它緩慢而溫和，好的未來可以期待，但是與當下是連續漸變的。

　　不同版本、不同政治立場的漸進論各有其興衰，例如以改良為主的社會民主主義，二戰後美國主導的現代化，美國政府主導的和平演變論，又或者是尚有餘溫的第三波民主化浪潮論。這些漸進論對筆者身處及鄰近的華人社會多少有些影響，但都不及跟我們切身的中國漸進論來得重要。因為篇幅限制，我也會聚焦於此。

漸進論畸變爲末日論

　　後毛澤東時代的中國，由鄧小平用實用主義的漸進論取代了毛的革命時間觀，社會主義不再是「革命」，而是漸進的「道路」。在1980年代，它包含了眾多異質的進步渴求；鄧的「解放思想，實事求是，團結一致向前看」，不同人有不同的領略及議程。有人認為是走向西方式自由民主，有人認為是做小生意發大財的機會，有人感到是性解放，有人認為是宗教復興。經歷了1989年的北京學生運動及官方鎮壓，在1990年代，大部分漸進的渴求，收納在中國國家主導下的資本主義發展之中，與主導力量不協調的小部分議程（例如政治改革、多黨競爭）便要被狠狠打壓。在這個過程中，中共甚至日漸自負地把中國的發展路徑區別於東歐蘇聯的震盪式、政治革

命式（列寧式執政黨倒台）的變革，成為一種研究社會主義過渡的西方學者所指的「漸進主義」，這亦成為日後「中國模式」的核心元素。

　　1990年代以至2000年初，還有人大談中國崩潰的可能，想著改朝換代。但自2008年後形勢明朗，中國內外似乎都在為這種漸進主義加冕；它有點像英國八十年代的柴契爾夫人的口號，成了中國版的「別無選擇」（There is no alternative.）。然而，相信這是另一次歷史終結的人畢竟很少，因為連中共自己內部，也對開放改革以來的漸進變化感到不滿。它雖然能把政治紐帶收歸中央及黨領導所有，但同時讓道德紐帶鬆弛崩壞，所有價值，包括中共自身的意識形態等，也日漸變成虛應故事，服膺在無理性、無價值的經濟增長、物慾生活擴張之下。中國進入長時段、低強度的意識形態危機。

　　這種危機，不能再以我們習用的現代中國「改良與革命」來理解。首先，如今中國不是危機重重的晚清，卻是猶如康乾盛世，對現狀不滿的中國大陸知識分子，提出的無論是改良還是革命建言，即使不遭打壓，也難以得到民間的積極和應。他們看不到政治的希望，感到改革只是讓專制與權貴更牢牢地掌控這個國家，改革初年的強烈渴求漸漸消磨殆盡，所謂漸進，只是在反烏托邦（dystopia）裡沒完沒了的折騰，走向更黑暗的未來。同時，也有愈來愈多的非知識分子民眾，基於絕對或相對的被剝奪感，又或是風俗道德敗壞頻生，漸生一種灰暗心態。無論是知識人或一般民眾，他們只共享一種情緒，共同被綁在一種令人充滿無力感的政治紐帶，卻沒有共同及公共的政治話語作連結。於是，不同類型的人，以自己的軌跡，以中國的獨特路徑，進入瀰漫全球的末世情緒。

反動的時間觀

　　這種末世情緒與中國官方激揚的口號(例如「民族的偉大復興」)形成奇怪的對比,亦因此,末世情緒得不到宣洩的機會。相反,這種壓抑的狀態,成為一種反動歷史想像的溫床。我這裡用上「反動」一詞,並不視之為一般的政治負面標籤(例如「守舊」、「開歷史倒車」),也不是一種政治話語,而是借用了里拉(Mark Lilla)的說法,是一種歷史觀。他指出,反動的思想者把世界看成一艘正在擱淺中的方舟,或歷史的長河流向錯誤的方向,他看著不斷前進的當下以及撲面而來的未來,感到毫無歸屬感,亦無絲毫希望;他只想著輝煌的過去,視自己為守護者,並要在當下復辟。反動者,在時間裡被流放或自我流放,他們想著要「回家」。

　　種種被選擇、美化、重新理論化的昔日時光漸漸走出台前,成為一場鄉愁政治的盛宴,塑造著十多年來中國的思想風景,甚至不限於特定的政治立場。自1990年代開始有毛澤東熱,至今不絕,如今更有各類毛派左翼青年湧現,他們抱著毛澤東思想、文化大革命的光輝傳統,念著階級鬥爭的語彙,或明或暗地質問著如今的當權派。他們的出現並不能簡單歸為上層人物的操弄。中國「新左派」或如今被稱為「中國施派」,既召喚失落的革命,也選擇性地抽取及詮釋中國政治傳統(通三統、天下觀等等),為當權者發明及提供新的正當性。習近平上台後的個人集權,雖然要延續八十年代以降的中國漸進論,但卻要半遮半掩地加強挪用毛澤東、劉少奇等意象及文化資源,重新打造意識形態。我們甚至可以懷疑近年惹人注目的紅二代、三代高幹子弟上場,各人可能也在暗渡陳倉,自視為把建國初至文革的時代一度被打斷的「紅色江山」論,搬回21世紀。

不少人嘲笑他們奇怪的舊用語、意像及想像，或喟嘆歷史倒退，卻對其中的魅力深感疑惑。我以為，他們的出現，在於成功召喚出反動的時間，回應中國漸進論所帶來的末世情緒。這裡需要補充一點，正如我之前所言，反動的時間觀是一個普遍現象，遍及不同政治立場；它是否等同於一種壞的政治，並非必然。正如有中國自由主義者自稱為儒家，又或者崇尚中國民間的江湖傳統，也有鍾情民國範兒不滿現狀的思想家。對包含反動時間觀的不同政治立場，需要作出具體的政治分析與判斷，筆者無法就這一點作更細緻的闡述。我只想提出一點，以一種世界主義（cosmopolitanism）的立場或姿態來貶斥這類反動的時間觀，並無益處。因為，反動時間觀本身便是預設了一種「在地」與「全球」的絕對主義式對抗，世界主義的立場或姿態只是對號入座，成為他們的批評對象。

中國的漸進論畸變以及它引發的末世情緒，雖有其獨特軌跡，卻與全球各處的政治文化現象有幾分相似，甚至有著共同結構。受著中國政治影響支配的香港，起碼有一半人感到「一國兩制」是香港的末世；美國川普上台有人類比為三十年代的歐洲納粹主義興起；歐盟的新自由主義式科層管治，愈來愈少人覺得是邁向超越民族國家的理想國，左右兩翼皆攻擊歐盟的體制政策高呼脫歐，詛咒與預言大歐洲的末日。

創造異質的進步時間性

在漸進論畸變成末世論，各類反動時間觀的湧現，進步價值的漸進時間觀受到嚴重挑戰。回到筆者相對熟悉的中國大陸與香港，我們可以問：我們還能相信中國（包括香港）在一步一步地民主化嗎？我們的社會真的邁向更開放與自由的社會嗎？甚至連擁有形式

民主的地區與國家的民眾，也經常抱怨票箱民主並沒有帶來希望，驚呼「威權」來臨（例如美國川普上台後的自由派，又或者是部分台灣年輕抗議者經常大談「威權主義」）。難道信守自由民主價值之士，只能邯鄲學步，跟著別人召喚反動時間的種種？

末世論的出現，反動時間觀、「鄉愁」意像的湧現，換一個角度看，其實是多元「時間性」的大爆發，究竟我們活在怎樣的時空，莫衷一是，可稱之為百家爭鳴或胡言亂語，亦無不可。在這場大爆發之中，我們看到各類或右或左的民粹主義味道十足的抗爭。最觸目的，除了是剛才一節談到的反動時間之外，還有各類占領運動中的另類「時刻」。

談到占領運動，一般人只注意到其空間特性：占據了馬路、公共廣場，甚至像台灣那樣占據了立法機關。但是，較少人思考它們的時間性，即在運動中創造的獨特時刻，那怕是幾天，還是幾十天的時間。在這段時光裡，人們不再按日常生活的時間節奏上班、學習與生活（或是下班或放學後忙著投入占領裡的另類時空），卻以另類的時間節奏實踐理想的民主生活。這些理想有一個特點，就是共同演練一個創制及制憲零點時刻，即「人民」以制憲權方式出現在這一刻。

這一刻能出現，正是因為進步價值沒有在體制中實現，卻散落在雜亂的日常之中，人們開始在某一刻重拾這些片段，重新賦予意義，商討與籌劃這個我們能暫時掌控的空間以及短暫的時間。這便能解釋，為何人們有一種看似不太理性、不太務實的占領慣性及癖好：原來觸發占領的政治爭議漸漸消退，或變得失去意義後，仍然有大量的民眾要占領，就算組織喊退，還是有人不肯撤離，不願回到日常。因為人們渴求這樣的空間，這樣的時間，暫時抵禦日常生活中漸進的末世情緒。

　　創造一個好的「時刻」意味著要創造意義，就是英語裡所說的
"Have a good time"。

　　我要提倡的有兩點。第一，倒不是要不斷發起占領運動，而是
把任何實踐計劃或體制改革，都視為創造美好時刻之舉。社會工程
式的想像難以為繼，我們只能在沉悶、憂鬱的漸進與末世之中，暫
時打斷日常，實驗及彰顯美好價值，而非著眼於永久與漸進。第二，
也許是更難的，就是如何把每一個有意義的時刻連結起來，令每一
個時刻與下一個時刻產生關係，感受與論述當中的轉化；從中扣連
出一種非漸進式的自我敘事，既非目的論式的演化濫調，例如民主
化，也非末世論的陳腔，而是跳躍式的連結，在不斷的挫敗中，時
刻具有重新出發的意志，以及嘗試再出發的能力。只有當我們能批
判地審視及評價過去的時刻，而不是把它們再次丟棄在末世情緒中
的「失敗」，重新找到連結自我與美好道德價值之間的紐帶，我們
才能找到實踐的能力。

　　香港坊間有人提出「第二次香港政治前途問題」是一種嘗試，
即重新訂下一個時間軸的新零點，一個不被體制承認的制憲零點。
在中國的語境裡，我已不只一次聽到自由派的朋友在反省，欠缺歷
史視野是中國自由主義的最大缺點，該如何去以政治自由主義的觀
點價值，敘述由解放後至今的當代中國歷史。但我想，若有人真的
把這個故事說好，也不可能是漸進的故事。就以過去十年為例，零
八憲章運動、新公民運動等等，固然是挫敗，但也不妨視為一次又
一次的美好時刻，如何串連這些挫折與美好的時刻，不斷找到重新
出發的新零點，是克服末世憂鬱的可能所奇。

葉蔭聰，香港嶺南大學文化研究系助理教授。現正進行一項有關
香港年青人政治文化的研究，評論散見《明報》及《端》。

當我們談論進步時，我們在談論什麼？

王 前

記得讀中學時上過一門叫「辯證唯物主義」的課，講到未來人類社會實現了共產主義以後，將進入一個「各盡所能，各取所需」的美好社會，似乎以前困擾人類的一切矛盾都可以解決了。聽到這樣美好的結論，就問老師：然後呢？主講的政治老師給的答案，印象中不太令人滿意，因為沒有然後了，然後就是美好的時代開始了，彷彿白雪公主跟白馬王子的幸福生活。當然，不能怪政治老師，畢竟他也沒有經歷過共產主義社會，無法具體闡述，除了照本宣科。

多年以後看到一本奇書，名叫《顧準文集》[1]，作者是位從未聽到過名字的學者。因為看到當年大陸上有「南王北李」之稱的著名學者李慎之先生大力推薦，於是拿來一讀，才知道顧準是學者出身，參加過共產革命，四九年後雖做過上海的高官，卻因黨內鬥爭而備嘗艱辛，竟然兩次被劃成右派。這位思想家寫的文章很有意思。比如在〈民主與「終極目的」〉一文中，他有這麼一段話，似乎是回答了少年時代的我的疑問：

民主誠然不是目的，那麼把社會主義設定為民主的目的又怎樣？

---

1 顧準，《顧準文集》（貴陽：貴州人民出版社，1994）。

問題的焦點是，社會主義實現了，或者共產主義實現了怎麼辦？
按照辯證法，回答是，實現了，連民主也不存在了。

這個答覆，其實暗含著，革命的目的，是要在地上建立天國——
建立一個沒有異化的、沒有矛盾的社會。我對這個問題琢磨了
很久，我的結論是，地上不可能建立天國，天國是徹底的幻想；
矛盾永遠存在。所以，沒有什麼終極目的，有的，只是進步。[2]

　　讀到這篇文章之前已經讀過赫爾岑的自傳《往事與隨想》，讀
過卡爾・波普爾、雷蒙・阿隆和以撒亞・伯林的一些政治哲學著作，
對烏托邦思想已不再感到有說服力，但對這段話還是感到振聾發
聵，畢竟這是一位中國學者在一個萬馬齊喑、個人陷於困厄的時代
寫出來的文字，你不得不佩服他獨立思考的勇氣。難怪李慎之先生
說，顧準為20世紀下半葉的中國知識分子挽回了榮譽。從上面這段
引用可以看到，顧準並不承認終極目的的存在，但是不否認可以有進
步。這點跟波普爾等以批判烏托邦著稱的西方思想家頗有共通之處。
　　就在顧準的文集好不容易問世前不久，日裔美國政治學家弗朗
西斯・福山發表了《歷史的終結》[3]，一時洛陽紙貴。那時冷戰結束
不久，似乎在「極端世紀」（史學家霍布斯邦用詞）結束之後，人
類歷史真的即將進入一個自由民主政體全面勝利的時代。沒過幾
年，在即將進入21世紀的時候，文化史巨擘、法裔美國學者雅克・
巴爾贊以九十三歲高齡出版了畢生研究的集大成著作《從黎明到衰

2　同上，頁370。

3　Francis. Fukuyama, *The End of History*, Free Press（New York,1992）.

落》，副標題是「西方文化生活五百年，1500年至今」[4]。這部九百頁左右的巨著內容宏富，把這五百年裡的西方文化梳理得清楚而漂亮，那是一代碩學一生思考的心血，著實令人景仰，可標題看了卻叫人有點感傷。20世紀初有德國思想家寫書說西方衰落了，如今21世紀來臨之際，又有西方大學者這樣說，彷彿鐵板釘釘了，對出生於近代以來很多地方學習西方的國家的人來說，感覺有點複雜。

最近這兩年世界政治的變化似乎推翻了福山的樂觀結論，倒是印證了巴爾贊的判斷，劣化現象已經從文化領域蔓延到了政治的世界了。如今在英美那樣自由民主制度高度成熟穩固的國家也民粹主義氾濫，一些政治人物喊的口號給人回到了1930年代某些國家的錯覺。跟著名史學家托尼‧朱特一起寫過《思慮二十世紀》[5]的耶魯大學教授提摩西‧斯奈德，在房地產大亨川普當選美國總統後發表文章，說川普把美國帶入了一個黑暗的新保守主義時期，如果共和黨不想重複1930年代德國保守派的錯誤，那麼就應該迅速找回他們的勇氣和保守主義[6]。而福山則在川普勝選後就說美國已成失敗的國家（failed state），甚至說美國的政治劣化（political rot）影響之大不亞於蘇聯的解體[7]。斯奈德和福山在政治光譜上不太一樣，但對川普

4　Jacques Barzun, *From Dawn to Decadence: 1500 to the Present,500 Years of Western Cultural Life*（Harpers Collins, 2000）.

5　Tony Judt /Timothy Snyder, *Thinking the Twentieth Century*（Penguin, 2012）.

6　Timothy Snyder, "Trump ushering in a dark new conservative," https://www.theguardian.com/commentisfree/2017/jul/15/trumps-nostalgia-19 30s-republicans

7　Francis Fukuyama, "America: the failed state," *Prospect*, December 13, 2016, https://www.prospectmagazine.co.uk/magazine/america-the-failed-state-donald-trump

當選美國總統帶來的問題判斷大致相同。一直以來大家都視美國為
自由民主政體的楷模，而時過境遷，好像當今世界第一強國很可能
就要步魏瑪共和國的後塵，這個變化的確令人錯愕。

正在這樣很多人悲觀焦躁的時刻，這些年連發重頭著作的哈佛
大學心理學教授平克出版了新書《啟蒙在當下》[8]，副標題是「為理
性、科學、人道主義和進步一辯」，似乎正是跟斯奈德教授針鋒相
對的判斷，要一掃自由派裡瀰漫的悲觀情緒。在此書前言的開頭引
用了川普及其當時的軍師班農對當今美國情勢的非常消極的評價
後，平克教授說那些對局勢的黯淡評價「是錯誤的，不是錯了一點，
而是錯錯錯，大錯特錯，不可能錯得更加離譜了」[9]。他認為在川普
當選之前，美國就不分左翼右翼，都對美國和世界的走向持悲觀看
法，都對現代性帶來的制度持冷嘲的態度，除了宗教以外，他們再
也找不出更高的目標了。面對這些問題，平克教授要重拾啟蒙的大
旗，在21世紀為啟蒙辯護；他要通過各種數據，來說明兩百多年前
誕生的啟蒙為人類帶來的巨大進步，聲言理性、科學、人文主義和
進步依然是我們今天可以信仰的價值觀。此書剛出，微軟創始人比
爾・蓋茨就稱讚《啟蒙在當下》是他讀過的最令人振奮的著作（most
inspiring book）。一如平克以前的那本《人性中的善良天使：為何
暴力減少了》[10]，這本書也是好評如潮。

有意思的是以前關於啟蒙的書籍大多是哲學家、社會學家和政
治學家等人文社會科學領域的學者寫的，而平克作為一位認知科學

---

8 Steven Pinker, *Enlightenment Now: The Case for Reason, Science, Humanism, and Progress*, Viking, 2018.

9 同上，p. xvii，如無特別說明，譯文均為筆者所譯。

10 Steven Pinker, *The Better Angels of Our Nature: Why Violence Has Declined*（Viking, 2011）.

家，高舉啟蒙這面如今甚至不少自由派也覺得有點過時的旗幟，我想20世紀的那些從學理上深刻批評過全能主義的思想家們，比如雷蒙・阿隆，比如波普爾，比如伯林，他們若地下有知，肯定會為平克這位科學家的「見義勇為」而鼓掌吧，即便他們對啟蒙的理解並不是完全一致，在大方向上可以說沒有太大差異。然而，有趣的是當今歐美學界另一位重要學者，英國政治哲學家約翰・格雷對此書卻沒有什麼好感，大批這本新書是令人感到尷尬的讀物，是驚慌失措的自由派的虛弱佈道，更尖刻的是說此書反映的正是非啟蒙的思考，不一而足[11]。格雷作為受過自由派大師伯林薰陶的政治思想家，通常立場被認為是自由派的，他做出這樣的批評真叫人跌破眼鏡。讀過他的書評的人可以反問，既然認為平克的處方沒有用，那麼格雷教授有何高見呢？如何化解照理他應該是支持的自由民主政體遇到的困境呢？讀完他的文章，很遺憾根本找不到那樣的方案。

　　格雷在平克教授2011年的《人性中的善良天使：為何暴力減少了》出版後，在英國衛報上就發表過一篇評論，直言平克教授關於暴力和戰爭的看法是錯誤的，說平克及其同伴對於道德進步的觀點只不過是種美好的願望（wishful thinking）而已，他們的統計數據也誤導讀者[12]。在文章裡，格雷還從思想史的角度進行了說明，指出平克和稱讚平克的彼得・辛格等人所說的了無新意，只是老調重彈，就是19世紀的孔德的人性宗教的現代版。說他們對啟蒙的理解

11　John Gray, https://www.newstatesman.com/culture/books/2018/02/ une nlightened-thinking-steven-pinker-s-embarrassing-new-book-feeble-ser mon

12　John Gray, "Steven Pinker is wrong about violence and war," https:// www.theguardian.com/books/2015/mar/13/john-gray-steven-pinker-wr ong-violence-war-declining?CMP=share_btn_fb

膚淺,沒有考慮到啟蒙的負面因素。批評他們想用科學數據說明一切,反而忽視了問題的多面性和複雜性。格雷還舉例說發達國家暴力也下降這個平克的觀點不符合事實,直接拿美國為例,指出美國犯罪現象嚴重,等等。讀完格雷的評論後,閱讀平克教授的著作帶來的樂觀情緒似乎一下子被抵消了。究竟誰是誰非?兩位學人都是當今西方學界重量級學者,在各自領域都有不凡造詣,也都是著名的公知,基本價值觀照理說並無大相徑庭之處,但對人類是否進步,啟蒙究竟應該如何評價等問題頗有針鋒相對之處。是平克教授過於樂觀,犯了跟孔多塞和孔德一樣的科學主義的毛病,還是格雷過於悲觀,對人類的進步太沒有信心了呢? 思想上的百家爭鳴固然重要,可是如果各持一端,觀點完全對立,也會很令人困惑,尤其是兩位學者在同一個問題上如此觀點對立,各執一詞,從我們讀者的立場來說,需要進一步探究。

筆者雖然心情上站在平克的一邊,但知道格雷的批評也絕非毫無道理。啟蒙的問題太大,那麼就縮小一下範圍,還是回到開頭提到的進步這個問題吧。如果我們依然相信歷史必然性的話,照人類社會五階段論的說法,最終走向沒有階級的美好社會,那麼定義什麼是進步,測定進步了多少等等,都是有標準可以依據。可是如今在種種關於歷史必然性的理論都失去了說服力之後,我們又該如何去相信進步呢?20世紀已經見證了烏托邦等極端思潮帶來的災難,有的竟然還是由相信歷史必然進步的政治勢力造成的,這樣就更難讓人們相信歷史的進步規則這種說法了,那麼是否就可以因此放棄進步這一觀念呢?

當然,科學的進步,人均壽命的延長,生活水平的提高,等等,我們可以舉出很多事實上存在的進步作為例子。而問題是,這樣的容易衡量的進步並不是存在於所有領域。韋伯在20世紀初說現代是

諸神之爭的時代，如今21世紀，雖然意識形態之爭已大大不如從前之激烈，但還是有不同的價值觀存在著，並且有衝突，有矛盾。在這種情況下，作為有理性的動物，人類究竟還需要不需要「進步」這個價值觀念呢？這的確不是一個容易回答的問題，筆者試著從思想史的角度做一點探討。

英語圈最權威的思想史大辭典 *Dictionary of the History of Ideas* 裡收有關於進步（progress）的兩個條目，一個是「進步在古典時代」，由20世紀西方古典學大家E. R. Dodds執筆，另一個是「進步在現代」，由英國著名社會學家Morris Ginsberg執筆[13]。筆者讀完後印證了原有的想像，因為發現平克和格雷的爭論在思想史上已經發生無數次了，真是太陽底下無新事。從18世紀的啟蒙與反啟蒙之爭，到浪漫主義與理性主義之爭，我們可以在思想史上找到很多版本的類似爭論，在這裡就不一一贅述了。筆者接下來想通過一位20世紀重要哲人的思想來考察一下進步這個概念。這位哲人在20世紀的科學哲學和政治社會哲學領域都留下了巨大足跡，應該不會被批判偏重於科學主義，更何況他本人就是批判烏托邦主義和歷史主義最有貢獻的思想家之一，他就是卡爾·波普爾。

我們知道卡爾·波普爾在《開放社會及其敵人》這本堪稱20世紀經典的著作裡批評了柏拉圖、黑格爾和馬克思這三位先知式思想家，可以說這本著作是20世紀批判歷史決定論的最重要成果之一。那麼他是如何看待進步的呢？閱讀他的著作，發現波普爾對使用進步一詞頗為謹慎，因為他一生批判的意識形態馬克思主義正是跟進步的理念連在一起的。他在自傳《無窮的探索》跋裡說，那些相信

13　Philip Wiener （editor in chief）, *Dictionary of the History of Ideas* （Charles Scribner's Sons, 1973）, Vol.III, pp. 623-650.

馬克思主義的知識分子自然是傾向進步的，不過進步並不是容易取得的，純粹的進步主義本身是危險的，因為它很容易跟錯誤的決定連在一起的。波普爾在此文中解釋了自己的樂觀主義，他說相信生活在西方自由民主政體中的人們是生活在一個很美好的世界（wonderful world）上。他指出西方的一些知識分子和媒體彷彿是在競相指出西方社會即將衰亡，誰說得越是厲害誰就越是被人傾聽，對這些波普爾表示強烈的不認同。他說西方社會只有極少數的人缺少食物和住房，年輕人有極多的機會去選擇他們的未來，只要你肯學習就有無數機會，可以有很多途徑去享受人生，最重要的是西方自由民主社會願意傾聽對自己的批評，因為西方社會不僅對改革是開放的，而且也熱切希望改革自身[14]。

　　雖然對相信馬克思主義的知識分子使用的進步一詞非常敏感，甚至有過於戒備之處，但是我們從上述概括可以看出，波普爾並沒有否定進步；恰恰相反，他是主張漸進改良的，用他的術語來說就是漸進的社會工程，反對的是烏托邦式的社會工程[15]。這在他的另一篇文章裡也可以看到，就是收在《探尋更好的世界》裡的〈通過知識獲得解放〉[16]一文。這篇文章是1961年波普爾為巴伐利亞的一個廣播節目做的，原先的題目是「論歷史的意義」，可以看作是波普爾的歷史哲學的一個精要概括。在此文中，波普爾說他的第一

14　Karl Popper, *Unended Quest: An Intellectual Autobiography*, pp.197-198（Routledge, 1992）. 波普爾的這個跋寫於冷戰尚未結束的1986年。

15　Karl Popper, *The Open Society and Its Enemies*（Routledge, 2002）, p. xxxvi.

16　Karl Popper, "Emancipation through knowledge," *In Search of a Better World*（Routledge,1994）, pp. 137-150.

個觀點就是反對歷史裡面隱藏著意義，或者歷史的神聖悲劇裡包含著道德教訓等說法。第二個觀點是我們自己可以嘗試著給政治史以意義，是那種可以做得到的、對人類來說是有價值的意義。第三個則是我們可以從歷史中了解到給歷史以倫理的意義，或者是把我們自己定位為審慎的倫理改革者這些做法，並非是空論。關於這點，波普爾強調我們不應低估倫理目標的歷史作用。因為在他看來，跟以前的世代相比，現在的西方社會更加接近以美國革命和康德為象徵的啟蒙的目標和理念，包括通過知識獲得解放，一個多元而開放的社會，甚至包括康德的那個看似不可能的永久和平的理念——雖然實現還遙遠，但是畢竟已經漸漸深入人心[17]。

基於上述觀點，19世紀的那些關於進步的理論都遭到波普爾的批評，同時他也指出有些領域的進步可能導致別的領域的退步。之所以反對那些進步理論或者是循環理論，波普爾說是因為那些理論設定問題的方法不對，都陷入一種偽科學理論（pseudo-scientific）的套路了。既然進步如此不簡單，那麼究竟應該如何看待人類社會的發展呢？波普爾說他對人類從過去和現在學習的能力很樂觀，無論是從好的還是壞的方面。人類不需要放棄希望，應該努力去爭取一個更好的世界：在這個意義上，當然是有進步含義的——波普爾這本書的標題就是明證。但是這種進步並不受任何歷史規律和法則控制，所以進步和人類的命運其實是掌控在人類自己手上[18]。在此，波普爾還是強調美好的理念也會帶來巨大問題，即便是啟蒙和理性主義本身，使用不當也會帶來麻煩。當這些理念變成了狂信盲信後，勢必產生大問題。為了防止這些問題的發生，真正地取得一點一滴

---

17 同上，pp. 139-140.

18 同上，pp. 144-145.

的進步，在波普爾看來，啟蒙時代以來通過知識來獲得自我解放，依舊是很有效果的方法，這也正是啟蒙的基本理念之一。通過這種思路來獲得進步會更加可靠，因為始終有一個檢驗的過程，並非在一種近似於宗教的信念指導下生活。由於啟蒙重視的是真理(truth)而非信仰（faith），人們可以通過對錯誤的糾正而獲得進步。波普爾再次舉西歐和美國等為例，說明從倫理角度出發的社會批評在某些方面是獲得成果的，也能在某些領域消除問題[19]。

　　通過對波普爾的相關思想的考察，可以發現他的進步觀是很審慎的（very modest）觀念。他知道沒有什麼歷史規律保證進步，也有可能有反轉倒退現象，就像一位著名的史學家說的那樣，歷史唯一的規律就是歷史裡充滿偶然性和不可預見性。從目前來看，西方自由民主政體近年來產生的動盪，西方社會遇到的大規模非法移民問題和全球化導致的經濟發展不平衡問題，都是波普爾當年無法估計到的。但即便如此，我們還是可以認同波普爾的分析，西方民主政體的確帶來了很多了不起的成就。如今發生的現象，如果套用加繆的代表作《鼠疫》的象徵意義來說，那些問題是人類無法一勞永逸解決的，平息下去後也許在人類疏忽的時候又會重新興起，所以朱特才會在給《鼠疫》英譯本的導言裡寫道，加繆的這部代表作也許現今更有現實意義[20]。比如當今的民粹主義氾濫，並不是新現象。至於是否如本文開頭介紹的斯奈德教授擔心的那樣，全球自由民主政體走下坡路，川普引領美國進入了新的黑暗的保守主義時代，我們也許無須太悲觀。「通過知識獲得解放」後半部分的一段話，在

19　同上，p.147.

20　Tony Judt, *When the Facts Change*: *Essays 1995-2010*（Penguin, 2015），p.181.

思考當今世界時似乎很有現實意義。波普爾在反駁了浪漫主義對啟蒙主義的批評後，他這樣為康德和啟蒙辯護：

> 康德和啟蒙曾被嘲笑是淺薄的、天真的，因為把自由的理念太當真，也因為相信民主的理念不僅僅是過度的歷史現象。我們今天又聽到很多人說這些理念是暫時性的。不過與其解釋這些理念是暫時的，預言它們即將衰落，還不如為了它們而戰鬥。因為這些理念不僅僅顯示了自身的生命力，證明了它們在猛烈攻擊之下的生存能力。如同康德設想的那樣，它們還提供了多元社會所需要的框架。反過來說，多元社會也是我們創造政治意義和目標所需要的框架。對任何超越眼面前的存在的政策是如此，對我們賦予歷史以意義也是如此，對我們賦予現在和未來的歷史以意義時更是不可或缺[21]。

　　除此以外的方法，施行的效果如何，20世紀的歷史已經告訴我們太多的教訓，波普爾作為經歷了兩次世界大戰，目睹西方文明差點被毀滅的哲人，上面這段話可以說是對20世紀慘痛教訓的一個很好的總結吧。

　　前不久有部描寫二戰時期英國首相丘吉爾的影片叫《至暗時刻》（Darkest Hour），那也是波普爾經歷過的時代（嚴格言之，1937-1946他在紐西蘭）。丘吉爾在歐洲大陸幾乎全部淪陷於納粹鐵蹄之時，領導英國抗擊納粹，誓言絕不讓步（Never give in），最終為歐洲戰場的勝利立下卓著功勳，挽救了英國，也改變了世界的命運。相比之下，現在我們面對的世界局勢，比那個時候無論從哪一方面看，

21　同上，p. 148.

都要進步很多了吧。

　　按照意義心理學派（logotherapy）這門誕生於納粹集中營的心理學派的創始人維克多・弗蘭克（Viktor E. Frankl）的見解，人是追求意義的動物[22]。既然追求意義，當然不可能停滯不前，可以說不斷改善追求進步，正是追求意義的人的一種文化本能了。退一萬步說，就像格雷批評的那樣，平克的一些觀點只是一廂情願的想法，那也沒什麼問題。如果連這種意願也沒有的話，那除了悲觀，還能如何？那樣只會使情況變得糟糕而已。雖然沒有人能保證一條永遠進步的道路，沒有鐵定的客觀規律來保證人類的生存和發展，那反而說明的確如波普爾說的那樣，前途還是繫於人類自身的努力。就像最近兩位哈佛教授在*How Democracies Die*一書裡說的那樣，美國的民主政治的確劣化了，川普的上台就是明證。但是可以找出問題所在，進而面對，而前途光明與否，就繫於美國人民的選擇[23]。大哉斯言！對世界上別的地區的人來說，當然也是如此。只要有點像丘吉爾那樣的絕不讓步的氣魄，即便再一個「至暗時刻」來臨，我們依舊「斷然有救」[24]！

22　Vitor Frankl, *Man's Search for Meaning*（Beacon Press, Boston, 2006）.

23　Steven Levitsky/Daniel Ziblatt, *How Democracies Die*（Crown, New York, 2018）.

24　胡適先生的老朋友陳獨秀1938年寫過〈我們斷然有救〉，（《陳獨秀著作選編》第五卷，頁249-250。上海人民出版社，2009），裡面轉述了他跟傅斯年當時關於世界局勢的看法。面對悲觀的傅斯年，陳獨秀說「我們不要害怕各色黑暗勢力籠罩著全世界，在黑暗營壘中，遲早都會放出一線曙光，終於照耀大地，只要我們幾個人有自信力，不肯附和，屈服，投降於黑暗，不把光明當做黑暗，不把黑暗對付黑暗，全世界各色黑暗營壘中，都會有曙光放出來，我根據這些觀點，所以敢說『我們斷然有救！』胡適先生對晚年陳獨秀的思想轉變有高度評價，稱陳獨秀晚年的反思文章是中國現代思

王前，東京大學教養學部特任副教授。主要著作有《中国が読んだ現代思想》（中國是如何閱讀現代西方思想的？）（2011），合著《近代日本政治思想史》（2014），《現代中国と市民社会》（現代中國與市民社會）（2017）等。

（續）—————————————————
　　想史上的重要文獻。〈我們斷然有救〉這篇短文也是至今讀來鼓舞人心的文章。

文白之爭是保守派與自由派的論爭？——

回顧台灣高中國文課綱修訂爭議

劉滄龍

一、文白之爭

2017年8月台灣社會爆發了一場廣受矚目的教育政策辯論，此一延燒逾月的爭議，引爆點肇因於教育部準備開會審議高中國文課綱是否應該調降文言文比例。

主張大幅調降文言文比例下修至30%而發出連署聲明的作家、學者包括林淇瀁（向陽）、鍾肇政、陳芳明、吳晟、廖玉蕙，以及在網路社群頗有影響力的作家朱宥勳、朱家安等人，他們希望增加更多貼近生活經驗的作品（台灣新文學），取代較難和年輕學子產生共鳴的文言文（中國古典文學），或者主張文言文學習對於現代公民溝通所需的語文素養並非必要條件，乃至有高中學生社團發出公開信，要求調降文言文比例，以納入更多元的本土、女性書寫，連結呼應當下社會的脈動。

反對方則有王德威、許倬雲計18名院士、白先勇等作家，及為數甚多的中文學者、中學教師發起參與連署（超過5萬人），要求審慎面對文言文比例再度下修的提案，呼籲尊重國教院研修小組歷經兩年研議後所訂45%-55%方案，認為此一課綱已考量思想源流與文

類比例不宜任意裂解限縮，並且一方面強調古典文學的重要性，另一方面則主張不宜將此次論爭簡化為文／白、中文／台文之爭。

國語文教育難得受到輿論如此廣泛持續的關注，熱議廻盪恍若藍綠對決的大選前夕。9月27日教育部課審會最終定案，文言文佔全部課文比率須符合3年平均35-45%，算是兩方勢力拉扯妥協的折衷方案。

即使課綱或教科書的修訂要維持表面上意識型態的中立，還是能看出幾次修訂版本中文化認同的偏移軌跡，舉凡中華文化基本教材的編寫與存廢、文言文比例乃至歷史課綱的調整，無一不是政治意識型態角力的戰場。宣稱「教育歸教育，政治歸政治」，若非太過天真或想廻避真正的問題，就只是一種欺人的話術。這些教育政策的爭議歸結而言，都是在問同一個問題：「我們是誰？」除了立場堅定的台獨與統派人士沒有此一疑惑，在台灣主體意識漸趨主流的歷史走向中，若仍在疑惑掙扎自身的歷史主體，都要面對向來以中國文化為母體的歷史文化認識，要如何與自己的政治意識相協調。

在這波教育領域的爭論中，以政治意識型態標籤化對方的陣營的修辭並不令人意外，但我們可以留意的是其中關於文／白與保守／自由的對比修辭。文言派被視為反對語文教育改革的保守派，未能反思威權教育與黨國意識型態的遺緒；白話文派雖被質疑是以政治力介入操作文化台獨的去中國化意識形態鬥爭，但不少台文領域的學者、作家便以語文教育的改革者自居，挑戰中文系主導的國語文教育體系。高舉改革旗幟的向陽就援引百年前胡適的白話文運動，宣示敲響21世紀台灣語文教育改革運動的鑼聲，更有論者以為文言文教育延襲自舊有的黨國體制，綁架了新時代語文教育與時俱進的可能性。

中國國台辦發言人則在這一波爭論中也發出聲明，質疑調降文

言文比例的政治意圖，然而文言派似乎也不想被劃歸入統一戰線，避免掉入藍綠紅政治鬥爭的陷阱之中。總體來看，在檯面上交鋒的意見實際上較少粗糙扁平地宣稱文＝統／白＝獨，畢竟就算以政治力介入教育文化政策，也要以技巧性的修辭來操作，不能過於直白粗暴。

即使這次爭議並未直接掉入政治與文化認同的泥沼，而能在教育政策的層次上保有一定程度迴旋往返的辯論空間，但有個尚未受到清理的問題則關乎當前全球政治浪潮，即自由派與保守派乃至新威權主義的競逐鬥爭。雖然在台灣極左與極右並不成氣候，甚至要用自由左派與保守右派來劃分台灣政治勢力的光譜也不太恰當，但是在文白之爭當中，若白話文派自命為改革的自由派，而將文言文派歸類為守舊的保守派，有其正當性嗎？難道文白之爭折射的不過是保守派和自由派不同理念的相互頡抗？就算此一歸類符合實況，擁護傳統秩序的保守派，與捍衛多元文化的自由派，難道只能是非此即彼、對立二元的敵對關係？

當代社會儼然分裂成保守派和自由派兩個不同的道德陣營，置身於不同的道德母體，彼此叫陣：「我們是對的，他們不對」。同溫層的人以正義之名凝聚人心，妖魔化信念不同的另一個團體。自由派強調個體自主，社會公平，關心弱者，反對階級和壓迫，要求改變法律、傳統與體制以解決社會問題。然而，過度伸張的個人主義造成合作困難，社會愈趨分裂，並且無視於激烈的改變將摧毀社會連結所需要的道德資本，反對歧視卻以歧視性的言論來抨擊宗教與傳統。保守派人士則認為既有傳統與體制有其合理性，希望加強社會連結與共同體歸屬，因此重視法律與常規等現存秩序，擁護家庭、忠誠、責任等傳統價值觀。保守派忠於團體，卻被自由派認為會助長種族歧視；重視道德與宗教的權威，則被認為與壓迫有關，

例如主張宗教上的聖潔，其實只是造成了壓制女性性行為並合理化恐同症[1]。

　　難道不同的道德敘事之間，絕無溝通的可能嗎？保守派就一定忽視個體自由，自由派就必然反對社會連結？除了把它們看成政治與意識型態光譜的兩極，是否有其他的可能？

二、對立的保守派與自由派？

　　不論自由派和保守派，在當代社會其實都主張自由與平等，只是對於什麼是自由與平等的想像或有不同，兩者間明顯的分歧是對於文化傳統（包含宗教）的態度。保守派被認為有更多的文化包袱，而自由派則不然。保守派希望加強社會連結，自由派則希望鬆綁社會連結。文化傳統被保守派視為形塑社會連結的必要手段，甚至具有自身的終極價值。新的事物對自由派比較有吸引力，因此自由派比較開放甚至激進；保守派則偏好固守那些經得起考驗被證明是好的東西，在意保衛疆界、擁護傳統。台灣自解嚴後，社會風氣愈趨多元開放，傳統價值雖未完全棄置不顧，但在訴諸政治社會改革的論述上，自由派顯居上風，保守派則欠缺論理能力，無法引領社會進步。

　　然而，保守派與自由派未必是互斥的關係，健全的政治社會環

1　本文關於保守派與自由派的類型特徵，援引了美國道德心理學教授海德特（Jonathan Haidt）的看法，請參考他的著作 *The Righteous Mind: Why Good People Are Divided by Politics and Religion*, New York: Vintage Books, 2013.中譯本為姚怡平譯，《好人總是自以為是——政治與宗教如何將我們四分五裂》（台北：大塊文化，2015）。為免煩贅，不一一註明出處。

境除了秩序與穩定，也需要進步與改革，兩派訴諸的價值都有正當性，但若各走極端則未蒙其利先受其害。過份強調傳統的權威與團體的紀律，將會導致社會的僵化與停滯；相反地，若一味地追求公平正義的普遍理念，卻以傲慢的姿態鄙視虔信教徒或衛道人士，則無法促進理念溝通，徒然造成社會的分裂。

　　姑且以同性婚姻的討論為例。反對同婚的人，許多人在認知上不願意更深入理解跟自己性傾向不同的人，在情感上也沒能處理自己的嫌惡感究竟從何而來，於是訴諸宗教或傳統規範中的若干成規，據以反對用法律來保障性少數者的權益。但也有不少開明的保守派，並不拘泥教條，能就信仰或傳統文化賦予現代新義，不受制於教條與陳規陋習。

　　文化與宗教傳統的開創者原本就不乏開創性與批判性，孔子把本來限於貴族的教育推向了平民，釋迦牟尼勇於挑戰婆羅門的階級意識，創立了更具平等精神的佛教。傳統未必是保守的；開放的、批判的精神也可能來自於對傳統的再解釋，以面對當下的問題。西方的文藝復興，乃至19世紀的尼采與20世紀的傅柯，都曾經回到希臘羅馬傳統來展開他們對當代歐洲文化的反省。

　　海德特甚至用了中國思想中的陰陽這一對觀念，來說明保守派和自由派之間，其實可以是一對看似相反或對立，其實卻互補依憑的力量。日與夜、冷與熱、男與女不是敵人，我們需要兩者，而且兩者之間有互相補充、交替平衡的關係。海德特把陰陽互濟的概念運用在政治與道德的領域中，不僅不違背陰陽二氣交感生成的基本意涵，而且賦予了它時代的新意。陽中有陰、陰中有陽的古典陰陽思想，充滿著想像的空間，可以展開創造性的詮釋。陰陽雖然各有其基本特性，如陽動陰靜，但又彼此在內外關係上有共同構成、互動生成的關係。政治上保守與自由，以及男女性別的二元劃分，使

我們在許多政治與社會的爭議中趨於分裂，引入有新意的陰陽觀念的解釋，或許有助於化解對立性的極端偏見，擴大更具反思性的討論空間。

三、文白交織的古典與當代

　　文白的比例問題，以及文言文的編選是否該重視文學史、時代脈絡？還是應當以議題導向？當前教材的編寫如何與時俱進，並非在此所能置喙的專業問題，但有一個重要的討論前提仍得追問：中文古典資源是否應當在台灣當前國高中的語文教育發揮若干作用？理由何在？

　　文言文應當佔多少比例暫且不論，但至少得選若干較能貼近學生生活經驗與情意感受的篇章，讓他們有基本識讀古典文本的能力，以便將來有意願時，可以依自己興趣進一步吸收相關古典文化資源。這麼主張的前提是，中文古典資源非常龐大豐富，就像古典歐洲文明仍是當代歐美人文發展不可能捨棄的資源一樣，我們的義務教育應當至少提供這個機會，讓學生能對古典文化不要太過陌生，不該根本斷絕了他們有所依憑以便將來能深入學習的機會。

　　不可諱言的是，文言文教學常受詬病，背注釋考默寫的學習印象深植人心，再再讓人質疑文言文學習與死板的教學考試，除了桎梏年輕學子的心靈外，究竟有什麼用。可見，文言文的教學與考試確有大幅革新的必要，這幾年的國文科大考其實已經愈趨靈活而且強調閱讀理解，但是在教學現場中頻繁的各項考試若仍不脫記憶背誦的窠臼，文言文依舊要背著落後保守的黑鍋無法翻身。

　　然而，就文言文學習的意義來說，太快地從實用性上爭辯則是常見的迷思。現代教育偏重知性與實用技能，在台灣這個強調競爭

力的社會尤其容易有實利導向的偏誤。語文教育當中由淺及深包含著人文素養的不同層次，其內涵不只是客觀中立的理性認識，而是包含著對於自身與他人處境在情感向度的較深連結。

再者，教育的目的不只在於培養學生知識技能，從自身較熟悉的文化脈絡中出發，進而能認識不同傳統、文明的文化視野同樣是必要的，在多元文化頻繁交流的時代更是如此。語文與文化素養的根基較淺，則向外探索的能力也較有限。若對現代語文如何流衍自廣博深厚且充滿多元異質性的文化傳統缺乏較基本的認識，如何侈言對不同文化語境的了解探索意願？漢字文化圈從古至今廣泛地涵蓋了東亞脈絡中的日韓越南星馬等國，因此一定程度地掌握古典中文及其多元的文化內涵，也會在跨文化交流擁有若干潛能與優勢。這也是台灣此前仍比中國大陸超前之處，但近年來此一文化優勢正迅速流失。

問題的癥結在於，如何看待當代台灣文化內在的異質性？是否還願意再像以往將古典中國文化視為可以歷史溯源地線性繼承的文化母體？還是只願意將之納為內在豐富的多元資源之一，成為古今中西交匯混融的多中之一？

古典中文資源的取用能力，在台灣義務教育當中真是有其必要？較強的版本將會與國族意識掛勾，而主張台灣與中國文化或是連續的或是斷裂的。較弱的版本則只是將古典中文資源視為一種珍貴的可能性。在此，我們且採用較弱的版本來論。

首先，若學校教育不再提供足夠的古典中文基礎訓練，那麼成年人離開學校之後，將只能依賴白話譯本來選讀感到興趣的古典著作。可以想見的是，社會上大多數人將愈來愈對古文望而生畏，或許會更理所當然地認為古典文化跟現代生活根本毫不相干，長此以往，對文化的發展是否會有潛在不利的影響，實宜慎思。撇開本來

就對古典文學、文化有興趣的讀者來看，舉凡自我成長與宗教習俗，乃至領導統御、商業策略、職涯指引等等都可看到許多演繹自古典文本的大眾讀物，其中也常見譯自日本的相關著作，這些書有相當穩定的市場，表示古典文化對現代社會生活至少仍是可取用的資源之一。倘若整代人都欠缺一定的古文根基，古文視同外文，文化鏈接一斷便再難逆轉。需知，語文與歷史文化之間有緊密的關係，即使白話譯本仍能讓人一窺古典知識的內涵，倘若不能漸次深入古典文化自身的語文肌理，終將失去親炙文本語境所蘊涵的各種啟發性，並進而得以反思當下或想像未來。

因此，更為深層的來看，古典教育可能為當代文化提供某種超出時代限制的視角，讓我們反省當代生活的限制，藉以尋思另類的可能性以突破現代性的困境。但這並不是說只要是古典與傳統就一定是好的、值得學習，而是基於一種關照、反省當代生活的意識，在古典教育的學習歷程中汲取某種反思性的角度照察現代社會。雖然此一較深層的理由不能直接為高中文言文教育的必要性背書，但在思考教育文化政策時，卻不能沒有此一眼光。

古典文化與當代文化並沒有確然無疑的尺度可以衡量其間的價值高低，兩者本來就有既連續又斷裂的錯綜關係。古典與當代就如保守與自由，一切為二方便討論可以，但偏執地區分二者，去彼取此實屬不智。就如文言文中有很白話的，白話文中有精煉如詩者。台灣的國語文教育的確需要革新，但是文言文與白話文該如何因時（甚至因地）制宜地搭配才更為適切，甚至能為語文教育提供更多的可能性與反思空間，尚須仔細辨析。

劉滄龍，國立台灣師範大學國文學系教授。近年研究課題主要包括尼采美學、莊子與王船山氣的思想。

清除啓蒙毒：
論劉小楓的反平等主義

　　李澤厚先生近年說過，他要是年輕三十歲，就去研究劉小楓，研究劉小楓有價值。自1980年代以來，劉出版了十數本學術著作和文集，其學術歷經多次轉向，遍涉美學、基督教哲學、現象學、儒家哲學、德國社會學、施米特政治神學和施特勞斯政治哲學。這裡面，施特勞斯的地位尤其重要，自甘陽介紹給劉小楓以後，施特勞斯就構成了劉小楓學術視野的地平線。劉的著作，《刺蝟的溫順》、《施特勞斯的路標》、《設計共和》、《王有所成》、《古典學與古今之爭》、《西學斷章》、《海德格爾與中國》與《以美為鑒》，要麼是直接寫施特勞斯及相關議題，要麼是以施特勞斯的解釋學方法來解讀西學經典。劉主編《經典與解釋》系列，不僅順著施特勞斯的思路將其提到的西方哲人一網打盡，而且系列所選文章，也多出自美國施特勞斯學派之手。可以說，要研究劉小楓，從他的施特勞斯研究入手，是比較合理的。

　　然而我們並不能將施特勞斯或美國施特勞斯學派的觀點當作劉小楓的觀點。如何理解劉對施特勞斯的「化用」，才是研究劉小楓的關鍵。有的人認為劉小楓一直在尋找擺脫相對主義或虛無主義的法門，而施特勞斯的哲學給他提供了最堅實的保證。這種說法似乎符合大家對施特勞斯的印象，也有不少文本支援，但難以解釋他為

什麼要放棄基督教哲學，卻選擇一種突出「雅典與耶路撒冷」之張力的哲學，也難以解釋為什麼當一些自由主義學者針鋒相對地提出對自由主義之道德基礎的論證，他絲毫沒有任何興趣回應。（從《以美為鑒》可以看出，他並不是一個缺乏論戰興趣的人。）有的人認為劉小楓自始至終都想著重建「中華文明」的倫理根基，這種說法也能從劉小楓近年來的發聲裡找到根據。但一方面，如此大而化之的概括，可能對中國大部分研究實踐哲學的人都適用，用來描述這樣一位當代思想界的特殊人物，似乎過於敷衍；另一方面，如果說他引入施特勞斯是為了摧毀國人對現代西學的迷信之後重返中國古典，那為什麼他對西學的偏好並沒有在自由主義陷入頹勢之後有所減少呢？有的人認為，劉小楓引入施特勞斯是為了保衛哲學，因為施特勞斯不僅指出了哲學在城邦中的危險處境，而且也看到了哲學在當代被歷史主義和實證主義逐漸腐化的命運。我們很難相信這是真的，因為劉小楓對純粹的思辨哲學一直比較輕視；他偏好的表達一直是文學化的。除非這裡說的哲學是區分雙重教誨的「古典哲學」，但這等於說劉小楓在遇到施特勞斯之前就一直在做這樣的哲學。聯繫到他的多次轉向，這樣的解釋顯得十分牽強。

　　本文希望論證，劉小楓對施特勞斯的「化用」經歷了一些微妙的變化，但其中有一些方面基本不變。施特勞斯對劉小楓的意義，與其說是將其從相對主義、虛無主義中拯救出來，或者助其摧毀中國學術界對現代西學的迷信，不如說是為他提供了一種支援反平等主義的哲學基礎。這種反平等主義反映在政治哲學上，就是「賢能政制」，近年來劉小楓介入近現代中國政治的論述，正是意圖將共產黨的統治描繪並改造為賢能政制。

施特勞斯的路標

在〈刺蝟的溫順〉和〈施特勞斯的路標〉兩篇文章中，劉小楓同時表達了施特勞斯的兩個觀點：真正的哲學必然是拒斥相對主義的；哲人與城邦有著不可調和的矛盾。有論者將這兩種觀點串起來，認為正是「哲學對一元的絕對價值的瘋狂追求必然與普通人所堅持的多元的意見構成衝突，因此，哲學面臨的首要問題就是如此面對大眾，如何在大眾中生存」[1]。這種解釋可以從劉小楓的以下表述中得到支持：

> 陪審團中那些非處死蘇格拉底不可的人是誰？是雅典民主政體的政治家。由此可以想像到，真正憎恨蘇格拉底的，並非雅典的人民，而是雅典的民主政治家——用今天的話來說即自由民主政體中的自由派知識分子們。柏拉圖所寫的這齣蘇格拉底在法庭面前的戲劇表明，哲人與人民的對立是假象——因為人民既搞不懂也不關心哲人的言論，真相是哲人與自認為代表人民的自由民主的知識分子的對立。」[2]

現代的自由民主知識分子，當然擁抱多元主義的生活方式，但在雅典城邦裡是不是有這樣的自由民主知識分子？即使有，他們為什麼要堅持處死蘇格拉底？自由民主知識分子不僅不會反對以哲學

1　水亦樑，〈政治與哲學——甘陽和劉小楓對施特勞斯的兩種解讀〉，
　　https://mp.weixin.qq.com/s/Z1VHOefwUGv-1M2mftoH_g
2　劉小楓，《施特勞斯的路標》（北京：華夏出版社，2013），頁112。

為人生追求；相反，他們認為，自由民主的目的就是保障每個人都
有權去追求自己想要的生活方式。即便有一些哲學家鼓吹某種生活
是最好的、最高級的、最值得過的，只要他不強迫每個人過他那樣
的生活，自由民主知識分子最多只會對他提出反駁，並不會在行動
上制止他，更不要說迫害他了。加拿大學者德魯里出版了兩本關於
施特勞斯的書，認定施特勞斯「反民主反自由」，但她並沒有在書
裡號召大家去施特勞斯的墳墓上吐唾沫。為什麼劉小楓依然覺得，
「即便在美國這樣的自由民主社會，仍然沒有保護哲人的道德秩
序」？最重要的是，「民主政體的政治家」，為什麼就可以等於「自
由民主知識分子」？劉小楓難道不知道雅典民主制和現代的自由民
主制的區別？

　　哲人為什麼會和城邦有衝突，在《刺蝟的溫順》中，劉小楓有
另一個解釋：

　　為了求得真正的認識，「蘇格拉底甚至不得不超越法律或約定
　　而追溯到自然」。這樣一來，蘇格拉底的理性難免與現存法律
　　或習俗相對，在政治上危險；倘若這法律或習俗還聲稱來自於
　　神，蘇格拉底就成了瀆神的。[3]

　　施特勞斯在《自然權利與歷史》的第三章區分了「自然」和「習
俗」，按照他的說法，自然是「初始事物」，它乃是「超歷史、超
社會、超道德和超宗教的」：

　　哲學對初始事物的尋求不僅假定了初始事物的存在，而且還假

3　同上，頁43。

定了初始事物是始終如一的，而始終如一、不會損毀的事物比
之並非始終如一的事物，是更加真實的存在。[4]

　　習俗或宗教，對於萬物的誕生有自己的一套說法，而哲人要另
外尋求一套說法，並且認為這種說法高於習俗或宗教的說法，這就
使得哲人和城邦產生了衝突。不寧唯是，如果哲人去思考關於「什
麼樣的生活才是好的生活」，以及「什麼樣的政制才是好的政制」，
並且在城邦公開宣揚，那他們和城邦之間的衝突將會使他們陷入危
險的境地：

　　首先，過沉思生活必然離群——所謂哲人的「自由」與人民的
　　生活興趣不同，無異於說人民生活不如沉思生活「美好」。何
　　況，哲人沉思的偏偏是何謂「好人」，這等於潛在地否定了人
　　民天生為「好人」，從而與社會道德構成潛在的政治衝突。再
　　有，哲人不僅沉思何謂「好人」，還沉思何謂「好的」政治制
　　度，無異於潛在地否定了現存政治制度的正當性，與現政權構
　　成潛在的政治衝突。[5]

　　哲人宣揚「真理」，不僅會給自己帶來危險，而且也會給城邦
帶來麻煩：

　　首先，哲人思考何為美好的生活儘管只是一種可能性，但百姓

4　列奧・施特勞斯，《自然權利與歷史》（北京：生活・讀書・新知三
　　聯書店，2003），頁90。

5　劉小楓，《施特勞斯的路標》，頁60。

從來沒有想過這方面的事情，哲人如果把自己所思考的不成熟的理想講出來，百姓難免人心惶惶。然而，「有些真理必須被隱藏起來」，更重要的原因是，哲人曉得，邪惡最終無法根除，「即便最好的政體，也必定不完善」。哲人在這樣的認識前提下堅持追求靈魂的知識，就得知道有的事情不能說白。[6]

因此，施特勞斯區分了「顯白（對外）教誨」和「隱微（對內）教誨」，前者哲人對大眾說的，淺顯易懂，並不涉及大眾不感興趣的玄奧話題，且不挑戰習俗的信念，可能還會包含「象徵、謎語、含糊和糾結之類的寫法」[7]，而後者是哲人對「喜歡思辨和懂得學理的少數人」說的，無需迴避抽象晦澀的語言，傳達的是哲人所認為的「真理」。通過這兩種教誨的區分，「真理」得到「秘傳」，但卻不會對大眾和哲人自己造成傷害。

根據這種理解，啟蒙哲人所犯的一個錯誤，就是不區分或者遺忘了兩種教誨的區別，將他們所認為的「真理」公開宣揚，既給自己帶來了危險，也造成了社會的混亂。但這裡有一個弔詭之處：按照一般對施特勞斯的理解，啟蒙哲人所犯的錯誤，難道不是走向了「虛無主義」嗎？難道「虛無主義」就是「真理」嗎？劉小楓的一些言辭，確實讓人懷疑這就是事實：

> 哲學搞到盡頭，一定會撞上虛無，然而，哲人的美德恰恰在於，不可讓自己發現的這個世界的虛無本相大白於天下。倘若撞見虛無的哲人竭盡全力讓「虛無屬於少數人」，而非讓虛無「屬

6　同上，頁63。
7　同上，頁252。

於大多數」，那麼，他就是一個卓絕的反虛無主義者。[8]

　　有一些論者認為，劉小楓在這裡暴露了他是虛無主義者的真面目[9]。我們不需要如此快地下結論。在此之前，我們得搞清楚，在劉小楓的施特勞斯看來，何為「哲人」？「古代哲人」和「啟蒙哲人」有什麼區別？「哲人」的「真理」，究竟是什麼？

　　按照前面施特勞斯在《自然權利與歷史》裡的說法，哲人就是探究「自然」的人，也就是追問「初始事物」，希望得出一個普遍的答案的人。不僅如此，他們對死亡還有著特殊的態度：

> 蘇格拉底主張「區分哲人與常人的嚴格界限就是看到他們對死亡或趨於死亡的認識」，也就是對人的天性的認識；換言之，對於蘇格拉底的學生柏拉圖和色諾芬來說，哲人是「對死亡持有高尚態度的人，即背離了人類天性的那些人」，近代哲人「熱切地渴望避免死亡」，哲學便成了「蠱惑者的角色」。蘇格拉底在臨死前的第二次自辯中談到，哲學作為一個生活方式就是學會雖死猶生；同時又說，不能向與哲人天性不同的人推薦這種生活方式，就像不能向貪生的人推薦學習不畏死。[10]

　　與此同時，他們內心對宗教總是持有懷疑的：

> 就哲學對宗教持理性主義立場而言，古今哲人是一致的：既然

8　同上，頁330注1。

9　蘇光恩，〈哲人的面具：評劉小楓的施特勞斯轉向〉，https://mp.weixin.qq.com/s/Uj1DgaC6pVgRqXcwX9H7lA

10　劉小楓，《施特勞斯的路標》，頁152-153。

秉持哲學的理性「真理」，哲人就絕不可能接受聖經的啟示宗
教。[11]

後面這兩點，開始牽涉到「古代哲人」和「啟蒙哲人」的一些
根本區別。

在〈學人的德性〉一文中，劉小楓分析了施特勞斯在〈顯白的
教誨〉一文中所總結的七條：

1. 萊辛宣稱，所有古代哲人以及萊布尼茨都運用顯白方式表
   達真理，以別於用隱微方式表達真理。
2. 真理的顯白表達所使用的陳述，被哲人自己認為陳述的並
   非事實，而僅僅是可能性。
3. 哲人因審慎或因合宜才作這些顯白陳述（即在隱微教誨中
   不會也不能出現的陳述）。
4. 一些顯白陳述針對的是道德層次較低的眾人，他們應當為
   這些陳述所震撼。
5. 某些真理必須被隱藏起來。
6. 即便最好的政制，也必定不完美。
7. 理論生活高於實踐生活或曰政治生活。[12]

在這裡面，劉小楓認為重要的是第1、4、7條，其中最重要的是
第4條，因為第4條恰好在中間，根據劉小楓對施特勞斯的瞭解，後

---

11 同上，頁317。
12 同上，頁283-289。

者喜歡「把最重要的東西藏在中間位置」，因為古代作家也是這麼做的[13]。第4條意味著什麼呢？這意味著「人在道德上有高低之分」，而是否承認這一點，是區分古代哲人與啟蒙哲人的標誌。

啟蒙哲人可能會抗議說，他們當然也承認人在道德上有高低之分，但這種高低之分不是固定的，也就是說，普通人也有可能通過自我完善，把自己的道德上升到一個比較高的水準。劉小楓否認了這種可能性，並且將相信這種可能性的康德嘲笑了一番，但他的立場，似乎有點違背常識。從後面來看，劉小楓這裡說的「道德」，很可能指的是「心性」，「心性」相對於「道德」來說，確實沒有那麼容易改變。

因為人在心性上有高低之分，且這種心性難以改變，所以不要妄圖「改造國民性」，要意識到「即便最好的政制，也是不完美的」，因此區分雙重教誨就是必要的，對心性高的人可以講隱微教誨，對心性低的只能用顯白教誨了。施特勞斯有一個很出名的「第二層」洞穴的說法，即有的洞穴人自以為將陽光帶回了洞穴，其實只是根據自己的理論體系在洞穴裡挖出了第二層洞穴，以此諷刺啟蒙哲人自作聰明，弄巧成拙。

於是我們可以總結一下「古代哲人」和「啟蒙哲人」的同異：他們都是探究「自然」的，內心都不信奉城邦的宗教，也都具有「不畏死」的品質，甚至，也都能看到洞穴外的陽光；但是，相比古代哲人，啟蒙哲人不承認或忘記人的心性有高低之分，也不會區分「顯白教誨」和「隱微教誨」，他們總是妄圖用自己建構的理論來改造現實，這就造成了現實世界的混亂。

13　同上，頁289注1。

　　按照這一種思路，啟蒙哲人的過錯並不在於走向了「虛無主義」，而在於他們缺乏「審慎」的德性，但這不意味著劉小楓放棄了對啟蒙哲人的「虛無主義」的批判，啟蒙哲人對一些「真理」的否定，也說明他們具有虛無主義的傾向：

> 在這樣的市民社會中，哲人倘若仍然堅持人性有高低之分這一**真理**，就得把它隱藏起來。[14]

　　這樣一來，施特勞斯對啟蒙哲人的兩個批判，就聯繫到了一起：正因為啟蒙哲人否定「人的心性有高低之分」這一「真理」，所以他們才會不區分兩種教誨，才會妄圖用自己的理論去改造現實；啟蒙哲人既是「虛無主義」的，也是不審慎的。這大概可以解釋為什麼，劉小楓對所有自由主義者所論證的「自由主義的道德基礎」都不屑一顧，因為那根本就不是他心目中的「真理」。

　　這裡有一個技術性問題，既然「人的心性有高低之分」這一真理本身也需要隱藏，那麼在民主時代（托克維爾意義上的），一個宣揚「人人生而平等」的哲人，如何判斷他是一個「古代哲人」，還是一個「啟蒙哲人」呢？如果「人的心性有高低之分」是需要隱藏的真理，那麼一個在民主時代宣揚「人人生而平等」的哲人，既有可能是一個「古代哲人」（他很可能只是隱藏了真實的觀點），也有可能是個「啟蒙哲人」（他直接說出了自己相信的觀點）。一個在民主時代宣揚「人的心性有高低之分」的哲人，究竟是不是古代哲人呢？按照劉小楓自己的謙辭，他只是「學人」，還稱不上「哲

14　同上，頁311。

人」[15]，但既然知道「永遠需要向真正的哲人學習」，那為什麼要將明知得隱藏的真理卻還說出來呢？要麼，它根本就不是真理，而只是一種「顯白說辭」，這樣，其背後的「真理」很可能就是「虛無主義」；要麼，劉小楓還沒有修行到家，還是忍不住將這個真理說了出來，也就是說，他還是半個「啟蒙哲人」，是一個非虛無主義的、但卻不審慎的哲人。

有的人會說，施特勞斯也把這個真理說了出來，難道施特勞斯也算半個「啟蒙哲人」嗎？我認為施特勞斯並沒有像劉小楓那樣，把「人的心性有高低之分」當作一個「真理」。施特勞斯確實承認人的天性（nature）是不同的：「就在所有的人，也即所有的正常人都具備道德能力的同時，有的人需要別人的指導，而別的人根本不需要別人的指導，或者只在小得多的程度上需要指導。此外，不管自然能力方面有何差異，並非所有的人都是以同等的熱忱來追求德性的。」[16] 但是，施特勞斯對人的本性是否難以改變這一點，並不像劉小楓那麼肯定，比如他說：「用亞里斯多德的話來說，人們可以說，德性與人性的關係可以比作是活動與潛能的關係，由潛能出發是無法確定活動的，然而反過來，人們可以由活動回溯而推知潛能。」[17] 如果德性與人性是活動與潛能的關係，那說明人的德性，並不像劉小楓所以為的那麼固定，儘管人與人之間可能有顯著的差異。在施特勞斯那裡，對啟蒙哲學導致虛無主義的批評，以及雙重教誨論，兩者之間儘管不無關聯，但依然是各自獨立的，在劉小楓那裡，它們卻通過「人的心性有高低之分」這一「真理」統一了起

15　同上，頁300。
16　施特勞斯，《自然權利與歷史》，頁135。
17　同上，頁146。

來，這究竟是一種「論證重構」，還是一種「創造性發揮」，諸君自行辨識。

　　不管怎麼說，劉小楓確實從施特勞斯的學說裡抽取出了這一「真理」，並在以後將其大肆發揮，但學術的角度來看，這很難稱得上是什麼值得誇耀的洞見。如果說施特勞斯由萊辛（或雅可比）啟發得來的「顯白教誨」與「隱微教誨」的區分還算是個了不得的學術發現，那劉小楓從施特勞斯那裡啟發得到「人的心性有高低之分」，充其量只能說是一種對其固有之見的肯定，用心理學術語來說，屬於一種「證實偏差（confirmation bias）」。在這種「證實偏差」背後，是其深入骨髓的反平等主義。甚至兩種教誨的區分，在劉小楓那裡也褪去施特勞斯所賦予它的審慎意味，而帶上了一種自鳴得意的色彩。對於施特勞斯來說，哲人的這種智慧大多是一種「無奈」，目的是為了自身沉思的生活不受打擾，而對於劉小楓來說，這種智慧便成了一種榮譽勳章，成了分辨心性高下的標誌。

國父論

　　從2010年到2013年，劉小楓做過三個涉及中國近現代史的演講：〈龍戰於野，其血玄黃〉、〈誰能使中國恢復「大國」地位〉和〈如何認識百年共和的歷史含義〉，迅速引發了巨大的反響和爭議。劉小楓在第三個講稿的題記中將坊間對演講的一切評論稱之為「亞里斯多德意義上的喜劇」，並不無挑釁地說：「為了讓漫訾者更好地看清自己的敵人，以便給予精確打擊，也為了讓歷史的後來者看清自己的敵人，有必要刊佈由本人整理的講稿。」[18]

_____

18　劉小楓，《百年共和之義》（北京：華夏出版社，2015），頁69。

從最直觀的印象上來說，這三個演講都充滿了民族主義色彩：第一個演講直接說的就是朝鮮戰爭，第二個演講講的是二戰期間，美國打著幫助中國建設一個「強大、統一、民主」的國家的旗號，卻處處傷害中國的民族利益，第三個演講意在揭露啟蒙政治話語如何自我挫敗（self-defeating），如何誤導了百年來的中國仁人志士。三個演講有一個共同的控訴對象，那就是以美國為首的西方國家。但我們不能簡單地把這三個演講當作某種膚淺的民族主義情緒的發洩。作為公開演講，「民族主義」很可能只是演講的「顯白說辭」；我們必須撥開這一些帶有煽動性的言辭，去挖掘劉小楓背後的「微言大義」。

三個演講裡，有一些東西是一以貫之的。〈龍戰於野，其血玄黃〉將毛澤東稱為「讀儒家經典的讀書人」，將「志願軍」稱為「中國儒家知識分子調教的軍隊」。[19]

在第二個演講中，劉小楓提到蔣介石的〈抗戰建國綱領〉，其中有這麼一句話，「仁愛是中國民族精神的象徵」。劉小楓就此發揮說，如果說美國有自己的自由民主傳統，中國就有自己「基於《尚書》經驗的德政傳統」：

> 這一文明傳統的完整性和連貫性在於，儘管不斷遭遇失敗，儘管不斷出現劣質的統治，中國這個文明大國始終不渝地在追求德政——中國「文明」的含義首先就在於此：好的政制必須以德為尚。[20]

---

19 劉小楓沒有將這篇講稿整理收錄進自己的文集，現有講稿為網友的草記，並不完整。http://www.360doc7.net/wxarticlenew/332001471.html

20 劉小楓，《百年共和之義》，頁63。

劉小楓在〈如何認識百年共和的歷史含義〉中對儒家政制著墨最多：

> 與近代西歐的絕對君主不同，中國的歷朝皇帝從未獲得法理上的絕對「主權」。上有天命（所謂天命轉移），下有儒生官僚制，皇帝在郊祀時對天稱臣，皇權在法理和制度安排（朝廷制度）上均受到制約。漢代的「白虎通會議」奠立的禮制法典，今天有人說可以叫做「君主立憲」，從法理上講並非沒有道理。[21]
>
> 一個政治共同體的生命力取決於這個共同體的擔綱者階層具有怎樣的政治德性，擔綱者階層的品質是國家的政治存在的關鍵……兩千多年來，無論更換了多少皇朝，中國一直葆有國家能力，憑靠的是具有優良政治德性的儒生階層。[22]

中國的馬克思主義歷史教科書沒有出現過什麼「擔綱者階層」的說法，有的只是「統治階級」，用「擔綱者階層」替換「統治階級」，不僅在表意上更準確，而且也有助於劉小楓對共產黨「去共產主義化」。

在〈龍戰於野，其血玄黃〉中，他將志願軍的強大戰鬥力歸因於他們受過「儒家知識分子的調教」，卻絕口不提列寧主義政黨的組織動員能力。

第二個演講的主要內容是對鄒讜的《美國在中國的失敗》的解析，在裡面，劉小楓將他的意圖藏得更為隱秘。劉小楓說，鄒讜的論述有不少「自相矛盾」的地方。比如，他一方面認為美國不願意

---

21 同上，頁76。
22 同上，頁88。

支持共產黨有意識形態的原因，另一方面卻又批評一些美國的外交官，比如謝偉思和戴維斯，在意識形態方面「愚昧無知」，沒有看到「中共與蘇聯在意識形態和組織上的聯繫」。比如，一方面他認為一些外交官正確地看到了中國共產黨與一般受到蘇聯控制的、以共產主義為絕對意識形態的他國共產黨的不同，「沒有蘇聯直接援助的情況下生存和增長的能力，他們具有土生土長的政治基礎，他們有一個並不依靠史達林的支持而在黨的委員會中享有權力的領導集團」[23]。另一方面，他又批評他們被中國共產黨的一些假像蠱惑，以為後者在搞「民主」，沒有看到中共的「列寧主義組織原則的性質」。

　　劉小楓暗示，鄒讜在這裡運用了「顯白說辭」，因為《美國為什麼失敗》出版時，美國正值麥卡錫主義肆虐，所以抨擊外交官犯下意識形態幼稚病的言辭，主要是說給那些那些麥卡錫分子聽的。劉小楓認為，鄒讜真正的意思是，中共確實是獨立於蘇聯控制的，扎根於中國本土的，與一般意義上的共產黨不一樣的政黨[24]。

　　同樣的，〈如何認識百年共和的歷史含義〉對中國共產黨的「馬克思主義」或「共產主義」淵源也避而不提，結合前面劉小楓對強調儒家政制和儒生階層的讚賞，可以看得出他希望把中國共產黨和共產主義剝離開，把中共描述成儒生階層的現代繼承者：「毛澤東帶領的共產黨群體能夠最終建立共和，首先在於這個擔綱者階層的德性品質——連美國人也早就知道，國共兩黨的政治品格不同。」[25]

　　但要剝離豈是那麼容易的？劉小楓自己意識到「共產黨的政治

23　同上，頁56。

24　同上，頁57。

25　同上，頁92。

德性確實是中國傳統政治德性與西方現代啟蒙德性的混合。由於這
兩種德性在品質上並不相容，要釐清這種混合德性的性質就特別困
難。」[26] 而且「啟蒙德性」也確實有其意義：「我們的困境在於，
為了救國圖存，不得不用西方啟蒙觀念搞動員，啟蒙與救亡成了一
回事，徹底救亡等於徹底啟蒙，結果是，徹底掉進啟蒙觀念不能自
拔。」[27]

　　這裡面最麻煩的一個政治哲學問題，來自中共的領導人毛澤
東。在劉小楓看來，毛澤東的思想根源更多地來自中國傳統，尤其
是陽明心學；甚至，按照儒家的政治哲學，這樣一個曠古絕今的人
物，完全可以稱得上是「聖王」。如果毛建國以後直接回歸儒家傳
統，那他的一生將是完美無暇，而且後面的一切問題都不復存在。
但他不僅沒有這麼做，而是大力地搞階級鬥爭，最要命的是，他搞
了文化大革命。

　　劉小楓認為，毛澤東對於平等主義的承諾是真誠的。毛說自己
一輩子只做了兩件重要的事，趕走蔣介石和發動文革，他覺得後者
更為重要。劉小楓對毛發動的文革雖然有一些明面上的褒獎，比如
說它「史無前例」，「具有世界歷史意義」，但歸根到底，「『文
革』使得激進的啟蒙德性摧毀了自然德性，共和國重新陷入分裂。」
這種「分裂」不是領土上的，而是精神上的，中國人對於毛澤東，
「要麼恨得不行，要麼愛得不行」，這就引發了無休無止的「精神
內戰」。

　　劉小楓的解決辦法是：在政治上，將毛尊為「國父」，不要妄
論其功過；在學術上，「從柏拉圖的王制開始徹查西方理念的是非

26　同上，頁93。
27　同上，頁77。

對錯」。也就是說，要將文革的過錯，乃至建國以來一切激進主義的錯誤，都算在「啟蒙」的頭上，同時，讓中國共產黨返本歸源，重新回到儒家政制。只有讓中國和中國的擔綱者，都排清「啟蒙」之毒，中國百年以來的「精神內傷」，才有可能得到治癒。施特勞斯的意義，在這裡又一次凸顯出來。

這裡面的困難，不僅僅是啟蒙已經和中國難分難解。如果真的如劉小楓如說，毛澤東對於平等主義的承諾是真誠的，要將毛尊為國父的同時排清國家所有「啟蒙」之毒，那等於要在精神上閹割了這位國父。不僅啟蒙在中國的追隨者不會答應，一部分熱愛這位偉大領袖的中國人也不會同意。這樣，中國人將會陷入兩場精神內戰，一場爆發在啟蒙的陣營和反啟蒙的陣營之間，另一場爆發在平等主義的毛派和反平等主義的毛派之間。劉小楓為了解決一個問題，很可能反而將製造新的問題。

與劍橋學派駁火

從上一節我們可以發現，劉小楓有一些特別奇怪的歸因方式。比如他認為，文革，以及現代中國的一切激進主義的錯誤，都是啟蒙所帶來的。不知道他自己有沒有發現，這種歸因方式和九十年代以來的自由保守主義的思路極其類似。他宣導「審慎」的美德，認為「所有的政制都是不完美的」，批評啟蒙哲人用自己建構出來的理論去改造現實，這些和中國自由保守主義者的說法都沒有什麼不同。

在〈學人的德性〉一文中，他下面的一番話，不禁讓人想起了愛德蒙·伯克：「由於有了宗教，國家統治所需要的強制力會小得多，反之，沒有宗教，國家的強制就會增加——在這一意義上可以說，

世俗專制比教會專制更為『專制』。」[28] 這就是為什麼，我在另外的地方認為，中國的自由保守主義助長甚至催生了文化保守主義。

2017年，他出版了《以美為鑒》，將矛頭對準同樣是研究政治思想，且與施特勞斯學派有過一些「交火」的劍橋學派。如果說，在《百年共和之義》的幾個演講中，他只是在批評美國對外政策的德性，那在這本新書中，他就直面了美國建國的德性問題，並得出結論說：美國「缺德」。

乍看之下，《以美為鑒》像是一本「護教」之作，站在施特勞斯學派的立場來駁斥劍橋學派的主張。波考克（J. G. A. Pocock）和斯金納（Q. Skinner）都曾經指名道姓地抨擊施特勞斯。波考克的〈先知與宗教大法官，或曰：建立在刺刀上的教堂不能長久屹立不倒〉，諷刺的就是施特勞斯及其學生曼斯費爾德（Harvey Mansfield），而斯金納在〈意義與理解〉中，將施特勞斯視作在文本分析的「幼稚」傳統中「非常有影響力的權威」，施特勞斯學派的紮科特（Michael Zuckert）寫作《自然權利與新共和主義》，也曾針對約翰·鄧恩（John Dunn）的《洛克的政治思想：對《政府論》的一種歷史解釋》提出批評。說劍橋學派與施特勞斯學派有著「宿世恩怨」，一點也不誇張，只不過現在戰火重燃，且燒過了太平洋。

總體來說，劍橋學派與施特勞斯學派的差異大約有三點：文本詮釋的方法論，對馬基雅維利的看法，對美國政制起源的解釋。方法論上，施特勞斯學派主張從西方的政治哲學經典，尤其是柏拉圖的著作入手，著重區分「顯白教誨」和「隱微教誨」，要求讀者學會從作者的意圖來理解作品的意涵；而劍橋學派，按照劉小楓對波考克的歸納，力圖從「特殊性與時間」出發，「檢驗西方歷史上曾

---

28 劉小楓，《施特勞斯的路標》，頁330。

經有過的種種政治觀念的有效性」[29]，將眼光從歷代經典轉移到「概念世界與社會領域互為文脈的語言系統」[30]。

　　就馬基雅維利而言，按照施特勞斯的經典看法，他是現代政治哲學的開山鼻祖，他背棄了「自然正確」，將政治拉低到人的欲望層面。劍橋學派則將馬基雅維利視作古典共和主義在近代復興的前驅人物，並且將他和霍布斯和洛克區分開來，而施特勞斯將馬基雅維利和霍布斯、洛克都作為現代性第一波浪潮的代表人物。

　　對於美國政制，施特勞斯和劍橋學派都是持批判態度的，但是施特勞斯和劍橋學派的批判角度不一樣。施特勞斯認為美國政制是建立在洛克式的現代自然權利論基礎上的，站在古典自然正確論的立場，他當然對美國政制不能滿意；劍橋學派，花了不少力氣去論證美國政制的創立和洛克關係不大；它是「大西洋共和傳統」的產物，但美國建國以後，逐漸偏離了這種傳統，蛻化成了一種強調個人主義和「消極自由」的政制。

　　表明上看，劉小楓似乎圍繞著施特勞斯和劍橋學派的這些差異，對後者展開批評，但我覺得這些都是假象，因為劉小楓給出來的理由都是「似是而非」（這是劉小楓形容鄒讜的《美國在中國的失敗》的說法）的：他對劍橋學派的方法論的批評的核心就是「歷史主義」。劍橋學派的方法論當然在某種程度上確實可以說是「歷史主義」的，但方法論的「歷史主義」和價值論上的「歷史主義」並不是一回事；劍橋學派在價值論上並不持一種「歷史主義」立場，他們認為「參與政治」在任何時代都具有高的價值。況且，斯金納也說過，歷史研究可能產生「一般真理」，「不僅僅是關於過去的

29　劉小楓，《以美為鑒》（北京：華夏出版社，2017），頁56。
30　同上，頁84。

真理，而且是關於我們自己的真理」。光是憑「歷史主義」這個罪名，不能說明施特勞斯的方法論在哪裡優越於劍橋學派的方法論。有論者甚至認為，施特勞斯和劍橋學派在方法論上的相似點，要高於兩派人自己的估計。[31]

劉小楓在《以美為鑒》裡，一直強調馬基雅維利是一個「邪惡的教誨師」，並且將寫作《君主論》的馬基雅維利和寫作《論李維》的馬基雅維利不做區分地混作一談。但即便如施特勞斯在《關於馬基雅維利的思考》中所說，馬基雅維利的真實觀點就是我們一般意義說的「馬基雅維利主義」，如果劍橋學派並不承認對馬基雅維利的這一種解釋，那將劍橋學派斥作「馬基雅維利主義」就是沒有道理的。最弔詭的是，劉小楓說：「施特勞斯在那裡說，『馬基雅維利否認自然正確』，其基本理據是，在政治的極端狀態時刻——比如政治體面臨外部或內部危險時，政治家不僅不可能也不應該恪守古典的『自然正確』。」[32]考慮到這句話裡施特勞斯所反對的馬基雅維利立場，與施米特的「主權決斷論」如此相似，劉小楓是否需要向我們解釋，為何他曾經對施米特的「主權決斷」推崇備至，但卻在新書裡表現得對馬基雅維利恨之入骨呢？因為馬基雅維利與自由主義有更為親近的關係？

關於劍橋學派與施特勞斯對美國政制起源的分歧，與其說劉小楓在意的是對美國政制的理解，不如說他更在意如何抨擊美國政制。波考克認為美國革命不是「現代意義上的革命」，而是「新古典意義上的革命」，其靈感並非來源於洛克，而是洛克之前的英國

---

31 拉斐爾・梅傑，《劍橋學派與施特勞斯——美國政治科學的文本與語境》，https://mp.weixin.qq.com/s/qxu2abETK7HPmS7cYV718A
32 劉小楓，《以美為鑒》，頁25。

共和主義者，比如尼德漢姆（Marchamont Nedham）和哈靈頓（James Harrington）。哈靈頓是一個「自然貴族制」的擁護者，波考克說：

> 在哈靈頓的制度中，存在一種「自然的貴族制」，他們由人民
> 自己經過認可並甘願聽從的智識超群者構成；他們擁有自身特
> 有的「德性」、反思能力，且願意承擔自己的責任，提出可供
> 選擇的方案，而多數人的「德性」和決斷能力，使他們有權在
> 這些方案之間作出選擇。貴族制與民主制之間的差異，表現在
> 道德、數量以及功能方面，這種差異與等級、階層或階級的差
> 異，並無必然的聯繫。因此，對史學家來說，認為古典共和理
> 論必然導致一種階層和等級化的社會，就沒有道理。[33]

而劉小楓則認為：

> 無論如何，「自然的貴族制」不外乎指，人的政治能力在資質
> 和德性上有自然而然的差異，從而，「智識超群者」有權領導
> 人民，提出維護和發展政治共同體的正確「方案」，並在道德
> 上對「人民中的多數人」提出要求：不僅要求積極參政，而且
> 要求樹立正確的道德觀──勤勞、勇敢、樸素、愛國，抗擊外
> 敵時一不怕苦、二不怕死。」[34]

言下之意是波考克讀誤讀了哈靈頓，且其對美國政制之根源的

33　同上，頁253。同時見波考克，〈眾國、共和國和帝國：早期近代
　　視野中的美利堅立國〉，收於任軍峰主編，《共和主義：古典與現
　　代》，頁40-63。

34　同上，頁255。

分析也是建立在這誤讀之上的。讓人訝異的是，他在《以美為鑒》
裡不僅抨擊了劍橋學派對美國政制的詮釋，而且也對毫不留情地批
評了施特勞斯的弟子、東岸派掌門人雅法（Harry Jaffa）對其宗師在
美國政制問題上的立場的詮釋。

　　施特勞斯在《自然權利與歷史》的導論中，一開始就引用了《獨
立宣言》：「我們認為以下真理是不言自明的，人人生而平等，他
們被他們的造物主賦予了某些不可剝奪的權利，其中包括生命、自
由和追求幸福的權利。」後面，施特勞斯接著說：「今日人們對於
自然權利的需要，一如數百年甚至上千年一樣地顯明昭著。拒斥自
然權利，就無異於說，所有權利都是實定的權利（positive rights），
而這就意味著，何為權利是完全取決於立法者和各國法院的。」[35] 基
於此，雅法在中後期認為，《獨立宣言》中的「自然權利」原則，
就是美國的「自然正確」原則，劉小楓對此感到大謬不然：

> 理由是，洛克的「自然權利」原則，來自哲人對人性和政府的
> 自然性質的認識，即來自哲人憑社會契約論所設想的「普遍自
> 然」，這為美國政制或美國的「特殊法律」提供了基礎。儘管
> 哲人構擬的「普遍自然」本身並不難提供一種道德，以至於美
> 國政制或美國的「特殊法律」顯得缺乏道德基礎，但基於「自
> 然平等」原則，美國的「特殊法律」為不同宗教或同一種宗教
> 的不同教派的道德主張提供了平等機會。因此，哲人設立的「自
> 然平等」和「自然權利」原則本身，無異於為美國政制提供了一
> 種「自然正確」的標準，或者說就是美國式的「自然正確」。[36]

35　施特勞斯，《自然權利與歷史》，頁2。
36　劉小楓，《以美為鑒》，頁234。

　　劉小楓認為，在《自由的新生》中，雅法背離了在《分裂之家危機》中的立場，即在與道格拉斯的論辯之中，林肯為美國的立國原則「人人生而平等」注入道德－宗教內涵，雅法現在認為，「人人生而平等」一開始就具有道德－宗教內涵。「自由、平等、博愛」以及「人的不可剝奪的權利」「植根於不變的自然而非流變的歷史之中的權利」，是真正的「自然正確」[37]。雅法還認為，美國政制能讓「哲學的懷疑精神」與「聖經的順從信仰」都得以自由地保持，因而也就稱得上是「最佳政制」[38]。劉小楓對這種論調感到駭然，他請出了雅法的宗師，來對雅法進行「呵斥」：

> 施特勞斯在〈論古典政治哲學〉中同樣明確說過，按照古典政治哲學，「每個立法者首先會優先關注自己所屬的那個共同體的立法」，這實屬應當，但他在考慮所有與立法事件相關的特定問題時，必須意識到其中有些是「最基礎、最普遍的政治問題」。政治哲學要探究的正是這些問題，換言之，政治哲人的探問，超逾了立法者所關注的「自己所屬的那個共同體的立法」問題。正因為如此，立法者們需要受到哲人的「教育」。由於「政治哲人正是立法者們的導師」，在最高層面上，政治哲人的知識是「可通用的」，或者說，「正是由於成了立法者的老師，政治哲人就成了最佳公斷者。」[39]

這裡有些地方值得好好琢磨：在前一章，〈自由教育與美國政

37　同上，頁238。
38　同上，頁240。
39　同上，頁239。

制〉中，劉小楓以施特勞斯的文章和演講為基礎，複述了施特勞斯
對美國政制的批評。施特勞斯認為，美國雖然在政治上是精英主導，
但文化上是大眾文化主導，大眾文化會腐化美國未來的精英，會讓
美國的政制陷入危機，為了挽救這種危機，必須對精英進行「自由
教育」。這種思路完全可以理解，但看不出施特勞斯在哪裡有反對
現代自然權利論。因為承認每一個人都享有自然權利，和推崇一種
精英主導的政治並不衝突。湊巧的是，雅法在捍衛了「現代自然權
利論」之後，也一樣對美國教育進行了激烈的抨擊：大學裡的教授
生產和傳播各種激進的理論，孕育了1960年代風起雲湧的民權運
動，但這一「黑人權力革命」，「常常遠遠逾出法律範圍，而且有
時還與法律之下人人平等的早期原則發生正面衝突」[40]。我想劉小
楓可能誇大了雅法和施特勞斯的立場差異。施特勞斯雖然認為「古
典自然正確論」優越於「現代自然權利論」，但似乎並沒有主張回
歸「古典自然正確論」，反倒是經常站在「現代自然權利論」的立
場上拒斥歷史主義。這體現了一種政治哲人的智慧：「現代性」固
然無法讓施特勞斯這個「古代哲人」滿意，但是現代性是一個既成
事實，無論做什麼，也無法回到現代性之前的世界，所以用古典學
問對現代政治家進行「教化」，讓現代政制吸收古典政治哲學的智
慧，也就是「古代哲人」唯一能做的事情了。

　　另一個值得琢磨的地方是，在《施特勞斯的路標》一書裡，劉
小楓一直站在施特勞斯的角度，譴責啟蒙哲人不瞭解「即便最好的
政制，都是不完美的」，但在新作中，劉小楓屢次以某種等級制的
標準來抨擊美國政制，以及劍橋學派所崇尚的政制。

---

40 哈利‧雅法，《分裂之家危機》，韓銳譯，趙雪綱校（上海：華東
　師範大學出版社，2007），頁20。

波考克說：「……在永恆秩序的一個角落遵循習俗生活的共同體，並不是一個公民的共和國……假如他們認為普遍的等級制度是一切價值之所在，他們就不會有意為此而結合成一個獨立的決策者主權團體……」[41]劉小楓認為，「永恆秩序」的哲學，即認可普遍的等級制度的哲學，就是「古典的自然正確論」[42]。這和他在〈學人的德性〉中認為「人的心性有高低之分」是隱藏的真理的說法一致。「古典政治哲學認為，『社會正義的問題』，不是所有社會成員平等地分享權力，也不是所有公民平等地參與公共決策，而是讓賢人『憑他們自己的資質』施行統治。這意味著，權利來自人性的優良品質。由於賢人的個體心性是好德，這個短語也可以讀作：好德的人掌握權力，才是自然正確。」[43]因為人民普遍不好德，只有賢人才好德，所以只有賢人才應該掌握權力，人民不能掌握權力，這樣的邏輯，在《以美為鑒》裡出現了無數次。在其中一個地方，他還說到，應該讓這種賢人作為階層「制度化」[44]。

更令人摸不清頭腦的是，他在多處都提到，中國的政制（傳統和現代）與施特勞斯所推崇的「賢人統治」幾乎完全吻合，中國傳統的儒生，以及中國共產黨，都可以被稱作「賢人」[45]。但我覺得最能體現他的意圖的，是下面這段話：

　　施特勞斯的確認為，共和式混合政制中的貴族制要素，是「有

---

41 波考克，《馬基雅維利時刻》，馮克利、傅乾譯（南京：譯林出版社，2013），頁53。

42 劉小楓，《以美為鑒》，頁111。

43 同上，頁165。

44 同上，頁351。

45 同上，頁164、181、255、351、366。

意識地返回古典共和主義」的制度性基礎，但美國政制顯然還
需要憑靠古典教育從頭打造這個基礎。我們倒是可以說，真正
保有「前現代遺風」的共和政體是中國。與美國缺乏本己的古
典傳統不同，中國的共和政體有源遠流長的儒家政治傳統和悠
久的賢良政制傳統，雖然經歷過傷筋動骨的折騰，畢竟血脈還
在。一旦國家站穩腳跟，用我們的「古典話語」並結合西方的
「古典話語」重新引導我們回到古典式的「好政治」，畢竟容
易得多。儘管我們的共和革命砍掉了王者觀念的頭，共和政體
本身畢竟不是像歐洲那樣，靠砍掉君王身上的頭建立起來。借
用哈靈頓的語彙來講，我們沒有世襲貴族制的拖累，反倒有真
正「自然的貴族制」傳統。46

　　本文無意從規範性上來駁斥這種建立在等級制之上的「賢人統
治」，我想提醒大家注意的是，從《施特勞斯的路標》到《以美為
鑒》，劉小楓對施特勞斯的「化用」有了一個非常大的轉變：儘管
兩者都提到「人的心性有高低之分」這個「真理」，但《施特勞斯
的路標》著重從這個命題推演出「所有政制都是不完美的」，以及
對「顯白教誨」和「隱微教誨」的區分，並以此批評啟蒙哲人的「不
審慎」，因為他們妄圖將自己建構出來的理論直接運用於現實，而
《以美為鑒》則直接將這個「真理」政治化為一種等級制的「賢人
統治」，作為一種公開的標準來評價政制的好壞，並直接斷定中國
政制就是施特勞斯心目中的好政制。後面的這種說法，不禁讓人想
起貝淡寧的《賢能政治》，但這真的符合施特勞斯的意圖嗎？

---

46 同上，頁302。

作爲「文革理論」的劍橋學派？

上一節所說的施特勞斯與劍橋學派的三大分歧，在我看來只是劉小楓的「顯白說辭」，《以美爲鑒》裡隱含著另外一條脈絡，以及另外一種對劍橋學派的批評，讓人有充分的理由相信，這本書並不是一本單純的學術著作。

在第二章「公民美德與古今之爭」的第三節「破舊立新的思想史方法論」，劉小楓提到波考克的論文，〈語言及其含義：政治思想研究的轉向〉。波考克論文的開頭就說：「在過去十年間」，西方政治思想研究界發生了一場「革命」。劉小楓馬上接著說：

> 按該文寫作事件推算，「過去十年」指1960至1970年，與我們經歷過的從「大躍進」到「文革」的歷史時刻大致同時。按著名的激進民主政治理論家佩特曼勾勒的發展線索，「激進民主」理論形成於1954至1966年間。因此，波考克所說的這場政治思想研究領域的「革命」動向，承接的是1950年代中後期開始出現的激進民主理論。波考克讓我們注意到，分析哲學用「語言分析摧毀政治哲學」，爲這場「革命」作出過不可磨滅的貢獻。[47]

在思想史上，用「革命」這樣的語詞來形容某個突破性的轉變，並不罕見，康德就有所謂的「哥白尼式的革命」，何況劉小楓後面也說：「波考克說，由於『革命』這個語詞在這一時期『使用過於頻繁』，他寧可用『劇烈變化』、『變革』或『轉型』來界定這十

47　同上，頁79。

年的學界動盪。」[48] 但這絲毫不影響劉小楓繼續揪住「革命」一詞，將波考克的方法論與另一種意義上的「革命」捆綁起來。在後面，他更直接地說：「我們切莫以為，他（波考克）針對的僅僅是單純的學術性問題，毋寧說，他要談論的是類似於『文化革命』的問題。」這種方法論上的變革「事關從思想上徹底砸爛表徵舊世界的『古典傳統』，為邁向新的政治制度鋪平道路。」[49]「文化革命」、「徹底砸爛」和「舊世界」，原來劉小楓是要將劍橋學派類比為「文革」的理論家，無怪乎前面要不顧唐突地提到中國的文革。

　　有人可能會以為，這只是一時修辭上的興起，無關大體。事實上並非如此。在全書其他地方，劉小楓多次用文革式的用語來形容劍橋學派。比如，在上面引文的同一節，劉小楓繼續將斯金納稱為「紅小將」[50]，原因是斯金納的〈觀念史中的意涵與理解〉一文的其中一個批評對象是施特勞斯。在第四章〈施特勞斯和他的美國弟子〉的第五節，他乾脆把劍橋學派稱為「文革史學」[51]。

　　劉小楓的「文革修辭」針對的不僅是劍橋學派的方法論，還有劍橋學派背後的政治哲學。在集中批判斯金納的第五章，「劍橋學派與『純粹民主』」，第一節就叫「斯金納為何重申『造反有理』」。劉小楓認為劍橋學派的政治哲學就是一種「文革理論」：「雖然以研究現代政治思想史聞名，劍橋學派畢竟是1960年代興起的西方『激進民主』理論運動的重要成員，甚至是這場文化革命中後勁勃發的生力軍。」[52] 在這一章的後面，劉小楓說霍布斯－洛克的理論本來

48　同上，頁80。
49　同上，頁81。
50　同上，頁90。
51　同上，頁274。
52　同上，頁354。

就具有革命性，斯金納的理論重拾馬基雅維利，就是要搞「繼續革命」[53]。在劉小楓看來，劍橋學派的政治哲學理論，就是一種激進民主的理論，且他們進行史學革命，是有政治意圖的：「畢竟，通過重新解釋近代政治思想中的造反精神，斯金納不僅要展示，這種精神乃是現代西方政治思想的真正基礎，而且希望它繼續為當前的革命鬥爭提供有效動能。」[54]

　　劍橋學派的政治哲學，也就是他們所說的「古典共和主義（classical republicanism）」，跟文革真的能夠扯得上關係嗎？在集中批駁波考克的第二章、第四章第四節，以及批駁斯金納的第五章，劉小楓都沒有很好地概括出兩位學者的古典共和主義立場，其所引用的段落，在割裂上下文的情況下也不太容易理解。陳偉的〈共和主義的自由觀念〉一文，對古典共和主義的陳構倒是比較合理的：

1. 個人自由以國家自由為前提，個人自由與國家政體之間有著不可分割的邏輯聯繫。
2. 自由與奴役相對而言，是一個政治概念；無論是國家還是個人，失去自由就意味著處於受奴役狀態，奴役就是指處於別人的法律和權力之下。
3. 混合均衡政體是確保自由的最好政體。
4. 一切保證公共生活中取得成就、維繫自由的品質，均是古典共和主義所認可的美德。[55]

53　同上，頁360。

54　同上，頁313。

55　陳偉，〈共和主義的自由觀念〉，https://www.douban.com/note/301470221/

　　不知道這些概括裡有哪些是可以直接用來形容文革的？關於文革的「激進民主」面向，汪暉有過比較經典的論述，我們不妨對比一下：

　　「文化大革命」是在政黨的國家化過程發展到一個階段的產物。在政黨國家化的條件下，重新進行社會動員，亦即在黨—國之外啟動政治領域和政治價值，形成大眾參與性民主，構成了「文革」初期的特點之一。毛澤東重申革命政黨的政治價值，試圖通過社會運動和政治辯論打破政黨與國家的絕對權威，目的是重構一種包含著自我否定態勢的社會體制，即不再是過去意義上的國家，一個通向自我否定的國家和一個自我否定的政黨。作為「文革」宗旨之一的「五七指示」將文化大革命與社會分工的靈活性聯繫起來，力圖從根本上剷除官僚制得以確立的社會分工模式。社會主義實踐，就其根本宗旨而言，在於將不可避免的社會分工與既往一切等級主義的社會模式（貴族等級的、封建的等等）或對抗性關係（階級的、資本主義的等等）區分開來，進而讓人成為自身的主人，而要達到這點，就必須徹底改造一切再生產等級關係和對抗性關係的政治機制、生產方式和文化條件。「文革」初期，以巴黎公社為楷模的工廠、學校和機關的自治的社會實驗（也包括稍後出現的所謂「三代會」即「工代會」、「農代會」、「紅代會」之類的群眾組織）在各地短暫出現，這是對舊的國家機器進行改造的嘗試，亦即一種超越國家機器的文化—政治實踐。由於運動與派性鬥爭、黨—國體制及其權力搏鬥糾纏在一道，這一在國家和政黨之外啟動政治的模式迅速蛻變。60年代晚期以「三結合」的形式組成的革命委員會是一種在群眾運動與官僚化的國—黨體制之間

達成妥協的產物。這一政治形態包含著公社運動的各種因素，如將工人、農民和士兵代表選入各級政府和黨的領導機構，要求各級黨和政府的領導者分批、定期地深入鄉村和工廠從事社會實踐，等等。儘管工人、農民、學生或士兵的代表由於無法適應國─黨體制的需求而始終居於權力格局的邊緣，但這以國家的時代對國家進行的創新不能說毫無意義──許多觀察者相信：正是由於存在著上述政治實驗，相較於蘇聯共產黨支配下的官僚體制，中國「後文革」時代的政治制度具有更大的彈性和回應社會需求的能力。[56]

即使拋開文革中的「出身論」、「批鬥」和「破四舊」等，文革裡的「大民主」與古典共和主義的實踐形式也是有很大的差距。最主要的差別在於，前者在政治領域和經濟領域之間不做截然的區分，不僅要實現政治上的人民自治，而且要實現生產上的工農自我管理；「大民主」理念還認為社會分工是官僚制產生的根源，所以要全面打破社會分工。劉小楓並沒有對這一重要差別給予任何關注，古典共和主義和文革，在他那裡有一些非常籠統的相似點：「為了保障我們每個人的個人自由而無論其自由所欲望的是什麼，我們小人物必須行動起來取消『公職』，由我們自己直接擔任，同時限制大人物們的財產，以免他們收買我們中間的敗類，然後再廢除社會地位和聲望之類的傳統德性標識。」[57]對於劍橋學派的政治哲學何以稱得上是一種「文革理論」，劉小楓的邏輯似乎簡單得有點粗

56　汪暉，《去政治化的政治》（北京：生活・讀書・新知三聯書店，2008），
　　頁14。

57　劉小楓，《以美為鑒》，頁364。

暴：因為文革是一種「激進民主」，劍橋學派是一種關於「激進民主」的理論，所以劍橋學派的理論是一種「文革理論」，即使不是關於中國發生的那一次文革的理論，也是另一種類型的文革的理論。這樣的批判，在任何一種意義的學術上都很難站得住腳。

如果說在〈如何認識百年共和的歷史含義〉中，劉小楓對文革態度依然有點曖昧，這一次，他對文革的全然否定態度，可以說昭然若揭，因為從他的修辭中看出，他用「文革」話語來貶低劍橋學派是有意的。不僅如此，劉小楓還罕見地講述了一段他在文革期間的經歷，充滿黑色幽默的色彩：

看到斯金納在結束這段長注時說，最為清楚地表達這種「正確的解決辦法」的觀點是彌爾頓的說法，即「人民可能必須被強制自由」（the people may have to be force d'etre libre），筆者長達四十年的困惑不由茅塞頓開。強制全體人民擁有「為共同利益貢獻其時間和精力」的「意願」，不就是筆者這個年齡的人當年搞「大串聯」的「意願」？筆者當年剛上小學四年級，也被強制「有意願奉獻時間和精力為共同利益而行動」，根本不管自己的腦子是否「清醒」、是否已經會「三思而行」。筆者被強制「停課鬧革命」，走進重慶大學校園，從大哥哥大姐姐們手中接過傳單，再熱切地走回解放碑，在圍觀大字報的人群背後拋撒。筆者迄今記得，大學生大姐姐們把傳單遞到我手上時，那副眼神啊既既驚訝又親切；這麼小就參加「公共自由」行動啦！筆者還記得，在人群背後拋撒傳單後，人民群眾望著天空中飄散的雪花般的傳單，一臉茫然，不知傳單從何而來，而我當時的心情啊激動萬分，覺得自己在這一瞬間長大了。我因此而變得在政治上清醒或會考慮公共事務了嗎？顯然沒有。

但按斯金納的說法，我變得「更有德性」了，因為，只要平等
地參與公共事務，就等於有「美德」。散發傳單之後，我接下
來就親眼看到，政見不合的大哥哥大姐姐們操起AK47對射，雙
方都掩埋過戰友的屍體——這事就不多說了。幸好，一紙英明
的「九五命令」及時結束了內戰狀態。但是，人民群眾中間更
為自然性的趨向，即彌爾頓所謂的「過度邪門和行為過激」，
乃至流氓阿飛甚至「財扒」（結夥洗劫民宅者）行徑，仍然屢
禁不止。筆者念高中時住校，晚上在校園內穿行，也得結伴才
有人身安全，而且手裡必須亮出自備長刀。筆者的這些親身經
歷，斯金納未必知道吧。[58]

這段話中的措辭頗值得玩味。劉小楓對於文革所引發的許多事
件，比如「串聯」、「停課」、「械鬥」和「社會失範」，都不失
辛辣地進行了一番嘲諷。雖然他捎帶上了斯金納，但與其說劉小楓
是在諷刺後者，不如說他在壓抑住自己對文革的抨擊欲望，不讓自
己和他瞧不上的自由派知識分子一樣顯得苦大仇深。既然劉小楓是
厭惡文革的，那他如此苦心孤詣地要在劍橋學派和文革之間建立聯
繫，只是想抹黑前者嗎？似乎並沒有那麼簡單：

　　劍橋學派或者其他西方激進民主理論的興起，並非直接受到中
　　國「文化大革命」的鼓勵甚至啟發。英美激進民主思潮在1960
　　年代初已現端倪，到1960年代末才擴展為大學生運動和「大眾
　　傳媒的狂轟濫炸」。**毋寧說，「自上而下的啟蒙與下層的政治
　　自由」的賽跑，是現代性的長程內在邏輯，中國與西方不約而**

同在某個歷史時刻碰頭，純屬偶然。如果有人以缺乏「任何自我控制和自治」為依據，認為中國的「文革」「與其說是薩特式的『群眾聯合』，不如說是集權主義操縱的傑作」，那麼，這種觀點並不能讓西方的激進民主運動與中國文化大革命劃清界限。即便這部「傑作」受到「操縱」，也不等於它不再是激進民主的傑作。何況，西方世界的激進民主運動，也很難說不是一種「操縱的傑作」──受激進哲學家操縱的傑作。操縱者的政治地位不同，不等於創制「傑作」的理念不同。問題在於，這樣的「一個有識之士」一旦事業有成，難免成為「大人物」，勢必會被某些小人物懷疑為自由共同體的內部威脅。至少，斯金納的中國朋友並非懷疑，而是認定如此。[59]

　　在〈如何理解百年共和的歷史含義〉裡，他直接將文革之過歸於「啟蒙」，但「孤證不立」，劍橋學派的出現提供了一個契機，可以讓劉小楓用作論據來「論證」西方也一樣出現了「激進民主」的潮流。文革和西方1960年代出現的這股激進民主潮流，差不多在同一時間發生，這似乎可以「證明」劉小楓的假設：它們是啟蒙在東西方結出的兩個激進的果子。如果那些「激進」的行動和潮流真的是啟蒙所導致的，那中國共產黨和偉大領袖的過錯，也就不是一個嚴重的問題了，畢竟中國從晚清開始就引入了啟蒙，中共和毛只是承接前人。最重要的是，如果我們現在繼續引進這些理論，說不定文革以後還會上演：

　　如果我們記得，現代性進程曾歷史地展現出兩種表面看來判然

59　同上，頁368。

> 有別的激進民主，那麼，這兩種文革有差異並不奇怪——這兩
> 種形式的激進民主，我們都碰巧趕上，才令筆者唏噓再三。[60]

民眾德性匱乏，不能實行民主，更別說實行激進民主了，只有
徹底拋棄啟蒙，回歸「古典自然正確論」，回到中國傳統的儒家政
制，才能完全根絕文革這樣的激進政治。如果說《百年共和之義》
點出了劉小楓的政治哲學——儒化共產黨，清除啟蒙毒，那《以美
為鑒》則不惜請出施特勞斯來為「儒化共產黨」加持，揪出劍橋學
派來給「清除啟蒙毒」祭旗。劉小楓批判劍橋學派曲學阿世，「不
過在培植知識人尤其年輕人的意識形態鬥爭意識」，不知他會不會
有一天想到，他比劍橋學派要更當得起這樣的評價？

結語

劉小楓與甘陽被並稱為中國施特勞斯學派的兩大主帥，但甘陽
那些影響力最大的理念，比如通三統，其實並不是來自施特勞斯；
甘陽更多是從施特勞斯那裡吸取「博雅教育」的理念和經驗。甘陽
和劉小楓近些年來所做的理論工作，都可以為現政權的許多轉型背
書，但其背後的姿態是不一樣的：甘陽是迎合政權轉型的自然需要
來進行政治哲學的論證籌畫，這些需要，可能連那個時候的當局者
都未必有那樣的意識，而劉小楓是希望政權按照他所想要的樣子轉
型，他對老一輩革命家的歌頌，與其說體現了真實的歷史，不如說
體現了一種願望。劉小楓和甘陽最後都走到了儒家政制和博雅教
育，但是在甘陽那裡，這兩者之間的聯繫並沒有在劉小楓那裡那麼

---

60 同上，頁431。

緊密。

最重要的是，甘陽對於啟蒙的批判，並沒有像劉小楓那麼激烈，他的「通三統」不僅是針對政權的，也是針對他自己的。從劉小楓貫穿《施特勞斯的路標》、《百年共和之義》和《以美為鑒》的修辭來看，他對啟蒙的痛恨更有可能來自對平等主義的厭惡、而非如他或一些論者所說，來自對相對主義或虛無主義的拒斥。他僭越施特勞斯的立場，將「人的心性有高低之分」上升為「真理」，以此聯結起施特勞斯對啟蒙哲學的兩個批判（虛無主義與不「審慎」）；他對儒生和老一輩中共黨員不吝讚美之詞，只因為他們有超越於常人的「德性」；他在與劍橋學派進行想像中的論辯時，一而再再而三地用「民眾德性匱乏」去回應後者一切關於平等政治的倡議；他將施特勞斯的「古典自然正確論」政治化為一種等級制的賢人統治，又把儒家政制作為這種賢人統治的代表；他不顧學理上的勉強之處，用文革修辭去套劍橋學派的方法論，又將劍橋學派的政治哲學與文革背後的「大民主」理念當作啟蒙平等氾濫的兩個惡果加以大肆抨擊。以上種種，都反映了劉小楓的理論動機，並非為了拒斥相對主義或虛無主義，而是為了徹徹底底地毀滅平等主義。

劉小楓讓我想起托克維爾，另一個對平等主義也感到有點不適的政治思想家。托克維爾也想把貴族制的因素注入民主制之中，但他並沒有想過用純粹的貴族制去取代民主制，因為他意識到平等主義是時代的趨勢，劉小楓就不信這個邪。德沃金（Ronald Dworkin）說，所有現代的政治哲學基本都是「平等主義的」，那些看似為一個不平等的社會辯護的哲學，其預設裡多少有一些平等主義的因素，比如自由至上主義預設了某個人「平等地」具有一些最基本的權利（如自我所有權），效益主義預設了每個人的快樂都「平等地」只按照一分來計算。德沃金認為，一種有理論意義的現代政治哲學，

不會問「要不要平等」，而只會問「要什麼樣的平等」。劉小楓的
三本著作裡，從頭到尾都沒有表露過他對「平等」的任何妥協，從
這一個角度來看，他的政治哲學，可以說得上是「冒天下之大不韙」
了。

　　也許劉小楓自己也享受這種「眾人皆醉我獨醒」的感覺，不然
他不會在〈如何理解百年共和的歷史含義〉的題記裡自稱是同時代
人和「歷史後來者」的敵人。可以肯定的是，不管劉小楓以後的立
場如何轉變，他對平等主義的仇恨將會一如既往。至於他這種對平
等主義的仇恨從何而來，那就不是哲學理論分析所能探究出來的
了，對此我們只能保持沉默。

　　陳純，研究領域主要為倫理學、政治哲學和價值現象學；曾在端
傳媒、澎湃、鳳凰網發表多篇學術與文化評論文章。

思想訪談

廖克發（右）、潘婉明（左）

走入馬共後代的家族史¹

廖克發、潘婉明對談
魏月萍主持

魏月萍（以下稱「魏」）：

　　過去馬來亞共產黨（以下簡稱馬共）像是被封印在盒子裡的禁忌名詞，多年來被貼上很多標籤，比如說馬共是暴徒、恐怖分子，或認為馬共都是華人等。可是從當代的歷史研究和書寫，可以了解馬共群體很多元，它不僅只有華裔馬共，也有馬來裔馬共和印度裔馬共。2000年以後，大量馬共書寫作品出現，無論是由前馬共所撰寫的回憶錄、各場戰役的事蹟紀錄，或者是馬共成員在森林裡的書寫，如收錄在金枝芒主編的《十年》，都提供我們更多理解馬共的文本。有關馬共的文學作品，也可分兩大類：一是馬共本身的文學創作，例如馬共作家金枝芒的《饑餓》、賀巾的《巨浪》以及海凡的《雨林告訴你》、《可口的饑餓》；或是小說家以馬共為創作主

1　這是一場有關馬共後代的對談紀錄。由新加坡南島論壇和城市書房於民國106年9月13日聯合舉辦，邀請導演廖克發和馬共歷史研究者潘婉明對談，有關馬共的隱匿身影、馬共後代的家族印記、自我的身分認同等，揭示在國家的大敘事以及官方主流觀點以外，那些被困綁在歷史幽徑的微弱聲音。此對談紀錄由邱向紅、林潔瑩、黃俊雄、鍾皓冰謄稿、魏月萍修潤和訂正。

題的作品，如黃錦樹的馬共小說三部曲──《南洋人民共和國備忘
錄》、《猶見扶餘》和《魚》。除了歷史紀錄和文學作品，也包括
影像，比如馬來導演Amir Muhammad的 *The Last Communist*（《最後
的共產黨員》）、*ApaKhabar Orang Kampung*（《甘榜人，你好嗎？》），
以及廖克發的最新作品《不即不離》。

　　「馬共後代」其實是一個比較寬泛的概念，指涉的不僅僅是馬
共二代，也包括馬共的三代、四代。扼要言之，馬共後代是指具有
「馬共家族紐帶的後代」。有些馬共後代曾經參與游擊隊，或在森
林裡負責不同的工作，但大多數的馬共三代，他們出生在馬共簽署
和平協議書、走出森林以後。他們認識的「馬共」，已然是他們的
家族歷史、家族紐帶的記憶。

　　今天的對談人廖克發和潘婉明，他們都出生於馬來西亞霹靂州
（Perak）。廖克發出生在實兆遠（Sitiawan），婉明在怡保（Ipoh）。
廖克發曾在新加坡念書、教書，之後去台灣念藝術大學，成立蜂鳥
影像公司。《不即不離》得到很大的關注，也贏了很多獎項。我看
《不即不離》，常聯想到他的短片，不同主題的影片，都有一以貫
之的關懷主旨──人和人之間的情感紐帶。我和婉明認識近二十
年，她在台灣政治大學歷史系的榮譽學位論文，研究的是馬共歷史
成敗的問題。從大學時期至新加坡國立大學博士班，她在馬共歷史
研究上孜孜不倦，後來主要集中於馬共女戰士，把性別問題帶入馬
共的研究視野。

　　對克發和婉明而言，馬共是他們生命裡重要的一部分。克發是
導演，婉明為馬共歷史研究者；一個用影像鏡頭，一個用筆，都走
入田野，接觸馬共或馬共後代。我想先請他們談談，對於今天的主
題，他們最直接的感想是什麼？走入馬共這個群體，和他們有怎樣
的生命連結？在走進馬共群體之前和之後，是否產生不同的衝擊？

追尋自我的身分認同

廖克發（以下稱「廖」）：

　　大家好，我是廖克發。我是馬來西亞人，在實兆遠出生長大。我是福州人，從小到大都說福州話。搬到新山後，我才開始學說華語。後來到新加坡唸大學，當小學老師。對於新加坡和馬來西亞，我沒有很強的認同感，有時候會覺得好像不屬於這裡。當時我離開馬來西亞，不是為了電影夢才去台灣學電影，純粹只是想要知道，在另外一個國家生活是怎麼樣的不一樣。去了台灣以後，才發現電影這一塊，才開始喜歡上電影，然後開始拍電影。

　　如果大家有看過《不即不離》，就知道我的祖父是馬共。作為一個——像今天的主題——馬共的後代，我從來沒有想像「馬共」這個詞，對我的人生影響這麼大。去了台灣以後，我才發現對於歷史，對於很多東西的認識，新馬人和台灣有很大的落差。相對的，我們比較無知，很多東西不知道，不知道也不覺得這是錯的。

　　我小時候是在實兆遠長大，老家現在已經沒有了。《不即不離》片子裡有提到，老家像一般華人的房子，大堂會掛很多祖先的照片。我從小到大，記得有一個陌生男人的畫像，它不是照片，它是畫像，掛在大堂上。清明或過年過節時，阿嫲都會說要拜這個人，我的長輩都會說要拜這個人，這個人很重要你要拜，可是我從來不知道他是誰。我問我阿嫲他是誰，我阿嫲雖然每次都叫我要拜他，可是她從來沒有拿香祭拜他。我問我爸爸這是誰，我還要被罵，說不要問，拜就對了。一直到我長大以後，他們才跟我說，這是我的阿公，我阿公過去是馬共。當我知道的時候，我已經長大了。雖然我知道阿公是馬共，可是我不知道馬共的概念。我不知道馬共曾經在這個國

家做過什麼，在這個地方貢獻過什麼，爭取過什麼，我必須慚愧地說：當時我沒有那個好奇心。現在要找馬共的書籍很多，有文學或歷史專家寫的田調。但當時作為一個年輕人，沒有好奇心一定要去知道。在台灣開始拍電影，拍了五六部短片之後，開始問自己，為什麼都拍台灣的故事？我作為馬來西亞人的意義到底是什麼？

我常常在跑影展時，有機會和不同國家的導演交流，他們都會介紹他們的國家是怎樣的。當我發現馬來西亞學生，或者是像我這樣的學生，或者其他馬來西亞導演，我們到國外交流時，很常介紹馬來西亞，就像旅遊局介紹馬來西亞一樣。我們會說馬來西亞有很多好吃的，華人的食物、馬來人的食物、印度人的食物，我們常常用美食來介紹馬來西亞。就算宗教，你說馬來西亞有三大宗教，馬來西亞宗教在很多課題上，或是回教和非回教，也有很多東西是不清不楚的。我發現我出去的時候，其實是有點無言，你不懂怎麼和人家說，什麼是馬來西亞？馬來西亞人什麼意思？有時候比較尷尬的是，人家問你，那你愛馬來西亞嗎？你會說你拿馬來西亞護照，你是馬來西亞身分。你愛不愛馬來西亞，你是需要想的。如果是南馬人，甚至會比較熟悉唱新加坡國歌多過於馬來西亞國歌。我會想這件事情，因為那樣，我開始想要拍紀錄片。

「是不是馬共」需要認證

我本來寫一個長篇的電影劇本，關於那個年代，關於馬共。可是我問我自己，我這一輩子從來沒有見過一個真正的馬共，我憑什麼寫馬共？我開始想要去拍我阿公的故事。我必須老實說，我一開始回實兆遠，拍我的家人，了解馬共在我的家庭記憶裡，是比較負面的，因為馬共把我的阿公帶走。我的阿公走後，阿嬤的整個生活

非常慘澹，她一個人帶大四個孩子，面臨很多的壓力，大家都知道她是馬共的寡婦。我回去實兆遠拍攝，開始問我爸爸：馬共是什麼意思？然後問我媽媽：馬共是什麼意思？我的片子裡有很多福州話，那也是我的目的之一。我希望可以用福州話，用我們熟悉的語言來講這些事。在這個過程中，才發現我對馬共的知識很不足，我就開始看很多老師寫的書。

　　我第一次到泰南勿洞（Betong）時，是為了找一個人真的能夠告訴我說，我的阿公真的是馬共。我媽媽說，我爸爸說好像是，我阿嬤說是，都是自己在說，我怎麼知道他是不是真的馬共？我在勿洞找到一個來自實兆遠的人，他認識我的阿公，從他口中我才知道，他（阿公）真的是馬共！也才知原來在40年代、50年代的馬共，有些被驅逐回中國。我就奇怪，為什麼這些事我完全都不知道，也從來沒聽過。從這裡開始，我才真正地接觸這些老馬共。我把紀錄片的故事延伸，往香港、中國廣州等地取材，所以《不即不離》花了五年的時間才完成。

魏：

　　追溯家族記憶的連結，必須有一個開始。縱然那可能在家庭記憶裡，是一個比較負面的印象，可是它打開了記憶入口，走進去梳理的，不僅僅是家族的歷史記憶，也和大時代的歷史連接。我們請婉明接著來談。

「僞第三代」的身分認知

潘婉明：（以下稱「潘」）：

　　大家好。第一個環節我談一下我和克發的共同點與差異。首先

是有關「馬共後代」這個身分。我在1985年以前，其實跟馬共的人、「馬共」這個詞沒有任何相關的。那一年我的外婆、外公相繼去世。外婆去世後，外公病重時才告訴我媽媽，原來她不是他們親生的。外公去世前，他就讓我媽媽去聯繫自己的親生父親，他提供資料讓她自己去聯絡。經過好多次的確認之後，我媽媽終於認回她的生父。我媽媽是1946年底出生，1946年底其實戰爭已經結束一年了，但是她的爸爸並沒有回家。他是沒有復員的抗日軍，那麼我可以合理猜測他是有馬共背景的。當時我外婆已經有兩個孩子了，生下第三個女兒時，在丈夫不在家的情況下，沒有能力撫養這個孩子。剛好林姓鄰居的哥哥想要抱養一個女嬰，她就把小嬰兒送給鄰居的哥哥，所以她知道孩子的去向。後來她的丈夫回來聽說了，似乎受到不小的打擊：「我的小孩就這樣被抱走了！我連自己的家庭我都顧不到，我還顧得上革命嗎？」他就此脫離了組織。

那時候是1946、1947年，馬共正處於合法階段，他根據正常的程序脫離了組織。他想要找回他的女兒，可是我的林姓外公外婆聽說小孩的爸爸回來了，擔心小孩會被抱回去，就趕快抱著我媽媽從遙遠的新山跑到怡保，一方面是謀生，一方面也是逃走。從此我的馬共外公就和我媽媽失聯了，將近四十年後他們才相認，那已經是1985、1986年了。那時候我是小學畢業的年齡。我媽媽的親生父親脫離馬共後，1960年代在新山發跡成為一名富商，因此他自始至終沒有承認過自己是馬共。他很自豪自己參加過抗日軍，但他對馬共的背景隻字不提，始終沒有承認過這個身分，即便是私底下也裝聾作啞。

事實上在我的情感上，我也從來沒有承認過他是外公。我和他的關係僅僅是擁有血緣關係的陌生人，因此我從來就沒有自我定位為馬共的後代。當初月萍找我跟克發對談時，也沒有提到是「馬共

後代」的對話，一直到我看到她的文案後才知道這個主題。嗯，我花了一點時間來消化這個身分。

不過，過去這一兩年我比較接受這個血緣關係了。2015年當我外公去世時，包括我先生和我剛出生的女兒的名字都進入他的訃聞，我才意識到，即使我在日常的抗拒和不往來，也抹除不了這個血緣的連結。過去我比較不跟外界透露這一層關係，但自從訃聞出來之後，我就好像被發現了一樣，再也沒辦法迴避了。不過我對於「後代」這個身分從來沒有包袱，我一直都是以歷史學者身分做研究。

其實「後代」這個身分對我來說，可能更不利，反而有危害。我沒有辦法像克發一樣，他開宗明義在影片裡，用畫面、用旁白去確認他的馬共祖父的身分。在我很有限的資料裡，我這個「疑似」馬共出身的外公，在家族裡面，可能只有我一個人這樣認定而已。我是通過他當時的組織關係來臆測。日據時期領導他的地區的抗日軍指揮，是後來很著名的馬共叛徒何浪。何浪出賣同志領取大筆「獎賞」，據說也跟朋友從商去了。我不確定他的「朋友」包不包括這位發跡了的前部下，但是我保持合理懷疑的態度。我的外公即使在馬共合法時期，通過正常的程序脫離組織，但他在後來的經商歲月裡，有沒有間接做出對不起這場革命的事，其實我不太敢說。從這個疑慮著眼，其實我不太確定自己是馬共的後代，還是馬共叛徒的後代。就這個角度而言，我是「偽第三代」。我母親和她的生父相認的故事，在我的成長過程中構成很大的衝擊、帶出很多衝突，那些人性的陰暗面、家族的勾心鬥角，即使與歷史無關，也為我的成長歲月增添不少苦澀。或者可以這麼說，如果克發拍的家族史是紀錄片，那麼我們家上演的就是狗血劇。

魏：

當初找婉明談「馬共後代」，主要是婉明在田野當中接觸很多馬共的後代，我沒有真正認定婉明自己是馬共的後代。這是一個意外、微妙的收穫，反而讓婉明重新梳理自己和馬共後代的身分關聯。每個人進入馬共的家族記憶，有很不一樣的原因，或是主動或是被動。克發強烈的追尋動力，不僅僅在於他要瞭解他阿公是不是馬共，也出自於對自己國家歷史的思考。另一個動因，就是和父親的關係。在《不即不離》影片，克發一開始便坦白說，他有一個不負責任的父親，在追尋家族歷史之餘，他有意要修補他和父親的關係，同時幫他父親去尋找他父親。這是非常有趣的，當克發從個人角度去修補和父親的關係，反而變成自己和過去斷裂歷史的修復，想請克發談一談，父親在這當中給你的動力是什麼？

以影像來看歷史

廖：

這部片子一開始談的就是我和我父親之間很惡劣的關係。去年在新加坡國際電影節放映時，我父親還沒有看過這部片子，他在現場第一次看，還好他看完我沒有被打。

我和我父親的關係很惡劣，我記得我第一次拍攝我父親的時候，當我問他：「你爸爸是馬共？」、「你沒有爸爸這件事情的感受是什麼？」他當下的反應和我的想像不同。我本來想像他有點壓抑、有點難過——「你沒有爸爸、你從小沒有爸爸」，但他當下的反應是笑的，「我就沒有爸爸，很正常啊」。我是有點震撼。一個從小沒有爸爸的人，為什麼會對「沒有爸爸」這件事可以如此坦然接受？他和我說：「身邊很多人都是這樣的啊」。他不是有了爸爸、失去爸爸，他是從來就沒有，所以不知道沒有的痛苦。他認為這是

理所當然的、很正常的。你可以說我是找個藉口，或是想要找個方式和我爸爸和解，幫他找他的爸爸。我想像在我爸爸的腦海中、記憶庫裡面，怎樣才是一個有爸爸的家庭？他想像不出來，怎樣才是一個好爸爸？他的身邊也看不到這樣的例子。

我不是因為對馬共這個議題感興趣，而特地去拍馬共，我純粹只是因為我阿公是馬共。如果今天我的阿公是當年在新村的home guard，我也許拍的就是home guard。如果當年他是加入英軍的僱傭兵，我可能拍的就是僱傭兵。像我剛剛提到的，有時我和外國朋友交流的時候，我們對過去的盲目、茫然、麻木、沒有感覺，覺得理所當然。不管你的祖父是馬共或者是對抗馬共的、或者是如何加入那個大時代，我們覺得「不知道」好像是一件可以被接受、很正常的事情。我常在說，《不即不離》並不是完整的，它不足以完整說明整個時代。

我是以影像創作的方式來看歷史。對我來說歷史不是由上往下，它應該是由下往上推。我們每個人能夠說得清楚的——你的出身、你的祖父在這片土地上做過什麼事、在這些年代經歷了什麼，細細碎碎的歷史才能建構一個大歷史。這是我想像的一個歷史。我拍《不即不離》最主要、直接的觀眾是我的侄女，我常常在想，就像我爸爸沒辦法和我說清楚「他的爸爸是誰」一樣，他講不出來那是什麼他就笑。我在想如果我有下一代的時候，我要怎麼和他說，我們曾經在馬來亞，你的曾祖父是馬共？沒辦法和他說馬共到底爭取什麼，為什麼這個曾祖父不見了？所以我想讓下一代的人了解我們的家族曾經是怎麼樣的際遇。

我在拍攝過程中，常常覺得影像和文字會有一些差別。很多時候影像不是我決定這部片長什麼樣子，我會碰到不同的人，拍不同的人，但我不是一次訪問就決定在這部片子使用這段採訪的內容。

我常常會重複回去。我其實更想知道的是，被我拍的人，如果他有
能力的話，他想像這部片子是什麼樣子的？今天看到的《不即不離》
是我遇到了這些不同年代的馬共、不同年代的人的集合，他們也希
望片子是像這樣的。

西方想像的失敗者

　　這部片子拍了五年，前三年是沒有任何資金，沒有任何經費，
但我需要到中國、香港等地拍攝。還好因為工作的關係，我常常需
要到中國去拍攝，我就會多逗留一兩個星期，轉去我要拍攝的地方。
我是在這樣的情況下慢慢把它拍完。當我開始到國際平臺籌資——
因為影像成本很高，我需要籌資，我們有所謂紀錄片的創投，就是
你去提你的故事，然後各個國際平臺、電視平臺，像*National
Geographic*、*Discovery*這些平臺，電視臺會買或投資。在影像這一
塊，我必須說，當我開始去提案的時候，大家一聽到，都很有興趣，
他們說從來不知道除了中共以外，在亞洲還有其他的共產黨。他們
一開始很想要投資，說我給你錢拍，但是我必須說大家對亞洲的想
像仍存有刻板印象，還有在西方的想像下，他們會直接說，要改我
電影的題目。他們希望拍的是除了中共以外，失敗、淪落的共產黨；
他會希望這種影像的呈現，在森林裡面走失、慘敗的共產黨，用悲
慘的氣氛來拍故事。我必須老實說當時我去提這些project的時候，
遇到這樣的回饋，我當下不太能夠回應。
　　我遇到我拍攝的這些人，像影片中的珍姨，我會覺得我拍的這
些人不是老人。當他們開始講進森林的那一天時，他會突然變年輕。
他講他相信的某個東西時，站在你面前的那個人不是老人。講到激
動的時候，就拍桌子說：「再死一次也沒關係！」。這對我來說是

很震撼的。我受的教育是不要碰政治、不要談政治，歷史就讀中國歷史就好，馬來亞歷史課本也談得不是很深入。可是我拍這些人的時候，有一些精神層面的東西很感動我。我不能把他們拍成像西方頻道建議我拍的那樣，把他們拍成是一群失敗者。

魏：

謝謝克發。作為一個影像創作者，一個用鏡頭來拍攝歷史家族記憶的導演，怎麼樣去想像歷史？克發看到的歷史，不只是平面、文字的敘述，而是有表情、有聽覺，宛如一個年代鮮活呈現在面前。這是影像創作者進入歷史的方式。剛才克發也提到父親在他的生命經歷中，有很關鍵的位置，讓我聯想婉明的媽媽和缺席了近40年的「父親」重新見面，在這之前，她是如何想像她的父親？究竟是怎麼樣的情感狀態？婉明作為家族的第三代，尤其是一名女性，也身為母親，如何認知自己的母親對親生父親的情感？另一個問題是，很多時候在部隊裡出生的小孩，有好幾百個一生下來都被送出去領養，避免被政治部的人發現。有一些馬共後代，可能一生都沒有和父母親見面，或者見面後，他們又消失了。無論馬共以怎麼樣的動機——革命也好，抗日也好，他們離開了家庭，便沒有辦法扮演父親、母親的角色，對後來的後代（二代、三代也好），到底有什麼樣的影響？

沒有一個整體的馬共二代

潘：

謝謝月萍。關於我媽媽對父親的認知，我覺得應該是可以這麼說的——我媽媽從來沒有面對「父親缺席」的問題。她雖然是一名養女，但是用我舅舅的話，也就是她的異父異母哥哥的說法，我媽

媽其實是一個「如珠如寶」的養女，她的養父母非常地疼惜她，他們甚至非常非常地疼愛我這個外孫女！因此我媽媽沒有面對「父親缺席」或者「家庭殘缺」的遺憾。反而是她突然多了一個親生父親，要怎麼去面對這樣的局面是很困難的。就我的觀察，她對生父是既陌生又畏怯的，她來到一個豪門大宅，面對一眾素未謀面的親屬，有和善的，有不歡迎的，她其實不知道要如何應對。這幾十年來，她跟「家人」客客氣氣、小心翼翼地相處，對方也在觀望這些認祖歸宗的「外來者」。我看這些人的互動，從當年到現今，充斥形式化和展演性，真假難辯。

魏：

婉明接觸過很多馬共女戰士，不知道後來馬共的女戰士有沒有跟她們的後代相聚在一起，還是保持著分離的狀態？

潘：

馬共女戰士可以分為很多個世代，因為戰鬥跨越的時間很長，從1940年代抗日到1989年解除武裝，甚至更早在1930年代後期支持中國抗戰就開始了。馬共簽訂和平協定下山之後，其實也不是結束，它繼續發展、演變到今天。「和平」（馬共常用術語，指1989年簽訂的和平協議）後的1990年代又有一批真正的馬共後代，在正常社會出生成長，現在大概是20多歲已成年的一代，他們的成長故事也值得關注。馬共歷史的地域跨度也很大，從本土馬來亞到馬來西亞、到新加坡，又流亡到印尼，期間有不少人被驅逐到中國，再輾轉來到香港或澳門。他們的部隊北撤到泰國邊境，其間又有突擊隊南下，在馬來西亞境內活動。所以要談這些女戰士和她們子女的故事，須分不同年代來談。比如說在1940年代的戰後，的確有不少馬共女戰士就像克發影片中那位珍阿姨，生了小孩之後把他留在馬來亞，獨自或夫妻倆回到中國去。這其中什麼原因都有，有去治病的，有去

尋夫的，也有投奔中國的革命，想在新中國成立後回國建設的；有
些人是在馬來亞的鬥爭中遇到挫折，或被通緝就趁機回國。我也讀
過馬共女戰士在緊急狀態時期被捕，然後在獄中生產、養育小孩的
材料。這些在戰鬥中出生的小孩，有的交還給家人照顧，有的被放
在路邊任由民眾抱養，或由撿到的民眾送到警察局轉交福利部。一
些母親被捕後再被驅逐出境，所以小孩也可能會帶著離開，有的母
親只能帶走其中一些子女，不能帶走所有小孩，但一些幹部子女或
烈士遺族，可能會在組織的安排下，輾轉去到北京接受黨的栽培，
在北京成長及受教育。

　　到了1960、70年代，許多女戰士都有在部隊裡懷孕生小孩的經
驗，小孩出生後馬上送出去農村交給群眾領養。然而我也遇過反其
道而行的例子。有幾位女戰士，她們捨棄了家裡的孩子，因為各種
不同的原因，選擇上隊參加武裝鬥爭。至於她們相認的故事，也是
很複雜，比如在部隊裡懷的孩子，出生後馬上被送走，由於當時他
們駐紮在泰國邊境，所以領養孩子的大多數是泰國農村的民眾。孩
子雖然流著華人的血，但他們卻被養育成一個泰國孩子。1989年簽
訂和平協議下山以後，許多馬共戰士都去找孩子了，因此我們有很
多父母子女相認的故事，有的圓滿，有的留下很多悔恨。事實上很
多都找得到，但父母和子女在語言上已經無法溝通。加上許多養父
母對自己的孩子很好，所以也沒辦法要回來。

　　那些比較年輕的世代，比如在1989年下山時還不滿40歲的女戰
士，她們下山後陸續生了孩子。我接觸過這些孩子，但一直沒有機
會做訪問，所以我不太瞭解這一代的馬共後代的情況，大致上他們
對父母的經歷認識很少，好奇但沒有管道了解更多。不過我有遇過
一位女戰士，她的女兒就是1970年代在森林裡出生之後抱出來的，
1990年代她返馬定居後，在偶然的情況下聽到女兒的下落，後來也

聯繫上了，但是小孩不能接受自己被拋棄的身世。這個女兒長大結婚之後，在新加坡生活，我曾經代替這位女戰士寫一封信給她的女兒，我不是要為她的父母說項，而是說：「如果你想要瞭解那一段歷史，想要瞭解你的父母為什麼在那個時代作出那樣的選擇，你可以聯繫我」。我覺得這是給大家一個機會，透過這段歷史去認識彼此。可惜的是，沒有下文。我也有碰過一些馬共或左派二代的小孩，因為馬來西亞後來的發展，整個歷史、政治、經濟、社會的發展，導致他們有更激進的、更進步的想法。他們認為那些自認為很進步的馬共或左派的父母，其實還滯留在他們自己的時代裡，是很落後的。這裡面有很多複雜的狀況，所以沒有一個整體的所謂馬共二代的畫面，起碼在我的研究裡是這樣的。

「家」與馬來亞夢的牽絆

魏：

謝謝婉明的提醒，在談馬共後代的時候，需要劃分不同的世代。不同的世代對自己的家族記憶和認同情感，都很不一樣。這讓我想起，去年我到前馬來馬共居住的蘇基林村，遇到馬來馬共領袖的女兒小紅，她是馬共二代。她曾到中國湖南的革命之聲工作，會講馬來語、華語、泰語。可是來到馬共的第三代，小紅已上大學的女兒，主要是講馬來語和泰語。另外觀察到的有趣現象是，村子裡的電視，幾乎都收看馬來西亞國營的電視臺。他們認同馬來亞，把馬來亞視為家；可是對他們的後代來說，馬來亞是久遠的事，他們認同的是泰國這個地方。

過去馬共長期在森林裡生活，森林就是他們的家。每個人有不同對於「家」的認知。《不即不離》裡也反映「馬來亞夢」的存在。

一位已經回去中國居住的前馬共提到說：「我都夢到我回來馬來亞吃咖哩。」這個是食物的牽連，對馬來亞也有很深的牽絆。新加坡獨立歷史研究者孔莉莎（Hong Lysa）曾寫過一篇文章討論「馬來亞夢」和「新加坡夢魘」之間的張力，因為有一位英語評論作者批評馬來亞夢只是一種懷舊。

廖：

　　在那個年代，「馬來亞夢」可以說是一個政治理想、一個想像、完美的一個「國家」。一直到現在，我拍他們的時候，談到馬來亞的時候，感覺有一種鄉愁的東西。馬來亞不單單只是一個政治理想，還包括他見不到的家人，見不到的家鄉的一個感覺。例如《不即不離》中訪問的廣州華僑博物館的館長，他已經在說北京腔了，可是他想念的另一個家鄉，是霹靂州的木歪。這種鄉愁會傳承到下一代。海外華人的鄉愁到底認同哪裡，這也是我接下來想要發展的事。它其實不只是你所謂的祖籍問題，就是我們把鄉愁放在中國，放在中華民國，後來的新中國，還是放在本土。在鄉愁這一塊，其實非常多元，而且相當複雜。我沒辦法斷論一個很大的範圍來講馬來亞夢，但是為什麼我的片子的結局要在那個地方？是我自己有意選擇要那樣。

　　我爸爸片子裡談到的那個家，就是我祖父的家。我阿公是在家的後院被打死的，他是從家裡逃出去，被英軍打死的。英軍帶著屍體回來，想要確認我們是不是他的家人。我的阿嫲，其實有看到我阿公的屍體，但是我阿嫲她不能哭，她一哭，就會曝露我們是她的家人。我爸爸對這事沒印象，他那時只有三歲。那個家在Sitiawan一個叫Lotong的地方，Lotong今天已經變成一個油棕園區。沒有拍攝這部片子的話，我爸爸不會再走進那片油棕園，找那個家在哪裡。是我陪他，帶他去找這個家。

　　去找家的這個動作，比是不是還有這個家更重要。我們在油棕園裡面繞來繞去，他說不準他的家到底在哪個地方。最後，他說應該是這裡，我其實看出他有點在騙我。可能真的就認不出來，他就覺得，好，就是這裡了。片子結尾的那個動作，不是特意安排的。我拍攝時，他突然走到那個地方，摘了一小截的植物，聞一聞，好像找到什麼，片子就結束了。找家的意義就在這裡。

潘：

　　不久前我幫馬共作家海凡先生的小說集《可口的饑餓》寫了序。我的題目是〈游擊是生活，部隊為家〉。對游擊隊而言，森林就是馬共的家。對於離散的馬共，或者流亡在異地的馬共，比如說他們流亡在泰國，或者流亡在印尼，某種程度上，「馬來亞」是他們實質的祖國，因為在文化意義上，這兩個流亡地的國家，跟他們沒有實際上的聯繫。但是如果在中國或澳門的話，「馬來亞」其實是一個精神家園，可以通過食物啊、語言啊，或者是某種想像的族群和諧，作為他們的連接。克發的片子很充分地表達了這些情感。比如說他們煮咖哩啊、分食一點點榴槤啊、他們夢見「馬來亞」啊，等等。事實上，他們也同時在唱《松花江》。我們一般來說是中國南方閩粵地區的移民後裔，《松花江》即使在當年的南洋僑民的認識裡，其實也是不熟悉的北方地理。他們同時也在回應抗日，從投身南僑機工，到籌賑抗日經費，這些支持都是向著中國的。他們對本土鬥爭失望的時候，當新中國成立的時候，他們也熱烈地投奔祖國的懷抱去建設中國。這些錯亂並置在他們的身上，一點都不衝突。對他們來說，他們自然能消化掉，或者化解掉這些內在的矛盾。「馬來亞」和「祖國」，這些概念其實是流動的，糾結在一起，非常的複雜。我認為，「馬來亞」夢其實不是一個夢而已，而是「複數」的夢，是要加s的，是要在不同的場合用不同的對象來連接的，可能

是地理的，可能是語言的，可能是食物等等。

魏：

　　從大量的研究文獻進行考察，可知對馬來亞或馬來亞夢有非常多元的解釋。這些多元的解釋，大多來自歷史研究，馬共本身怎麼去理解，或許有不一樣的內涵。有時候讀馬來亞或者馬來亞夢，了解它的確不僅僅只是一個政治理想，引發追問的是，這個政治理想裡到底是什麼內容？接下來請克發和婉明互相提問。

兩個版本的大歷史轉向

潘：

　　我和克發很不同的地方，就是我對影像非常不敏感，也不喜歡電影。我看《不即不離》這部紀錄片，純粹是從歷史學者的角度，像閱讀文獻一樣地觀賞。我看過這部紀錄片較早的一個版本，我感覺克發始終是以追求答案為動機的。那其實是一個很個人的出發點，就是要追尋父親缺席的答案。但是你父親的缺席可以歸因到他父親的缺席嗎？這個是有疑問的。我個人覺得有一點牽強。如果說家族的父子兩代的命運緊緊地牽連在一起，互相影響著對方，比如說父子都是投共的，又比如說父親或者孩子投共以後，牽連到另外一人，左右了他後來的命運軌跡，這樣的話，「缺席論」就比較可能成立。但是這個答案，是以「死亡」作為缺席的理由，以父親因為成長經驗裡沒有幸福家庭的想像，進而成為一個失責的父親。如果我找到的答案是這個，恐怕不能令我釋懷。

　　另外一個問題是，關於兩個版本之間的大歷史轉向。我和克發有一個共同點是，無論是用影像或是文字來關懷馬共，我們關懷的是小歷史，從小歷史著手。不過我們實踐的路數不一樣。我關注的

小歷史是個人生命史，個人與個人之間的情感流動及各種變數。在馬共歷史的研究裡，過去長期以來是以軍事政治史為主導，是一個很鮮明的大歷史框架。但我認為注入女戰士的角色，不僅僅可以讓馬共的歷史圖像更完整，也可以讓我們對馬共這場鬥爭有不一樣的理解，有別於槍林彈雨啊、英勇殺敵啊這些雄性畫面，有更多男性敘事以外的其他可能性。

我看過《不即不離》的第一個版本，那是一個比較沒有歷史含量的版本，主要是從兩位祖母的個人生命經驗出發，向兩位女性致敬的作品。另外，我在其他地方也讀過克發接受訪問時表示，他不會用大歷史或者大的政治立場來套用在馬共身上。但是我觀看這部影片的印象，《不即不離》兩個不同的版本，恰恰出現了一個大歷史的轉移。之前的版本是兩個母親的故事，現在變成兩個父親的故事；在之前的故事中，馬共只是一個缺席者的身分，純屬故事的背景，但現在馬共已經成為全影片最核心的框架；在之前的版本，馬共只是一張沒有名字的畫像，到了第二個版本，馬共大歷史的英勇和悲壯，全部都投射在這張畫像的主人身上了。

針對大歷史的部分，我還有幾個觀察。在第一個版本，克發處理了兩位刻苦耐勞、含辛茹苦養育子女成人的祖母，而祖父的角色是負面、不顧家的，用克發姑姑的話來講，就是「一個好好的人做麼不去做，去參加那個馬共做什麼？」就是這樣一個不負責任的男人。這個男人在家缺席就算了，他還早早死了，給妻子留下一屋子的小孩、一輩子的恨。但是在第二個版本裡，核心轉移了，向兩個女人致敬的議程淡化了，甚至外婆的角色消失了，而祖父從一個不負責任、不顧家的缺席的男人，轉移到為理想付出生命、形象高大的革命義士。克發把家族的故事放到一個更大的歷史框架裡，完全聚焦在男性在大時代的變局中所扮演的正面的社會角色。然而我感

覺克發對祖父的印象還是很蒼白的。如果我沒有記錯，紀錄片的第二個版本，仍舊沒有出現祖父的名字和他的其他背景資料。我想知道他到底屬於哪一個世代的馬共，他是哪一年出生的，我必須透過全片的其他訊息才能拼湊出來。比如說他在1948年被打死時是29歲，那他應該就是1919年出生的，他參加抗日軍時是22、23歲，抗日結束時他沒有馬上回家，這一點和我外公一樣。我外公是1918年出生的，戰後復員了他也沒有回家，這也是他應該是馬共秘密成員無誤的側面證據。在計算出這些之後，我才比較有概念。

由於大歷史的轉向，祖父的形象大翻盤，父親的態度也轉變了。原本在第一版本裡，父親一問三不知，對自己的父親也完全沒有印象，但是在第二個版本裡，他突然清楚地指出他爸爸所領導的地盤。他在笆（森林）裡焚燒紙錢時，指著一片土地說：「以前這邊領導就是我們的公公。」這個時候，祖父不只是一個馬共，他還昇華到馬共領袖。雖然這樣的敘事在男性敘事策略裡很常見，因為這樣才能彰顯大歷史的張力，但是這個相當兩極化的翻盤，我想瞭解克發是怎麼看待他在製作這兩個版本之間的轉變。

廖：

第一個問題是關於父親釋懷的部分，當然大家看這部片子的時候會覺得，我試圖用這部片子和我父親修復關係。但也不至於拍了一部片子就釋懷。只是我們做了一些事，帶他去找他的家，我不覺得透過這部片子真的和父親釋懷了。當然你說一個爸爸不在，他對他的影響，我覺得當然也可以說是，即我剛有提到的——其實是我在找藉口，解釋為什麼他是一個失敗的父親。這個藉口未必是合理的，甚至我自己覺得它不一定需要合理，我只是要找一個可以接受父親的反思。

因為是紀錄片，我考慮的不只是針對馬來西亞觀眾或者是新馬

觀眾,還要針對完全不知道馬來西亞的人,完全沒有聽過馬共的人。為什麼會有兩個版本?最早一個40分鐘的版本,後來是另一個90分鐘的版本。40分鐘的版本,是我最早要拿去想辦法籌資的版本。在那個版本裡,我本來就設想了要在長版加入歷史的背景,會闡述一些歷史。因為那是在40分鐘的篇幅裡面所無法達到的。原因是在東南亞製作紀錄片,有很大的一個弱勢,我們根本沒有很多的影像素材,所有的版權都不在東南亞的機構組織。90分鐘版本裡的所有歷史畫面,都是從荷蘭或是從澳洲買的。

本來我有一個要用的20多秒的日本老影像素材,我要講當年抗日時,日侵時的種族關係──馬來人跟華人的種族關係,究竟日本人怎麼樣影響種族關係。然後我找到一部……其實當年日本第一部動畫長片畫的是馬來亞,畫的是他們怎麼樣地進到馬來亞,在馬來人的協助下,有點像是趕走欺負馬來人的華人。在那部動畫有畫出這樣一個場景。那部動畫其實是畫給他們日本軍國主義的宣導片,是給小朋友看的。我想用那個動畫來講抗日。當我們和日本電影公司談版權,但他們以不說明的理由,說不賣給我。很多這些老影像的掌握權不在我們身上,在畫面上,在影像上,我們的話語權是非常弱的。我找到的歷史畫面,雖然英國也可以買得到,但我是從一個荷蘭的攝影師身上買到的,那個攝影師,其實是當年英國聘請來專門拍攝反共的歷史畫面的人。

在反共這件事情上,馬來亞的反共影像走在非常前面。馬來亞製片組(Malayan Film Unit)可以說是全亞洲最精英,且擁有最尖端的攝影器材。他們製作非常多灌輸說共產黨是非常邪惡,以及充滿種族色彩的影像。當今天我們想看另一面的影像的時候,幾乎是沒有的,或相對的沒有那麼完善的保存。當我要用影像講述另外一面事情的時候,資源上是非常非常貧弱。

從我的阿嫲跟外婆，到我的爸爸和阿公的轉向，我自己是沒有意識的。我後來決定用我爸爸來開場，其實是在我已經完全拍完，要剪接的時候才決定的事情。那時，才決定用這樣的一個方式導入。我可以回答的是，我把外婆的部分去掉的其中一個原因是，人物的關係對觀眾非常複雜。原來的90分鐘版本最開始的長度是3個小時，談的東西更多，真的是很歷史大敘事，然後有外婆啊什麼，也試著給觀眾看過的。那個完全行不通，大家在進入這個影像的時候，會有很多的困難，最主要是把外婆和阿嫲混淆，我才選擇單邊的父親角色。

女戰士的戰鬥理念

對於女戰士，尤其是我拍住在廣州珍姨的時候，她給我個人生命衝擊是蠻大的。一開始拍她，她非常防範，說話很保留。尤其是拋棄小孩那一段，是我去了好多次以後，她才願意說的。我常常講，其實我拍一個訪問，只需要一個上午的時間，可是我常常在想我拍完以後，她們都要痛上一兩個多月。有些事她們其實不太想重新記憶。我訪珍姨時，就提到說：「珍姨，你以前是不是有個小孩在馬來西亞？」她假裝完全沒聽到我說的話，繼續說其他的東西。我重複去了幾次，有一天我跟她一起在用餐時，我在吃的時候，突然間她就轉過頭說：「我真的有那個小孩，然後我曾經把他拋棄在那邊。」我覺得對著鏡頭說這件事，是需要很大的勇氣。

拍一個人的黑暗面或是痛苦面，觀眾或影展都喜歡看。當一個人對你的鏡頭說了一些秘密的時候，對這導演來說，不代表你就擁有那個素材，不代表你就能用了。例如像珍姨，她跟我說拋棄小孩，我不會就決定說馬上要用。我還會再回去見她，她也許會後悔。我

覺得寫文字和在畫面上說，是很不一樣的事。通常我回去的時候，會試探她的語氣，確定她是願意曝光的，然後我才真的用在片子裡。我也有拍其他的老馬共，他們有時講的東西其實很激動，更能夠引起別人的共鳴，但是也有些是後來他們跟我說，他們決定不用，我就不用。

當我拍珍姨的時候，我會有一種內疚感，會不斷想為什麼我能夠用這個故事。還有影片裡一凡的太太，阿姨，當我重新回去要拍被送走孩子的照片時，我覺得她看我的眼神，有一點是在譴責我，有一種為什麼你要回來拍我送走的孩子的感覺。其實在我的心裡面，這些女性是很堅強的，男戰士為了政治理念去戰鬥，女戰士她送走孩子是另外一件事情，它牽扯到很多個人的情感。

片子裡面有一位戴帽子的葉老，比較讓我痛心的是，葉老所有的影像都是在公共花園拍的。我不能去他的家，為什麼我不能去他的家？因為他其實是不和他的兒子說當年他在馬來亞的事情。我去他家的時候，他就要把我帶到公共花園，然後我才能拍攝他。他從抗日時期就開始加入，然後後來抗英又加入，奮鬥了那麼多年。文革時期也遭到批鬥，然後又跑到香港。他不能和他的兒子說他做過這些事。我不知道是不是，我會覺得好像我欠了他一些東西。

魏：

補充一點，馬來亞製作組是在殖民地政府時期的影像機構，它製作很多反共的影像，有些甚至是配上不同的方言，在不同的新村播放。馬來亞製作組是馬來西亞國家影片部的前身。有關兩個版本的問題，婉明看得非常仔細，也有犀利的見解。從克發的發言，可知無論是影像創作者還是歷史學者，面對採訪素材，總有一個複雜的考量與選擇過程。不是說今天拍到什麼、看到什麼材料，就是一個證明。克發有要向婉明提問嗎？

廖：

　　婉明很早投入田野調查，涉獵的田野範圍也比較大，想請婉明分享在田野調查中的女戰士的故事。以我本身的經驗，我採訪的時候，比較願意談個人生命史的都是女戰士。你是有策略性地要去找不同階段的女戰士，挖掘不同面向的嗎？

潘：

　　這其實可以歸納到男性、女性敘事策略的角度來討論。過去十年，我持續在馬來西亞、新加坡、泰國南部、香港、廣州等地做田野，接觸過不同背景的女戰士，不同世代有不同的故事。的確，家族的歷史和記憶，常常都通過女性來傳承，她們比男性更勇於面對過去的傷痛和苦難。

　　我一開始做研究，就是以女戰士為對象的。但是我不能說：「好，我現在就進去馬共的田野，就直接去找女戰士的阿姨們、奶奶們！」我必須得通過一個一個守門人，要先拜碼頭，而這些碼頭都是由男性主導的。當初進入田野時，一開始我拿到五位女戰士的電話，我一一打電話去，結果全軍覆沒，沒有人願意理會我。她們提出各種各樣的理由，有的說她最近很忙，有的說她不認識我她為什麼要跟我說呢？即使提供我電話號碼的老左，是她們聽過的、知道的人，但她們還是覺得這個背書太薄弱了。後來我去跟這位老左反映：「你給我的電話都沒有用，她們沒辦法信任我。」於是他帶我去見一位真正的馬共，是男性，是馬共主流派的一位人物，負責馬共出版工作的人。我跟他見面的時候，他給我上了一堂馬共正統歷史論述課，同時也檢驗我的背景、我的研究動機是什麼。經過他的審查，確認沒有疑問之後，我的田野就比較順利地展開了。

　　我進入馬共的田野是在2007、2008年之際，那時候正值緊急狀態頒布60周年，各州都有很多紀念活動。我經常受到他們的邀請去

參加，進行參與觀察。他們大部分是上了年紀的人，缺乏資源，尤其缺乏人力，也缺少器材。我是一個自己闖入的年輕人力，也有器材，我就負責幫他們拍攝活動照、做現場錄影，會後我提供他們備份，同時我自己也可以保留一分。在多次互動往來之後，我們建立起比較穩固的信賴關係。這時候，女性就漸漸出現了。

女性通常不是聽說了誰介紹你來採訪，她們就欣然接受，然後正式跟你對話。她們其實並不熟悉那麼「公共」的方式。一開始互動，可能只是出於好奇。她們常常看到我在她們面前晃來晃去，久而久之熟了我的存在，願意放下心防來聊天。但她們的敘事很多都與正統歷史無關，都是她們自認為「不重要」的事。女性敘事常常是斷裂的、沒有時間順序的，有時候她們甚至不能告訴我那是哪一年發生的事。她們記事與敘事的習慣是以事與事為連接的，比如說發生這件事之前或之後發生過甚麼重大事件，我要自己計算日期。她們接受我的訪問，跟我聊著聊著，有時候會忘記我是研究者的身分，尤其是我沒有拿這麼龐大的器材在她們面前扛著，我就是很低調地在我的脖子上掛著錄音筆。不過一支小小的錄音筆，有時還是會讓她們退縮，在談話的關鍵，如比評論到歷史、談到個人或他人的隱私，她們會停頓，交待我不能寫。

怎樣才能讓她們盡可能安心發言？通常我會承諾，日後我會把我們之間這些對話謄成稿，寄給她們看看，如果她們覺得有疑慮的、不同意的，我就不會採用。雖然我後來廣泛地進入田野之後，很多時候都沒有辦法兌現承諾。有些人當下就表示開放使用，但有時候是來不及把謄稿整理好，對方就去世了，也有一些人失聯了。但是這樣子的承諾，我自己是銘記在心，自己拿捏分寸。我認為研究者「為受訪者諱」，並不會損及歷史的原貌，那些不必要的「爆料」也不見得會更接近歷史真實，這其實是田野倫理的問題。我以一個

研究者的身分進入田野，沒有帶著任何「馬共後代」的包袱，我期許自己是一個恪守田野倫理的研究者，不要成為負面教材，影響下一個研究者進入同一個田野。但是衝擊我最大的反而是走入馬共田野以後，面對龐大的真誠與善意，要如何拿捏研究者與被研究對象之間的個人情感的分際。我剛才聽克發的談話，覺得克發也有謹守田野倫理，小心拿捏田野的界限。

魏：

今天聽兩位真摯、坦誠的分享，談了許多有關自身和馬共的連結以及對馬共後代的思考，收穫很豐富。謝謝！

廖克發，出生於馬來西亞實兆遠。曾就讀於國立新加坡大學商業學系，2011年畢業於國立台灣藝術大學電影系。其作品屢獲國際獎項。近期作品《不即不離》追溯祖父馬共身分的家族歷史，在新加坡國際影展獲最佳觀眾票選獎、入選釜山國際影展超廣角亞洲競賽等。

潘婉明，自由撰稿人、專欄作者。曾就讀於政治大學歷史系、暨南國際大學歷史研究所，現為新加坡國立大學中文系博士候選人。研究興趣包括馬共歷史、華人新村、左翼文藝與性別關係。著有《一個新村，一種華人——重建馬來（西）亞華人新村的集體記憶》。

魏月萍，研究關懷為中國思想史、新馬歷史與文學。尤其關注文學公民、華文左翼文學與馬來馬共歷史與思想等議題。著作：《君師道合：晚明儒者的三教合一論述》（2016）；合編《東南亞與東北亞儒學的建構與實踐》（2016）、《重返馬來亞：政治與歷史思想》（2017）等書。

思想
評論

五星旗下香港的法治危機

吳靄儀

引言：香港特區的政治架構

　　香港政府制度沒有「三權分立」之名，但《基本法》將行政、立法、司法三權清楚分開，香港法庭屢次確定「權力分立」（separation of powers）是《基本法》訂立的政治架構，也是香港沿襲的普通法制Common Law之下的基本原則。香港的法治與三權分立不可分割。

　　香港沒有民主，充其量只可說是擁有局部議席由民主選舉產生的立法機關，特區的立法會只享有不完整的立法權，大體上只能通過、修改或否決政府提出的法律草案。由於議會的組成及選舉方式先天性的不公平，令民主派難以取得大多數議席。因此，民主運動的抗爭對象不獨是特區政府和它背後的北京政權，同時也要在立法議會內對抗穩占大多數的「建制派」。

　　基於歷史因素，香港沿襲英國普通法制，在過去180年一直享有相對完善的法律制度和法治。法治的延續，公認是香港的繁榮穩定和保障原有生活方式不變的基石。在三權之中，只有司法機關長期擁有最高的公信力。民主運動中人，跟一般香港市民大眾一樣，信賴法庭能無畏無懼，不偏不倚維護基本人權和自由，信賴法治作為

香港最後的防線。

　　然而，自雨傘運動以來，香港的法治狀況起了重大變化，在社會上引起了前所未見的爭議，令不少人憂慮法律和司法程序已淪為當權者手中壓制反對聲音的工具，香港法治已岌岌可危。

　　特區政府的態度和行動，是推動這個改變的主要力量，而上屆特首梁振英在台前幕後都扮演了重要的角色，配合中共中央宣傳「以法治國」的口號，將用「法」律作為管「治」人民的工具，代替了以法律約束國家權力、保障個人權利自由的「法治」。特區政府採取打壓爭取自由人權的行動，一邊強調政府是「依法辦事」，挑戰政府的抗爭才是「破壞法治」。「法治」的意義被說成市民要遵守法律、政府要嚴格執法，嚴懲觸犯法律的人，「法律」包括基本法──香港的「小憲法」──本來是保障人民權利的憲法，卻反過來變為限制人民自由的工具，於是反對任何基本法條文（例如主張「港獨」），或主張基本法沒有明文准許的安排（例如「公投」、「公民提名」），也變成違法，政府必須採取法律程序懲罰。基本法包括人大常委會對任何基本法條文所作的「解釋」（例如2016年11月7日對104條「宣誓就職」的「解釋」），成為政府行使公權對付抗爭者的根據。

　　在這個情況下，法庭的角色是關鍵。在基本法之下，法庭是特區唯一對法律行使解釋權的機關。如果法庭審理這些案件的結果對政府不利，政府就要三思；反之，政府就會變本加厲。所以在新形勢下，法庭成為主戰場，也成為中共中央最針對的對象。2009年，習近平訪港訓示特區高層，提出了「三權合作」論。2014年國務院發表「一國兩制白皮書」，正式提及特區法庭是特區管治團隊的一部分，必須「正確理解基本法」，審理案件要以國家的利益和發展為依歸。這些言論，動搖司法獨立的基礎，震撼香港法律界和國際

人士對一國兩制的信心。香港大律師公會即時發表聲明反對，但國家旨意已深入民間，令司法獨立蒙上陰影。

　　一個地區能否維持法治，行政、立法、司法三權各有責任，但最重要的因素是手握大權的政府是否堅守法治原則，自我約束。刑事檢控的主動權在行政機關手中，同時，政府跟常人一樣可以提民事訴訟。法庭則只有在政府或市民提出訴訟，入稟法庭時才能針對該宗訴訟行使司法權；而且，政府或任何個人提出了訴訟，法庭就必須按法律處理，別無選擇。

甚麼是法治？是誰的法治？

　　2014至2018年間，特區政府提出的司法程序，令數百名參與民主運動的市民被拘捕，其中不少被刑事檢控、定罪和懲處，包括即時入獄。雨傘運動清場過程中被指違反法庭禁制令因而被控刑事藐視法庭的有四十多人。2016年，雨傘運動後舉行第一屆立法會換屆選舉，有數名本土派參選者因政治立場被政府取消參選資格——這是香港以前從未發生過的。當選的議員之中，前後六名民主派議員遭政府入稟法庭，經人大釋法而被褫奪席位。2018年初，在填補其中空缺的補選中，又再有三名參選人因政見或所屬政治團體的宗旨而遭取消參選資格。隨後，法庭就因應2016年選舉中被取消參選資格的選舉呈請頒布裁決，裁定選舉主任取消他的資格為合法。2017年，上訴庭因應律政司司長的申請，加重三名學生領袖及13名抗爭者的刑罰，令他們即時入獄。這連串司法事件，不但令活躍參與民主運動人士付出沉重代價，更由於施加這些刑罰的是公眾賴以撐起法治的法庭，這些事件令民主運動的支持者對法治和司法獨立的信心動搖，憂慮法治已經變質，從保護、爭取民主自由人權，變成站

在威權的一方打壓民主運動，憂慮法官已被「染紅」，「法治已死」。

　　與此同時，配合中共中央管治步向威權的特區政府和建制派政治團體，卻擺出強硬維持法治的姿態。政府在收緊權力之際，同時加強霸占話語權，傳媒日趨順從。在這個時候，我們需要從基本原則重新釐清何謂法治，從而分析這些司法事件告訴我們，香港的法治面對甚麼危機，需要怎樣因應。

　　前任英國最高法院首席大法官、香港特別行政區終審法院非常任法官廖柏嘉勳爵（Lord David Neuberger），在去年一個公開講座講述法治的定義和重要性。他認為在21世紀，幾乎全世界公認「法治」的最低定義是社會由法律管治，而「法律」須起碼滿足下列條件：一、正當地通過（properly enacted）；二、清楚地表達（clearly expressed）；三、公眾能自由查閱（publicly accessible）；四、普遍得到遵守（generally obeyed）；五、真正能夠執行（genuinely enforceable）。他稱這種起碼的法治為「狹窄」或「淺薄」的法治，也可稱為'rule by law'——「以法管治」。這種起碼的法治的條件主要屬於程序性質，而不涉及實質內容。但「廣闊」、「深厚」的法治涵蓋更多，包括了實質的法律原則，例如在國際人權文件中列出的基本人權和自由——免受酷刑的自由、言論自由、信仰自由等等。然而，這種廣而厚的法治並不如狹而薄的法治那麼得到一致推行。他指出，香港特別行政區從成立的第一天，就藉《基本法》和人權法案明文的保障，得享「廣」「厚」定義的法治[1]。

　　這就是說，香港的法治包含在普通法原則及國際人權宣言之

1　"Judges, Access to Justice, the Rule of Law and the Court of Final Appeal under 'One Country, Two Systems'"香港大學法律系2017年9月13日講座：見香港特別行政區終審法院網頁 www.hkcfa.hk。

下，人人得而享有的人權和自由。特區政府常掛在口邊的純粹「跟足程序」、「依法辦事」所代表的「法治」，並不滿足香港奉行的法治條件。同一道理，「厚」法治的意識要貫徹在立法機關的行事方式和通過的法律中，也要成為司法機關處理案件的基本精神。這種精神不是公式化地將一些耳熟能詳的條文掛在口邊就算做到，而是關乎法律思想和人文精神，關乎來自大憲章及《權利宣言》的自由主義、憲法精神，人人有自主權，關乎法庭無畏無懼，監管政府行使公權力、維護個人自由的責任。普通法浩瀚的案例宗卷之中，充滿發揚這種精神和信念的判詞，作為古今典範。香港法治的強弱，視乎這些典範是否得到承傳。

　　廖柏嘉勳爵沒有特別評論中國大陸的制度是否已滿足「薄」法治的條件，但從他較詳細分析的五大條件看，其實中國大陸的「依法治國」連「薄」法治也難說做到，特別是第四和五項，因為他解釋道，法律必須一般來說得到遵守，不然法律就聲名狼藉；但要人民尊重而遵守法律，即使在一個非民主制度的社會，在政府和人民之間，也要有無形的「社會契約」或默契，不然政府也難以穩定維持。至於「真正能夠執行」，那必須包括法律給予人民的權利，能透過某些機制得到保障。如果人民的權利，無論面對其他人或對國家，實際上並不能保障，那就與無有權利無異。

　　換句話說，法律必須有認受性，而認受性一般來自事前的同意或默許；法律必須保障人民的權利，而這些受法律保障的權利，必須有實際可行的法庭程序或其他機制讓人民的權利真正得到保障。就這兩點而言，中國法制跟「法治」仍有重大距離。

　　中國大陸對法律和法治的看法截然不同。中國傳統思想不承認個人有自主權，「法」從上而下，管治和教化人民；馬克思主義認為法律只是控制人民的工具，按照大陸官員言論，享有政治權力的

機關視國家政策的需要而發出的命令等同於「法律」。最近的一個
清晰例子，關乎政府要在香港西九龍區設立內地機關和香港機關一
同在高鐵車站內執法的「一地兩檢」問題。基本法有明文規定，除
列於附件三之外，中國全國性法律不能在香港實施、內地官員在西
九龍執行中國法律顯然違反基本法。那麼「一地兩檢」有何法律理
據可以推行？2017年12月27日，人大常委會通過決定，批准一地兩
檢的安排。李飛被香港記者問到這個《決定》的作用時的解釋是，
全國人大常委會作出的決定，具有憲制性地位，具最高法律效力。
換句話說，人大常委的決定等同最高法律。

　　又例如，倡議「港獨」是不擁護基本法，香港眾志的綱領只提
香港「自決」，為何也令成員周庭被取消提名資格？李飛的回答是
「自決就是港獨，本質都是一樣的，都是違反基本法」。維護國家
完整，不容許任何人分裂國家是最高政策，推行政策的決定，在中
國大陸的「法治」理念，就與法律無異。這個看法，正好反映「權
力等於法律」，法律只是政權的命令，「法治」只是威權透過命令
發出的管治。法治的重心只在於誰人有權發施命令，不在於命令是
否符合法理或任何其他原則。

　　在「一國兩制」的構想之下，中國內地的法律和法治觀，本應
與香港特區的法律和法治分開。根據基本法，中國的一制不會影響
特區的一制。但基本法第158條訂明人大常委會對基本法有解釋權，
常委的解釋對特區法庭有約束力，便將兩制連繫起來[2]。

─────────────

2　根據《基本法》第158條，基本法的解釋權屬於全國人大常委會，
　　常委會授權香港特區法院在審理案件時對香港特區自治範圍內的
　　條款自行解釋，對其他條款亦可自行解釋，唯終審時若需要解釋對
　　基本法關於中央政府管理的事務和與特區關係的條款，而該條款的
　　解釋又影響到案件的判決，則在作出不可上訴的終極判決前，應由

　　釋法權的存在會不會影響香港的法治，要看中央是否動用，是否只在非常例外的情況下小心動用。不幸的是，中央自1999年起，再三動用釋法權，改變基本法條文的意義，推翻終審法院的裁決，干預特區還在審理中案件的裁決，每次都觸發香港人——特別是法律界——的激烈反對，但反對無效。法庭忠於基本法的規定，只能按照人大釋法判案；中央得心應手，於是更樂於行使釋法權，結果對香港法制干預日深。2016年的釋法是最直接干預特區法制的一次，對司法獨立的傷害最大，但中共中央反而因為釋法有效打擊了港獨以此自豪。

　　釋法更大的禍害是令香港人——包括法庭——普遍相信，在涉及憲制或中央立場的案件中，如果法庭不按照中央透過特區政府一方表達的立場裁決，就要面對人大釋法推翻法庭裁決，因而令法庭權威受挫的危險。「人大釋法」變成隨時可以祭出的尚方寶劍，處決任何不屈從中央旨意的思想行為。這樣一來，無論成立多久的明確法律理據都不可恃，因為人大釋法能隨時改變法律；反之，即使法律理據成疑的行為，只要符合中央旨意，都可以有信心克服任何反對者的司法挑戰，令向法庭討個公道的抗爭者徒勞無功。最後難以避免的疑問就是，法庭會不會為了避免釋法而自我審查？甚至以順從博取信任？在法庭的判案書陳述的裁決理由不足以服眾的時

（續）
　　終院請全國人大常委會作出解釋，特區法院在引用該條款時，應以
　　該解釋為準，但在此以前的判決不受影響。
　　自特區成立以來，人大常委會共作出五次釋法：1999、2004、2007、
　　2011及2016年，其中只有2011的一次是應終院所請。
　　人大常委會的解釋權，除基本法158條外，亦來自中國憲法第67（4）
　　條，唯該條「解釋法律」，應用於基本法，是否包括對法律的補充
　　和修改，備受爭議。

候，這些疑問更揮之不去。個別法官不會向外發表意見，而司法機關的官方聲明多麼斬釘截鐵否認司法獨立受損，也無濟於事。

中國「法治」觀滲透香港特區，同時影響行政機關的管治守則和理念。法治之下，權力的行使受法律的約束，「法律」當然包括了「厚」法治的一套原則理念，令行政機關自行約束。但隨著這套原則理念逐漸被「遵從權威命令為法律」、「以法律為工具」、「為達到政治目的將權力用到極致」所替代，香港法治也開始變形。本文以下所討論的個案，就是一些實例。行政機關獨大，立法議會沒有足夠民主力量做到制衡，不但無法訂立法例加強保障市民的權利，沒有強大的民間抗議行動（如23條立法），甚至無法制止惡法通過。這個因素，又進一步令法庭不但不能保護市民的權利，反而助紂為虐，加重限制這些權利。在這個原則與現實對立的年代，一位資深法官忠告充滿理想的法律系大學生：要憑良知為正義發聲，不要冷漠，但要嚴守法律，因為法律在有意行使權力的人手中不啻一座殺傷力龐大的兵器庫，但法官必須實施法律；愈好的法官就愈忠於他必須實施的法律。所以法官不能幫你忙[3]。

因此在強權之下爭取民主的香港人，可能是對法治有非分之想了，也可能並沒有充分認識到在法律之下他們能得到甚麼保護、得不到甚麼保護。人們往往將法律與道德的層次連結在一起，相信人民本著良心的正義的行為，會得到法庭的認可和保護，政府不公義的行為會被法庭否決和駁斥。但法律和道德是兩個不同的領域，而且在不同的爭議中，什麼行為才是合乎正義會有不同的看法。是否合法與是否符合公義是兩個問題。憑良心、為公義，不一定沒有法

3　終審法院常任法官鄧楨2018年3月1日香港中文大學學生會法律學院院會就職儀式上致詞：見終審法院網頁 www.hkcfa.hk。

律責任。自願參與公民抗命的抗爭者當然會明白這個分別，可能他們要求的只是道德上得到肯定，願意承受法律的責任，而法庭往往令他們失望。

　　即使在嚴峻的現況之下，忠於厚法治的法庭，與缺乏法治信念的法庭如何處理示威抗議引起衝突的案件，仍然是會有分別的；法律符合公義與不符合公義，是有分別的。公民社會應該珍惜這些分別，所有的文明社會都應該關注，不讓這些分別點滴消失。

　　以下討論的個案，是反映香港當前法治情況的實例。事實永遠比理論複雜，這就是為甚麼關心法治需要花時間認識法庭怎樣裁決關乎憲制的案件。

旺角禁制令——是誰藐視法庭？

　　2014年10月底，雨傘運動占領金鐘、旺角、銅鑼灣共四處已數星期，期間多次傳出警方即將武力清場的消息，但始終沒有出手。到了10月底，位於金鐘的中信大廈業主首先入稟法庭要求頒發禁制令，禁止示威者阻礙出入大廈的通道及妨礙申請人移除阻塞大廈通道的路障。緊接著，左派計程車及潮聯小巴組織也分別入稟法庭，控告占領旺角亞皆老街及彌敦道兩處的示威人士阻塞街道，影響他們的生計，要求法庭頒給禁制令。中信的申請在法律上有理據，因為業權人享有出入通道至公共道路通行無阻的權利，法庭可頒令移除侵權者及其設置的障礙。但旺角的兩項申請卻欠缺法理，因為占領的是公路，小巴和的士團體並無業權，也無有異於一般公眾的特殊損失。只有代表公眾利益的律政司司長才有權清除公路上的妨礙，因此私人團體必須先得司長同意，借他的名義才可以向法庭申請禁制令，但律政司司長一直置身事外。另外，小巴和的士這兩個團體顯然沒有能力執行禁制令安全有秩序地清場。兼且該兩個團體

的成員激烈反對占領，並不時到占領區與示威者發生爭執，甚至以武力威嚇，法庭下令准許這些團體召令人手清場，很可能會造成即時危險。

令人意外的是，兩個團體深夜單方面申請，法庭即時就頒發臨時禁制令，理由是使用公路是所有公眾人士的權利，無論示威者的目的多麼崇高，也無權不顧其他公眾人士使用道路的權利而占領街道，「公民抗命」不能成為損害原告人權利的理由[4]。四天後，禁制令在10月24日開庭聆訊，11月10日，法庭確認並延展禁制令，並在原告人要求之下，及出席聆訊的律政司司長代表的同意，准許警方協助執行禁制令，對任何違抗禁制令的人採取行動，著令他們到法庭，由律政司司長負責控告他們刑事藐視法庭[5]。

臨時禁制令一出，占領者變成要與法庭對抗，即時陷入兩難。因為違法被捕，接受法庭裁決及處分是公民抗命的一部分，他們相信會得到法庭接受為尊重法治，但違反法庭的禁制令，馬上被視為違抗法庭、踐踏法治。但當時示威者正在與政府談判，如果服從禁制令，就如同自動投降，前功盡廢。占領行動膠著期間，真正的暴力威脅來自反占領的各種勢力到占領區挑釁，而警察袖手旁觀，路障的一半作用是保護占領區內示威者的安全，拆除路障，占領者便有即時危險，必須散去，而占領運動也就告終。

中信大廈禁制令的執行，最後得到雙方諒解，占領者不阻止中信移除部分路障，讓大廈出入通道恢復正常，而執行禁制令的人員，也沒有乘機清場，占領區範圍縮減，但占領運動仍能持續。

4　香港法庭案件編號 HCA 2086/2014及 HCA 2104/2014，潘兆初法官2014年10月20日判案書。
5　案件編號（如上）區慶祥法官2014年11月10日判案書（利益申報：作者本人為案中第3被告人代表律師之一。）

　　但旺角兩項禁制令的執行卻是情緒激烈，小巴及的士團體代表，在執達人員及過千警員陪同之下親自動手，場面迅速變成混亂。在11月25、26日兩場清場行動中，警方共拘捕了51人——包括完全沒有反抗的學生及社運領袖，指他們涉嫌違反禁制令。在隨後在高等法院原訟庭展開的刑事藐視法庭的聆訊，由律政司全盤負責，原告團體再沒有任何角色。在民事訴訟程序中衍生出刑事性質的藐視法庭而牽連數十普通市民，在香港特區屬首次，並無先例，也無人熟悉應用的司法程序。一般而言，妨礙警務人員或執行法庭命令的法庭人員執行公務，屬輕微罪行，以簡易刑事程序在裁判法院審理，即使罪名成立，也是罰款了事。但旺角禁制令的「刑藐」案，以高等法院民事訴訟程序進行，整個過程變得繁複冗長，涉及非普通市民所能負擔的龐大訟費。如果香港不是仍然有法律援助，為這批其實極其尊重法庭且為爭取民主站出來的市民減輕負擔，就根本沒有「法律之前人人平等」可言。但整場官司的沉重壓力，已令他們感到無限委屈和沮喪。結果，雨傘運動結束了三年多之後官司還未打完，有人受不了寧願中途認罪了事。認罪的兩人，一人被判即時入獄三個月，一個入獄一個月緩刑一年，而不認罪的也一一被裁定有罪。黃浩銘入獄四個月又15日，鄭錦滿、黃之鋒入獄3月，其餘各入獄1月，緩刑一年，並罰款若干。上述只是兩場清場中的一場涉及的示威者。另一場還剛剛開始。對這些已被判決的人來說，他們沒有得到公義，而是政治打壓的受害人。

　　原訟庭發出的禁制令得到上訴庭的認同，是對是錯，事後再談也是明日黃花。從實際情況看，也許任何法庭都不會不頒發禁制令而任由占領繼續下去。但是處理手法和態度，如果考慮周詳一點，後果可能大有不同。因為法庭要決定的除了應否頒發禁制令之外，更要考慮在這場政治紛爭之中，法庭應怎樣保持司法獨立的地位和

公信力。解決旺角占領不是法庭的責任；保障司法公正的公信力卻
是法庭最大的責任。

最令人費解的是，為何法庭急於即時頒發臨時禁制令？事情其
實並沒有迫切性，占領者已占領了數星期，沒有甚麼進一步行動，
法庭大可先了解實際情況。公路上的事，政府有權有責，法庭可以
邀請律政司司長協助法庭，律政司司長代表既然列席，不應只是袖
手旁觀，法庭可以透過司長探討政府對清場的立場、意見和計劃。
原告人只是兩個毫無實力的團體，所申請的禁制令還未及審閱周
詳，如果政府有計劃清場，必然是法庭須考慮的要點。如果政府有
適當原因不清場，法庭就須三思為何要准許並無特殊權利的私人團
體清場。法庭不重視法律涉及的憲制原則，將事件當做普通民事訴
訟，只著眼於被告——不知名的眾多示威者——一方無權違法，原
告一方或有利益受損，就憑原告一面之辭，即時發給漫無邊際的臨
時禁制令。其實押後聆訊，讓被告一方有合理時間安排代表，也沒
有什麼大礙。為清除示威者占領而入稟法庭並不是沒有先例。2010
年占領英國國會廣場案，2012年占領聖保羅座堂基園案是其中兩宗
案例[6]。香港判例，則有涉及2013年碼頭工人在中環長江中心周遭行
人路上紮營罷工抗議事件[7]。三宗判例中，原告人的業權都十分實
在，但法庭在保障公平聆訊，充分討論及公正平衡各方權責，及推
敲法庭命令是否適度，都顯得有耐性和細密周詳。

在旺角禁制令案中，法庭過於急促，也許只是反映社會上對占

---

6 見英國法庭報告 Mayor of London v Hall (CA)[2010] EWAC Civ 817,
   [2011] 1 WLR 504, 及 Mayor Commonalty and Citizens of London v
   Tammy Samede and Others [2012] EWCA Civ 160。

7 見香港法庭報告 Turbo Top Ltd v Lee Cheuk Yan [2013] 3 HKLRD
   41。

領運動已失去耐性，顯示法庭有足夠權威果斷解決問題。但無論有人如何不耐，法庭的公平獨立仍是對公眾信心最重要。事實上在社會出現尖銳的矛盾對立時，這應蓋過任何其他的考慮。

提出官司的兩個團體的背景和立場，及事後特首梁振英公開誇讚自己毫不費力，借法治之手完美清場，而負責提出訴訟的左派團體和律師亦獲得嘉獎和委以公職，令人無法不相信整件事有人在背後策劃，讓政府不必出頭，不須負上政治責任，就收拾了一場空前的抗爭運動。果然如此，這一著也實在高明。遺下的問題是：有此先例，日後是否可以故技重施？政府是否可以安然躲在私人訴訟的背後，將清場和懲罰抗爭者的責任推在司法機關身上？

褫奪選舉權——釋法及法庭的角色

2016年9月的立法會選舉，是雨傘運動後的首場換屆選舉。本來在79天占領無功而還故而感到沮喪的年輕一代，因為年初新界東補選中本土民主前線的梁天琦異軍突起，取得6萬多票，直接威脅傳統民主派和建制派，評論家紛紛預測來屆選舉會是泛民、建制、本土「三分天下」，又令前衛的本土派雄心萬丈，踴躍投入選舉。特區政府強硬聲明，主張「港獨」違反基本法，不擁護基本法的人不能參加選舉，參選者在遞交提名表格時，要額外簽署一份「確認書」，確認自己明白及擁護基本法，特別是其中有關香港特區是中國不可分離部分的條文，若不簽署，便可能被選舉主任否決其提名。民主派參選人認為法例沒有賦予選舉主任這項額外要求的權利，但為了參選終於簽署了確認書的梁天琦，和拒絕簽署的陳浩天，同樣遭到否決提名。他們入稟法庭，要求以司法覆核程序宣告選舉主任否決提名為不合法。法庭拒絕受理，認為選舉程序已經展開，若要挑戰，應在選舉結束之後提選舉呈請，結果令呼聲極高的梁天琦無法參選。

　　選舉結果，「本土派」仍大比數當選，其中包括表明代梁天琦出選的梁頌恆、屬青年新政的游蕙禎、香港眾志的羅冠聰，還有政治素人姚松炎和劉小麗。

　　多屆以來，較激進的民主派議員如梁國雄，慣常在宣誓就職時加插抗爭的動作。這一屆，梁頌恆和游蕙禎採取了更加誇張和帶侮辱性質的行為，觸怒中央。特首梁振英與律政司司長聯名入稟法庭，要求宣告兩人行為等同拒絕宣誓，應馬上取消就任資格，不得行使議員職能，立法會主席無權容許他們重新宣誓。

　　香港法律界普遍不認同政府的行動。首先，提司法覆核根本不需要特首加入，而按照立法會條例提的程序，只有律政司司長和有關選區的選民有資格入稟，特首或「梁振英」都不具資格，特首明知故犯，漠視法律規定。更重要的是，行政、司法，都不應介入在合法選舉中由選民投票選出的代表。他們在立法會會議中的行為如何不檢，也應由立法會按規章處理。選舉是體現選民的選舉權的政治程序，政治問題，應循既有的政治程序解決。按立法會的慣例，議員宣誓時有不當舉措，立法會主席可裁定他宣誓無效，重新安排他再次宣誓。梁、游二人的不當程度雖然遠超前例，但立法會主席已批准了他們重新宣誓，行政當局不應介入。

　　從法律角度看，《宣誓及聲明條例》第21條的有關部分是，若該議員「拒絕或忽略作出該項誓言」，已就任者必須離任，而未就任者，則須被取消就任資格[8]。看文義難以形容梁游二人的行為是「拒絕」宣誓，而事實上兩人已要求重新宣誓而又已得立法會主席准許。若有疑點，茲事體大，法庭更不宜遽然裁斷二人已失去就任資格。再其次，即使法庭有此裁斷，按照司法覆核程序，也有全權決定是

8　《宣誓及聲明條例》香港法例第11章第21條。

否適宜給予司法濟助、適宜給予什麼濟助。顧及三權分立，尊重議會，也大可發還立法會主席採取適當方式處理。越俎代庖，有損立法機關尊嚴，亦不符合法庭一向奉行的「不干預原則」。

鑑於以上觀點，絕大多數人認為政府會敗訴，唯一憂慮是政府會要求人大常委會以「釋法」介入，改變結果，但沒有人說得出此事觸及什麼有關的基本法條文。人大會不會釋法、解釋什麼條文，是整件事的輿論爭議焦點。

原訟庭的聆訊在11月3日完結，法庭還在考慮判決之際，11月7日，人大常委會突然宣布對基本法104條「宣誓就職」條款的「解釋」，冗長的文本，加入了很多該條款原文沒有的細節和內容，並遠遠超過104條的範圍，實質上代香港法庭解釋了《宣誓》條例第21條。「解釋」表明，宣誓人必須「真誠、莊重地宣誓」、「準確、完整、莊重地」宣讀誓辭，故意宣讀與法定誓言不一致的誓言，或以任何「不真誠、不莊重的方式宣誓」，也屬拒絕宣誓，所作宣誓無效，宣誓人即喪失就任資格」，一經確定宣誓無效，「不得重新安排宣誓」。

「釋法」在特區司法程序尚在進行中作出，直接干預法庭，引起法律界極大迴響。11月15日，原訟庭裁決政府勝訴，梁、游即時喪失資格、立法會主席無權安排重新宣誓。判案書強調，法庭的裁決，純粹基於一貫解釋本地法例的原則解釋第21條得出的結論，沒有受人大釋法的影響[9]。

梁、游不服上訴，上訴庭維持原判，直截了當表明，基於人大釋法，特區法庭須受釋法約束，並無爭辯空間。然而，代表兩人的大律師陳詞，爭辯此次釋法已超越解釋法律，實屬立法性質，應自

9　香港法庭案件編號 HCAL 185/2016 及 HCMP 2819/2016 區慶祥法官 2016年11月15日判案書。

頒布之日生效，法庭不應給予追溯力，施諸梁、游。上訴庭卻斷然
拒絕考慮，首席法官張舉能在判案書中諷刺，指出中國內地施行的
是大陸法，閣下根本沒有證據爭辯這項釋法在大陸法制之下是否超
出解釋性質，一名普通法的律師，沒有受過在內地實行的大陸法制
的訓練，其意見無關痛癢[10]。

　　人大釋法的追溯力問題其實重要之極，而且絕對有爭辯的空
間，但上訴庭拒絕給當事人任何機會說服法庭，這才是真正令人對
法庭失望之處。

　　釋法給特區政府的利器，在法庭大開綠燈之下，變得力大無窮。
梁、游上訴失敗之後三個月，特區政府用同一手法，以同一理由——
宣誓不忠誠——入稟法庭，要取消羅冠聰、姚松炎、梁國雄和劉小
麗4位民主派議員的資格。2017年7月4日，審理梁、游案的同一位法
官裁決4人自2016年10月1日起喪失議員資格。四人不但被判要付給
政府一方龐大的訟費，立法會還即時向他們追討履行議員職務以來
九個月所得的薪酬和議員辦事處開支，償還款額共1,100多萬港元，
對4人打擊重大，同時震攝眾人：這是抗爭的代價。政府兩場官司，一
舉除去5名新生本土派、1名長期給政府麻煩的激進民主派，少了6
名非建制派議員，民主派在議會失去了僅餘的制衡力量。政府借法
庭之力，抵消了十八萬選民投票的意願[11]。

　　2017年9月1日，梁、游向終審法院申請上訴許可被駁回。代表
兩人的資深大律師提出了非常有力的法理觀點，本來值得終院聆

10　香港法庭案件編號CACV 224/2016，225/2016，226/2016及227/2016
　　高等法院首席法官張舉能2016年11月30日判案書。
11　在2016年9月換屆選舉中，該6名議員得票如下：梁頌恆，37997；游
　　蕙禎，20643；羅冠聰，50818；劉小麗，38183；梁國雄，35595；
　　姚松炎（功能組別），2491。6人共得185727票。

聽，可惜終院三位大法官跟上訴庭一樣不願考慮。人大釋法是插在「一國兩制」之下特區法治心臟的一把刀，無法拔出，只能盡力防止插得更深致命，但特區法庭不願沾手究竟是什麼原因，令人迷惑。

　　2016年引入的雙重「DQ」（取消資格）機制[12]，並不止於針對幾名觸動中央政權神經的人物，而是具有廣泛用途，排除任何反對政府的人進入議會，並藉此製造寒蟬效應，壓縮言論自由。因為什麼能構成「不擁護基本法」漫無邊際，所以只要政府認為任何人發表了的言論和信念顯示他不擁護基本法，就可以禁止他參選，當選後也可以藉詞他過去有這種言論或行為，不可能真誠宣誓效忠，取消他的議員資格。

　　在隨著6名議員之中4名的議席補選之中，選舉主任否決了周庭的提名，理由是她是香港眾志的創會成員，而眾志的綱領之一包括香港自決。這個做法顯然是政治審查，違反無分信念、平等參選的憲法權利。問題是選舉主任是否有這個權力？2月12日，原訟庭終於頒下陳浩天2016年選舉呈請的判決書[13]，裁定基於人大常委會對104條的「解釋」，真誠擁護基本法和效忠特區同時是「參選的法定要求和條件」。選舉主任有合法權力審核參選人是否真誠擁護基本法，效忠中華人民共和國香港特別行政區。雖然法庭在判案書說，為程序公平，選舉主任在否決提名之前，須給參選者機會回應，但這已是枝節，重大的是法庭確認了選舉主任的審查權，從此打開了行政機關對參選者的言論和政見進行審查的大門。基本法共160條，「不擁護基本法」的範圍大得了無邊際。

12　「取消資格」，英語為Disqualifcation，香港市民戲稱為「DQ」。

13　香港法庭案件編號HCAL162/2016，區慶祥法官2018年2月13日判案書。

　　裁決的後患隨即浮現：在2018年3月11日舉行的補選中，港島議席由民主派的區諾軒勝出，建制派人士馬上入稟法庭要求取消他的資格，因為他多年前焚燒基本法抗議。全國人大通過了修改中國憲法，加入「中國共產黨領導是中國特色的社會主義的特徵」，新任常委的前民建聯主席譚耀宗即表示，年年六四呼喊的「結束一黨專政」口號違反中國憲法，喊這個口號的人不能當議員。既成立了選舉主任有權審查政見、取消參選資格的機制，諸如此類的威脅必然愈來愈多。殖民地時代參選立法局，不用效忠英女皇，不用擁護「英皇制誥」、擁護香港為英國屬土的安排，同一個法治，但法治保護的自由和權利卻在法庭判決之下急促消失。

「公民抗命」及第一批政治犯

　　雨傘運動的三名學生領袖黃之鋒、羅冠聰、周永康，因為2014年9月26日「重奪公民廣場」行動，一年後被控「非法集結」及「煽惑他人非法集結」。原審時裁判官考慮了案情輕重及犯案動機，判處三人社會服務令。政府不滿刑罰太輕，在反民主陣營壓力之下，律政司司長入稟上訴法庭要求覆核刑期，改判處有阻嚇性的刑罰。

　　2017年8月17日，上訴庭裁決律政司司長得直，判處三子即時入獄6至8個月，製造了香港特區成立以來第一批政治犯[14]。兩天前，上訴庭已在另一宗刑期覆核申請中，判處了抗議政府發展東北部的13名年輕社運人士即時入獄8至13個月。

　　兩宗案件都是在雨傘運動之前已發生──「東北案」發生在2014年6月10日──並在原審時被判社會服務令或緩刑，而所有判社會

14　香港法庭案件編號CAAR 4/2016，上訴庭副庭長楊振權法官、潘兆初法官及彭偉昌法官2017年8月17日判案書。

服務令的人都已完成了社會服務令的要求。

　　「東北案」和「奪公案」性質和案情不同。黃之鋒、羅冠聰、周永康三子獲罪，事源2014年9月26日，學民思潮和學聯抗議人大8.31「決定」，在金鐘添美道的靜坐到了尾聲之際，黃之鋒等人帶頭攀越封閉著政府總部前空地的鐵柵，並呼籲群眾跟他一起闖入，「重奪公民廣場」。羅冠聰和周永康及其他人闖入廣場後奔到廣場中央的平台坐下。黃之鋒翻過鐵柵，落地即被保安員攔截制服，並迅速抬走。其他跑到平台坐下的抗議人士則被保安員重重圍住，僵持至凌晨才一一抬走或驅散。整個事件，在混亂糾纏中，有保安員受了輕傷。這就是事件始末。那時沒有人預料到會發生雨傘運動。其實引發運動的，是三子被扣留在警局，群眾堅持留在添美道守候並抗議，警方一直不放人，到場抗議的人群越來越多，警方設置防線攔截，群眾焦急憤怒，衝破防線，警方出動防暴部隊施放催淚彈企圖驅散人群，結果催生了雨傘運動。靜坐抗議的群眾攜傘，本來是用來遮擋警方已多次使用的胡椒噴霧的，沒有人預料到警方會出動防暴部隊，用催淚彈對付和平示威者。黃之鋒的律師團隊深宵到法院緊急申請人身保護令，三子終於在9月29日凌晨獲釋，出來時世界已變了樣。「雨傘運動」並非他們策動，而是他們不在場時意外發生的。事隔一年，雨傘運動結束後，警方才正式起訴三人，控罪是嚴重的非法集結，而非一般遊行示威碰到的公眾地方行為不檢、「阻街」、「拒捕」等輕微罪行，顯示政府要法庭嚴刑看待。

　　公安條例第18條的「非法集結」罪，是一條典型殖民地苛法：「凡有3人或多於3人集結在一起，作出擾亂秩序的行為或作出帶有威嚇性、侮辱性或挑撥性的行為，意圖導致或相當有可能導致任何人合理地害怕如此集結的人會破壞社會安寧，即屬非法集結。」「暴力」和「破壞社會安寧」是相對性的，以法律定義，很低程度的武

力，只要不合法，也算是「暴力」，令保安人員感到被告人會引致
擾亂秩序，也算得上是「破壞社會安寧」。政府以這個罪名起訴無
疑是小題大做，但入罪也不能說是錯判，公平與否，關鍵在於量刑
輕重。裁判法庭判處三人社會服務令，由於周永康已被倫敦大學取
錄，計劃出國深造，法庭以入獄三星期，緩刑一年作為代替。法官
在「判刑理由」書詳細解釋在該宗案件除了看事情的嚴重性，也要
考慮被告人的動機和目的[15]。

政府不滿刑罰過輕，律政司先要求裁判庭覆核，裁判庭駁回之
後，律政司司長再向上訴庭申請覆核，說是純粹基於法律原則，但
其實顯然是出於政治目的。如果不是雨傘運動，或雨傘運動沒有成
為國際注目事件，而三子又沒有在運動中成為政治明星，如果雨傘
運動「命運自決」的口號和目標不是觸怒中央，特區政府一定不會
執意覆核三名年輕人的刑期。事實是律政司司長作出了一個非常不
智的政治決定。

另方面，不管律政司司長有沒有政治動機，若法庭公正處理，
並讓公眾看得到是不偏不倚按照法律裁斷，公眾就不會對法治信心
動搖。可惜在覆核的聆訊中，上訴庭的法官就表達了對抗爭者有極
大反感，例如指「重奪公民廣場」口號，「奪」字已含有暴力意義；
隨後頒布的判案書，全盤接受律政司司長的觀點，訂立新的量刑指
引：涉及暴力的大型抗議，正常應判處阻嚇性懲罰，除非有非常例
外的情況，否則即時入獄，在所難免，社會服務令不宜。新指引立
即用於三子，改判即時入獄6至8個月。

為什麼上訴的量刑與裁判庭有這麼巨大的差別？關鍵在於兩級

15　香港法庭案件編號ESCC 2791/2015 裁判法官張天雁2016年8月15日
　　判刑理由書。

法庭對三名年輕人的行為性質和動機，特別是對他們所信奉的「公民抗命」理念有極不同的看法。裁判法官張天雁接受三人的動機是出於關心政治和表達真誠信念，接受他們的行動是基於和平理性及負責的「公民抗命」，接受公民抗命是普通法制傳統所尊重，並指出，本案發生先於占領及後來的更激烈政治事件，判處他們阻嚇刑罰對他們不公平。

相比之下，上訴庭對三名年輕人的人格和道德行為，看法負面，楊振權法官的判案書清楚表示，他不接受三子真正相信和平理性行動，認為他們只是將和平理性掛在口邊，認為不值得考慮他們的動機和目的；對於「公民抗命」，法庭的態度更加負面，認為「公民抗命」只是鼓勵人犯法的藉口，不直接點名斥責學者戴耀庭倡議「公民抗命」掀起「一股歪風」，而三子的行為正是受到歪風影響的例子，所以必須重罰，以收阻嚇作用。這段「一股歪風」判詞，不是司法語言而是道德批判：

> 香港社會近年瀰漫一股歪風，有人以追求其心目中的理想或自由行使法律賦予的權利為藉口而肆意作出違法的行為。有人，包括一些有識之士，鼓吹「違法達義」的口號、鼓勵他人犯法。該等人士公然蔑視法律，不但拒絕承認其違法行為有錯，更視之為光榮及值得感到自豪的行為。該些傲慢和自以為是的想法，不幸對部分年輕人造成影響，導致他們在集會、遊行或示威行動時隨意作出破壞公共秩序及公眾安寧的行為。
> 本案是一宗表現上述歪風的極佳例子。

另外一位負責撰寫主要判案書的法官潘兆初，雖然沒有用上「一股歪風」一類的字眼，但從他引用英倫法庭針對暴動情況的非法集

會作為適合引用的判例，可見他認為佔中三子的行為與集體暴動無異，同是「利用人多勢眾以達到共同目的」。這位法官是三年前對雨傘運動占領發出禁制令的法官，他對大型抗議、「公民抗命」的態度，已在該案判詞清晰可見：任何抗議自由的行使，都不能過分侵犯公眾權利，行為不合法，「公民抗命」的保護罩就自動消失。認為必須判處即時入獄，以嚴懲阻嚇，就是意料中事了。

上訴庭的裁決的即時效果，是令三名知名度最高的雨傘運動學生領袖鋃鐺入獄，打擊前途，更長遠和更重要的效果是，上訴庭的裁決具約束力，所有法庭，包括上訴庭，都須遵守量刑指引，令行使和平抗議的自由面對更大的威脅，因為過往慣常使用的較激烈的表達方式，很容易會被視為暴力，破壞社會安寧，示威者即面對一年半載的監禁，失去人身自由，失去經濟能力，這是普通人付不起的代價。上訴庭的保守態度，更令人擔心人權自由會受到打壓。

但在這宗案件，政府的目標並未完全達到。其一是入獄的年輕抗爭者平和從容的態度，化牢獄為歷練，爭取到社會上不少支持，加強了他們的領袖地位，而「13+3」年輕抗爭者，為他人爭取公義而遭政府報復，特別是「一股歪風」的過火判詞，引起廣大市民的關注和憤怒。8月20日，成千上萬人上街遊行抗議，是雨傘運動結束後最大和最士氣激昂的抗議行動，遊行籌得可觀捐款，支援獄中抗爭者所需。事件並引起國際關注。這些年輕人成了特區首批「政治犯」，不少人質疑法官是否已被「染紅」，憂慮「法治已死」。特區政府因而付出不輕的代價。

三子上訴終審法院。2018年2月6日，上訴得直[16]。終院認為上

16　香港法庭案件編號FACC Nos.8,9, 10/2017，終審法庭2018年2月6日判案書。

訴庭推翻量刑原判缺乏理據；上訴庭有權訂立新的量刑指引，但基於法律必須明確的原則，新指引不應有追溯力，不應應用於已發生的案件；黃之鋒犯案時尚未成年，上訴庭必須先考慮入獄以外的判罰。終院亦在判案書中間接批評律政司司長濫用刑期覆核的權力：法例賦予律政司司長這項權力，不是為了讓政府不滿某宗案件的刑罰過輕時尋求加重，而是為糾正不同的裁判法庭對相同的案件判刑輕重不一所導致不公；終院又指出潘兆初法官錯引案情嚴重得多的判例；對於楊振權法官的「一股歪風」判詞，終院不客氣地點名批評，強調未經證實的他人的過錯，不應用作懲罰三子的因素。

終院的判案書法理清晰，公平公正，為司法制度挽回了不少公信力。最重要的是確立了「公民抗命」在香港特區法律制度的地位。終院承認犯案者真誠相信法律不公義，或為了引起公眾對不公平的社會狀況或法律而犯法，都可以符合「公民抗命」，應得到法庭的尊重。但要符合「公民抗命」，其中條件是示威者的行為須恰如其分，不無故損害或妨擾他人，並以接受法律施加的刑罰證明他們的真誠信念。法庭引用一段著名的判辭，將法律與道德的層次分開，是以示威者不可藉行為道德而期望免於刑責，法庭施加刑罰也不是低貶其人格道德：

…while the demonstrator or objector cannot be morally condemned, and may indeed be praised, for following the dictates of his conscience, it is not necessarily unjust for the state to punish him in the same way as any other person who breaks the law. It will of course be different if the law itself is unjust. The injustice of the law will carry over into its enforcement. But if the law is not otherwise unjust, as conscription is accepted in principle to be, then it does not follow that because his objection is conscientious, the state is not entitled to punish him. He has his reasons and the state, in the interests of its citizens generally, has different reasons. Both might be right.[17]

每個人都有尊嚴，犯了法須受法律制裁，但法庭按照法律懲處，是履行法律責任，無權教訓任何人。這是法治尊重每個人憑良心選擇的精神。

不義的法律，其執行也屬不義，但觸犯本身並非不義的法律以求達到其他爭取公義的目標便不同：「公民抗命」civil disobedience 必須和平、理法、非暴力，若在和平抗議的過程中觸犯了涉及暴力的罪行，那麼便不能用「公民抗命」作為寬減刑罰的理由。

澄清了的法律，對往後的抗議行動仍是一個嚴厲的限制，終院接受上訴庭有權就涉及「暴力」的示威抗議訂立指引，在有意顯示威權的政府手中，這仍可成為壓抑自由的工具。

結論

香港的法治危機，其實是普通法制的「厚」法治與中國「法治」對峙時，「厚」法治在政治形勢之下被滲透侵蝕的危機。因此面對這個法治問題，也就是面對一個抉擇問題：不單純是香港法治是否「已死」，而是香港要有一個怎樣的法治。這個問題影響廣泛，不

---

17 見上述判案書第73段，判詞取錄自英國案件報告 Sepet v Home Secretary【2003】WLR 856，判詞出自 Lord Hoffman 賀輔明勳爵，1995－2009年英國上訴法院常任高級法官，自1998年起任香港特別行政區終審法院非常任法官。

只是關乎香港的利益，也關乎中國大陸、台灣以及國際社會。

　　本文討論的個案告訴我們，中國「法治」滲透香港法治藉多個渠道進行。人大釋法是最直接干預香港法律和司法裁決的方法，可以預期將來會更輕易使用。更持續和近乎無形的方法，是由特區政府罔顧原則地利用香港法制之下的一切權力，達到中央想要的政治目的。兩個方法互相配合，在立法機關無意或無力制衡之下，發揮的威力已經夠大，並不必特意（及冒險）「染紅」法官或者直接對法庭施壓。政治大氣候所趨，司法機關也難獨善其身。

　　在這個情況下，不願看到香港法治急速變質，法律變成威權最有力的兵器，就必須迫切加強以下三道防線。其一是鞏固和加強支撐著法治的典章制度和組織，包括獨立敢言的法律專業，勤於監察司法質素的法律界及知識分子，立法會議員也有責任維護支持司法獨立的一切需要。其二是珍惜好法官。任何時刻，都沒有比法官的質素和堅強信念對法治更重要。正如一位退休法官所說：無能的司法機構，多麼獨立也不能令人民得到公平公正的法律保障[18]。　其三，保障自由的法治需要有民主政制作為基礎。沒有民主，法治決不能久存。在香港未來的日子，這會是個艱難的挑戰。

吳靄儀（Margaret Ng），原先攻讀哲學，取得波士頓大學哲學博士後，負笈英國劍橋大學攻讀法律，獲得香港大律師執業資格。1986-1990年任《明報》副總編輯及督印人。1995年當選為立法局議員，連任五屆。2012年退任後，繼續私人執業。

18　退休高等法院法官王式英，《立場新聞》「最後防線」專題訪問2015年8月5日 http://www.the standnews.com。

台灣人的母語能力是如何退化的？

鄭鴻生

晚餐桌上父子的言語交鋒

　　半個多世紀前的1963年有個「周鴻慶事件」，那年10月7日一位中國大陸到日本的訪問團成員周鴻慶，在東京向蘇聯駐日大使館請求政治庇護，蘇聯大使館將其交給日本政府處理，而日本政府最後在年底將他遣返中國大陸。在這期間卻傳出周鴻慶原先是要去中華民國大使館，因不知所在才找到蘇聯使館。因此國府強烈要求日本政府不能把他交還給中共，最後在表達了強烈抗議後召回駐日公使。

　　周鴻慶事件成了當時台灣報紙的頭條，喧騰一時直到隔年年初。當時台灣媒體的情緒除了反映反共國策，而痛責日本的「親共」政客外，還不免掀起一陣日本侵華的新愁舊恨來。我那時是初中一年級，剛度過初中聯考壓力，讀報關心時事是我的課外作業，也是每天晚餐桌上大放厥詞的資源。周鴻慶事件當然讓我在餐桌上對日本政府的行徑大肆抨擊起來。

　　父親原先如往常並不多言，後來聽我說多了，忍不住講了幾句，說日本政府有其應遵守的國際規則，有其為難之處。這下更令我義

憤填膺，聲音更大了。我的政治性早熟帶來的那個激憤的小心靈，顯然並不完全針對日本政府，也有著一個成長中的男孩對父親公然挑戰的成分。然而在我一番漸次升高的言詞挑戰下，父親除了囁嚅而出的那麼幾句外，竟然還是無言。

然而我並沒因為父親的近乎無言而有絲毫的勝利感，反而覺得挫折。如今想來，在周鴻慶事件這種議題上，相對於我能將閩南語與國語並用，還不斷引用報紙上的成語修辭的情況下，父親能夠清楚言說的語言大概只能是他較為熟練的日語吧。他那一代人既說不好國語，也說不好閩南語；基本上日語才是他們的論述語言，而閩南母語只能用在日常生活上。然而日語卻非我聽得懂的，於是他只能沈默以對了。這個母語論述能力的不足是他失語的一個重要原因，在往後的歲月也讓我一再遭遇。

從揭陽到滎陽的距離

就在周鴻慶事件前一年的1962年祖父過世了，父親他們幾個兄弟將祖父葬於台南城東郊關廟鄉的一處新闢墓園，並預留墓穴，當十年之後祖母往生時也合葬於此。此後那段日子每年掃墓時，總有件事令我感到困惑，就是在關廟的祖父母墓碑上刻的祖籍地，竟然與曾祖父母墓碑上的不一樣。曾祖父母的墓碑上刻著「揭陽」兩字，而祖父母墓碑上刻的卻是「滎陽」兩字。

曾祖父母與祖父母分別葬在不同地方。曾祖父母葬在台南城大南門外的桶盤淺一帶，後來規劃為南山公墓。那原是從明鄭時期開始幾百年來的傳統墓葬區，每座墳墓都依各自的風水而朝向不同的方位，其間往往無路可循，曾祖父母的墳墓就侷促在一條小溪的邊坡上。當祖父在1960年代去世時，南山公墓區已經不容易找到空地

了，父親他們於是就找到台南城東郊關廟鄉的那個新闢墓園來安葬他。

曾祖父去世於日據初期的1906年，刻著揭陽兩字的墓碑是祖父幾個兄弟在那時所立的。揭陽這地名我從小跟著祖父來掃墓時就認識到──曾祖父的原籍是廣東省潮州府下的揭陽縣，然而祖父的祖籍怎會與曾祖父的不同？而榮陽又在哪裡？我一時納悶，也沒去深究，以為我家伯叔輩在修建祖父母之墓時將揭陽錯寫成榮陽了。

從揭陽到榮陽之謎讓我困惑多年，後來才搞清楚。中國大陸確實沒有榮陽這個地名，那是「滎陽」兩字之誤，指的是一般所謂鄭氏起源地之一的河南滎陽，滎陽鄭氏在唐代之前是大族。「滎、榮」兩字一從水、一從木，雖然在國語是不同發音，在閩南語卻是一樣，都讀「營」（yîng）。

顯然父親他們兄弟在1960年代修建祖父母的墳墓時，希望以鄭姓的起源地滎陽來刻在墓碑上，就像陳姓家族會以河南的潁川為起源地那樣。但是他們可能只是聽他們父執輩提過，只知「滎」的讀音，而不知正確的漢字寫法，或者曾經見過而依稀記得字形，以為就是同音的「榮」字了。很可能就在這麼一種誤解下，他們於是在1960年代的祖父母墓碑上刻上了「榮陽」兩字。

大伯生於1913年，最小的四叔生於1930年，他們幾個兄弟都沒上過傳統漢文學堂，從小接受日本殖民政府的現代化教育，讀完日據時期的中學校，四叔後來還考上台大醫學院。就日據時期受過教育的人而言，父親的四個兄弟都是當時的知識菁英；然而從傳統讀書人的觀點來看，他們卻是不太識字的，連自己鄭姓的起源地滎陽都不認識，可說不夠格當個讀書人。較令人驚訝的倒是，到了1960年代安葬祖父時，他們竟還想從廣東揭陽追溯到河南滎陽。

如果閩南語族的姓氏確實是從中原南下的，這個從河南滎陽到

福建泉州，再到廣東揭陽（據研究潮州人是早年從泉州遷移過去的），最後到台灣台南的行腳，代表著一、二千年綿綿不絕的移民路線。然而從滎陽到榮陽的距離，雖然只是一個水與木的部首差別，卻代表著我的祖父與父親這兩代人之間一個難以彌補的母語與漢文能力的退化。

母語能力退化的乙未世代

從歷史上看，這個閩南母語能力的退化與斷裂，首先發生在像我父親的幾個兄弟那樣，日本占領台灣之後的乙未新生代。這整個大約從1900年代到1930年代出生的台灣人，即使是對文字較為敏感的文學家，也不能免於母語能力退化的問題。比如說台南府城出身，住在我們鄭家老宅所在的白金町與萬福庵一帶的葉石濤。

葉石濤在日據末期開始以日文進行文學創作，光復後從日文轉為中文，繼續筆耕不輟。他的作品屢屢提到台南赤崁樓旁一個地名「石鐘臼」[1]，那是個小吃攤販聚集區，離萬福庵很近，我年少時也常流連。那時只知道這地名的發音tsiȯh-tsing-khū，不曾細究漢字寫法，還因諧音以為是「石精龜」，因為赤崁樓旁就擺著一排馱著石碑的大石龜（贔屭）。然而正確的漢字卻是「石春臼」，因為「春」與「鐘」的閩南語白話音與「精」的讀書音都讀tsing，所以有此混淆。那個地方古時候應該有個春米的石臼，因而得名，只是經過了日據時代的文化與教育改造之後，這批乙未世代就忘了石春臼命名的由來及其本字了。

---

1 例如葉石濤《紅鞋子》（台北：自立晚報社，1989），頁155，第2行。

　　葉石濤生於1925年，比我父親晚了十來年，光復時還算年輕，有餘力學習現代白話中文，以國語來創作或論述都毫無問題，遂能有後來的文學成就。然而以他對文字的敏感，又出身府城，卻仍然未能完整的認識閩南母語的漢字，尤其又是住家附近的地名，就像父親他們兄弟不識滎陽。在這裡只大他二歲，1923年出生的同輩李登輝的語言能力就更能反映那一整代人的一般狀況了。

　　1980-90年代李登輝當上總統後，照例要在元旦時發表總統文告，並親自朗讀。那些文告都寫得文謅謅，他用帶著口音的國語來朗讀沒問題，畢竟從1950年代開始他一直在公務機關做事，後來又當了各個層級的行政首長與副總統多年，已經自我訓練得可以用國語來朗讀文告。那時他也想用閩南語來朗讀一遍，卻發現不會讀，因為他的閩南語程度跟我父親那一代人一樣，甚至更差。最後他只好請了一位老先生來代為朗讀。

　　可以說，日據時期出生越晚，母語能力的退化就越嚴重，我還碰到過不少例證。十多年前的2005年10月，中央研究院語言學研究所舉辦過「語言政策的多元文化思考」學術研討會，其中包括「台灣閩南語的活力與傳承」這個議題，有不少閩南語學者參加。這個主題是關於閩南語的，但論文發表人、回應人與聽眾中的發問者，發言時卻主要還是用國語，必要時才夾雜著閩南語。比如1931年出生的知名閩南語語言學者鄭良偉，他在發表論文時，開始還試著用閩南語，然而沒多久就放棄了，最後還是拿起論文稿子用國語來讀，有時甚至跑出日語詞彙，可以看出他早年教育的痕跡。當然會場上還是有具備閩南語論述能力的學者，但確屬鳳毛麟角。這場研討會的場景清楚顯示閩南語能力在台灣日據時期退化與斷裂的結果。

　　他們這批成長於日據時期的知識菁英，母語能力的退化也影響到一般民眾。舉個流行歌詞的例子，「寂寞」這個詞彙經常出現在

1950-60年代的閩南語流行歌裡，比如我們從小聽起的〈港都夜雨〉裡的「港都夜雨寂寞暝」這句有名的歌詞，從歌手到聽眾都將「寂」讀錯了，都唱成「淑」（siok）。這個詞在日常生活中是不用的，只會出現在文章詩詞與歌詞上，「寂」字正確的讀法應是「叔」的陽入聲（tsik）。而如今報刊上的閩南語流行詞彙就更是錯字連篇，例如「討契兄」（契兄是乾哥）變成「討客兄」，「好額人」（有錢人）寫成「好野人」，「鬥鬧熱」寫成「逗鬧熱」，「足感心」寫成「揪感心」或「揪甘心」，兒子「囝」與小孩「囡」兩字不分等等。

從我父親與伯叔們將「滎陽」誤為「榮陽」，到葉石濤將「石舂臼」誤為「石鐘臼」，再到李登輝必須請人以閩南語代為朗讀總統文告，而鄭良偉只能以國語來宣讀關於閩南語的研究論文，我們可以看出他們做為台灣日據時期所培養的一代知識菁英，雖然在日常口語與業務交流上講閩南語沒問題，卻是喪失完整閩南語能力的第一代人。

在他們家裡的書架上是難得有漢文傳統經典的，甚至連一本最通俗的《唐詩三百首》都沒有；他們更不曾從蒙書《幼學瓊林》學到最起碼的漢文所包含的歷史與地理知識，難怪「滎陽」變成了「榮陽」。他們這個乙未世代對這些漢文經典是極為疏離的，後來我們這一代人只能在學校用國語去接觸這些經典，還以為這些文學與思想經典是國語才有的，而不知道這也是閩南母語所內涵的傳家寶。我在家中曾經聽到的對漢文經典有所接觸的長輩，都是祖父級的前清遺老，母親會提起他們施家的九叔公喜歡吟詩作樂，就是去詩社吟唱傳統詩詞，而我們鄭家的大舅公也甚好此道；母親提起時還帶點不務正業之意。

當然到了我們這一代人，由於無從在家裡從父親一輩人口中學

到完整的閩南語論述與文學能力，母語能力就更退化了。這即是1963年在家裡晚餐桌上，父子兩代人言語交鋒不成的一個重大因素。

閩南語的文白異讀特性

關於父親那代人的閩南語能力，這裡有一個漢語本身的問題必須稍作說明。我父親那一代人學了日語之後並非就都不會說閩南語了，在日常生活與一般工作場合，他們還是以閩南語溝通無礙的；他們失去的是用閩南語來閱讀與朗誦中國傳統經典與詩詞的能力，因而失去的是運用閩南語來論述與書寫的能力。就是說他們還保留著一般日常生活所需的閩南語的能力，但失去了認識足夠的漢字詞彙，並以閩南語進行論辯與抽象思考等這個屬於知識分子層次的語言能力。這裡先來解釋一下漢語方言的這種上下層次問題。

所有的漢語方言，包括各個官話系統，都有所謂「文白異讀」的現象，就是有些字有讀音與語音之分，一個字在平常口語上是一種發音，寫在文章與詩詞上又是另一種發音。文白異讀不是破音字，破音字是歧義歧音，同一個字的不同發音代表不同意思，比如國語的「重新」與「輕重」的「重」字是不同意義、不同發音的破音字。而文白異讀則是同義歧音，同樣意思的一個字在讀書或說話的不同場合時有著不同的發音，比如國語的「車」字平常說話時發「ㄔㄜ」音，在吟誦詩詞時則要讀「ㄐㄩ」。

然而並非每一個漢字都會文白異讀，根據漢語學者的考察，閩南語的文白異讀比例是很高的，接近一半的字，北方官話如北京話則很低，翻一下國語字典就可發現有些字注有讀音與語音兩種發音，但不多。此外各種漢語方言的文白異讀現象是來自不同的歷史機制，這除了牽涉漢語文言文的形成過程外，也與閩南語形成歷史

早，歷經的變化多，而北方官話的歷史較短有關。

再則，一般生活中閩南語也並非全用白話音，而是文白夾雜使用。由於唐代之後很多以讀音發聲的新詞彙加入了日常的生活閩南語，什麼詞彙得用讀書音，什麼詞彙則用白話音，在上千年的閩南語歷史中形成通則。例如「大學」兩字，不管誦讀還是口語，都一定用讀書音tāi-ha̍k；而當動詞的「學游泳」的「學」字則一定用白話音o̍h，雖然游泳得念讀書音。但是讀書人在閱讀傳統經典與詩詞時，則需全部使用讀書音，康熙字典上的每個漢字都有一定的閩南語讀書音。由於大半傳統經典詩詞的詞彙與成語在日常生活中是用不上的，因而不能完全在日常生活之中學到，比如前述的「寂寞」一詞。所以古時候的學童必須在學堂裡，從《三字經》的「人之初，性本善」或《千字文》的「天地玄黃」開始識字並學習這套讀音系統。

這就造成了語言使用上的上下兩層性，不識字或識字不多的婦女與勞動階層，從生活中可以學習到使用文白夾雜的閩南口語，而讀書人則還進一步可以使用文言文與讀書音這個上層閩南語來書寫與論辯。這麼一套始於唐代的上千年的語言文字系統，有人稱之為「典雅閩南語」。這麼一個文白異讀與上下兩個層次的現象，是很多漢語方言，尤其是閩南語，在語言的歷史變遷中形成的特質。如何形成，我們另文探討。

乙未割台前台灣漢人母語的一般情況

如上所述，像我父親那樣在1910年代到1930年代出生的一代人，他們的閩南母語能力是不完整的。一篇中文字若是以現代白話中文書寫，比如報刊上的文章，他們大略讀得懂，但文中若用到較

為典雅的詞彙或成語，就讀不全了；對於以較文言的方式書寫的文章，他們更不懂了，遑論以閩南語讀出來；而很多中國歷史與地理知識對他們而言也是陌生的，就有了我的伯叔們將「榮」字誤為「榮」字的情況。他們這代人閩南母語的退化，究其原因，得從乙未割台之前的情況談起。

　　1894年甲午戰爭之前，台灣的閩南和客家語族在日常生活、觀賞戲曲、讀書識字，到引經據典、高談闊論等，就只用一種語言，就是各自的漢語方言閩南語和客家話。就是說閩南語和客家話不僅各自作為日常生活語言，也是各自的讀書人用來作詩與論述的語言。在書寫上他們則與其他地區的漢人社會一樣，主要使用共同的書寫形式──文言文體，這是將近兩千年來傳統中國的共同書寫形式（當然其間也有不小的變化，例如從駢文到散文），也影響到周遭受到漢字影響的國家，比如明治時代的日本政治菁英多有書寫文言文章的能力。當然用各地方言的口語白話來創作戲曲與小說，也從元明之際開始發展了好幾百年，但主要是在北方官話區，這部分的作用另外再來詳談。

　　總而言之，在日本占領台灣之前，閩南語和客家話是各自成套的傳統中國語言與完整的漢語系統，一個讀過書的人可以以此與其他方言區的人書信溝通。在明清時期，他只要不想上京赴考當官，或到各地經商，是不需要去學習「官話」的。而官話的形成也是因為帝都位於北京城，自然造就以其方言作為大家溝通的普通話的地位。這是西方現代化浪潮尚未衝擊到東亞時的語言狀況。在這期間即使母語為滿語的清朝皇室也並未能改變漢語的這種情況，何況他們的北京方言也講的很溜。

日本殖民政府的強勢教育政策

　　然而1895年乙未之變後，日本帝國的占領台灣卻不同於清朝的
入主中原。相較於清朝皇室的漢化，日本帝國以武力鎮壓台灣的反
抗之後，開始為其帝國的殖民事業對台灣進行現代化改造，其改造
方針是「去中國化」的同化政策，而教育改造則是其中的重要一環。

　　1898年日本殖民政府開始在台灣設立「公學校」——給台灣人
就讀的現代小學，全面實行日語教育，到了20世紀初期公學校就成
了台灣人基本教育的初階，日語成了台灣學童學習現代化事物的主
要語言。就正常學制而言，公學校首先招收的當然是六、七歲的學
童，但在其新設之時，很多已經十多歲的、讀過漢文學堂的也來入
學，大約到了1910年代才正常下來。

　　隨著日本小學教育體制的建立，能夠教導孩童用閩南語或客家
話讀書識字的傳統漢文學堂，遂競爭不過這套現代化教育體制而逐
漸凋零了。日據時期抗日文學創作者王詩琅（1908-1984）如此寫道：
「日人入據台灣後，書房無形中已成傳播民族精神的重要處所，所以
光緒二十四年（日明治三十一年）施行公學校規則後，日當局即採取
逐漸禁止的方針」，例如據官方統計台北地區在1902年漢文書房還
有127所，到了1938年就只剩下9所，包括義塾，而且還須兼教日文[2]。

　　1920年代日本殖民政府開始設立台灣人就讀的中學校，造就從
小開始接受日本殖民式現代化教育的第一代台灣知識菁英。本來日
本殖民政府早就在建立全台小學教育體制的同時，開始陸續設立給

2　　王詩琅，《日本殖民時期體制下的台灣》（台北，眾文圖書公司，
　　　1980），頁184-186。

日本子弟就讀的中學校。直到1922年公布第二次台灣教育令，實行「日台共學」政策，才開始設立主要提供台灣子弟就讀的中學校。

唯一例外是台中一中。1915年林獻堂等熱心人士眼見台灣子弟沒有可讀的中學校，就想專為他們創辦「台中中學校」，並得到全台二百多位士紳的捐助支持，可說是代表著當時這整代前清遺老的心願，但卻在創辦之後即被日本殖民政府強制徵收為官辦[3]。

此外日本殖民政府開辦現代化教育，一個重要因素還是在於將台民菁英從小起改造成帝國臣民。因此教育事業必須掌握在殖民政府手中，林獻堂的台中中學就被強制徵收了。只有基督教長老教會的中學是例外，如台南的長榮中學與台北的淡水中學，但其教學也在殖民政府的嚴格監控之中，尤其在戰爭期間皇民化運動高潮時就未能倖免，都派駐日本教官。

於是從20世紀初到1945年日本戰敗退出台灣為止，台灣子弟有能力接受教育的，絕大部分經由日本殖民政府的公學校到中學校這個系統。他們在新式學校裡全面用日語來上課，日本的學校教育也不准台灣學童講母語，其程度與執行力比後來國府的政策強悍許多。公學校的歷史教育不僅不講中國歷史，也沒有台灣人過去的歷史。雖然新式學校裡也有漢文課程，講解一些中國傳統經典，起初還聘用在地人的老師，後來就全用日文來上課，並無助於典雅閩南語的學習。何況日本人使用的漢字有限，這也限制了這整個世代人的漢文能力。

這樣的教育整整涵蓋了四、五十年，培養出以日語來接受現代化觀念與事物、以日語作為抽象思考與論述語言，然而卻失去母語

---

3 葉榮鐘，《日據下台灣政治社會運動史》（台中：晨星出版公司，2000），頁65-70。

論述能力的一代菁英，也就是從我父親的兄弟們到李登輝、葉石濤
與鄭良偉等接受日本殖民現代化教育的這一新的台灣世代。

日語作爲具有文明優勢的現代語言

這個乙未新生代如此學會了以日語來進行現代化思考與論述，
然而如前所述，他們的母語能力卻是不足的，他們失去了典雅閩南
語的能力。這裡我們要問，當時台灣人學習這兩種語言非得這樣非
此即彼，互相排斥不可嗎？當然不是。人具有學習多種語言的能力，
但歷史卻是以如此互相排斥的情況在20世紀上半的台灣發生了。

這裡牽涉到的新的因素是，日本殖民政府除了像入關的清朝那
樣，憑藉武力等物質條件的優勢之外，還具備著「文明優勢」。乙
未之變後，代表著西方現代化力量的日本帶給台灣的不只是依靠武
力來進行的殖民統治，而且日本在明治維新後已經翻身成為現代化
國家，一個具有文明優勢的國家。這個文明優勢所向披靡，日語隨
即成了具有文明優勢的現代化語言。這是日據時期台灣閩南語和日
語在「文明」高低位階上的明顯對比。

然而典雅閩南語不只在學校與上層論述環境中失傳，也在台灣
民間與家中失傳，這即是另一個重要環節。隨著中國傳統經典學問
變成了落後的東西，而西方與日本的現代知識則是進步的，這麼一
種新的價值觀的形成，用來傳授傳統經典的典雅閩南語就變得落伍
了，而用來傳授現代學問的日文則成了高尚進步的語言。

如此沒接受過日本殖民現代化教育的我祖父母，屬於前清遺民
的那一代人，在他們的子女眼中頓時成了落後的一代人。他們還穿
戴「落後的」唐裝，執著「落後的」觀念，講著「落後的」閩南母
語。他們頓時成了時代的落伍者，成了他們的後生晚輩不太看得起

的一代人。於是我祖父那一代前清遺老，即使還會使用全套閩南語，在面對學得新的優勢日語的子女時，也講不出話來，而成了第一代的失語者。

閩南語比起日本話，既然成了一種落後的語言，已經或正在學習日本話的一代人，如何能回頭去學好它來做為論辯思維語言呢？因此典雅閩南語的傳承在這代人的斷絕，就不全是來自日本政府的強迫，畢竟一個政權再強勢也很難完全管到家庭裡頭。可以說，這個典雅閩南語傳承的斷裂是來自內外兩個力量的作用，一個來自日本殖民政府強勢的教育與語言政策，另一個竟是接受這殖民現代化教育的一整代人對母語與傳統的自我棄絕。

總的說，乙未新生代閩南語能力的退化主要來自四個方面：日本殖民政府的強勢語言與教育政策；日語在現代文明上的優勢；前清遺民雖具傳統閩南語能力，卻因完全失去社會主導權而無力傳承；最後則是新生代對現代進步事物（比如日語）的追求，而對文化母體的疏離與對傳統事物（比如典雅閩南語）的棄絕。閩南語在台灣經過了日據時期之後，遂淪為只是日常的生活語言。

時局變動下的現實抉擇

當然以上只是歸納出來的幾個時代趨勢，實際發生的還包括各種現實處境的抉擇。這個轉變並非立刻發生，而是有一段過程。1893年出生的台灣第一個醫學博士杜聰明在其回憶錄裡，描述乙未之變前後台灣一般家族對子女教育的安排。他父親在淡水山上開墾農田，乙未之變前依循傳統作法，將長男生財送往私塾讀漢文，然後又送到台北大稻埕，「就大先生秀才黃傳經先生深坑人進修深造，決心要考秀才。不幸翌年遇日本來台灣，社會環境一變，不得以回

故鄉在鄰里竹林頂開書房教書」[4]。

乙未之變使得台灣人的傳統功名之路斷絕，此後杜聰明的父親對其他子女就有了不同的教育安排：「對次男家齊之教育，父親認識時世變遷，要給他讀日本書，送他往滬尾街淡水國語傳習所讀六個月，卒業後入台北師範學校……第一回卒業生，為當時的先覺者。對三男本人出生時就有決心要給他讀書…九歲時，就送我往車埕長兄生財之書房開始念漢文矣」。[5]

日本據台後，在設立公學校之前，先在各地成立應急的「國語傳習所」，訓練一批能講日語的台灣人。而後又成立師範學校，訓練公學校的台灣人師資，產生了日據初期接受現代化教育的第一批「先覺者」。杜聰明則被父親安排先讀傳統漢文學堂，然後在十一歲時才進入公學校接收日文教育：

> 日據時代之初期，一般父兄對公學校教育意見，要入公學校以前須要讀漢文，先入書房念經文以後，進入公學校讀日本書則有漢文的基礎將來較有用云。筆者亦照此意見入滬尾公學校以前自九歲起，就讀漢文矣。[6]

相較於杜家父親對子女較為靈活的教育安排，淡水的一戶書香世家卻有著不一樣的看法：

> 當時往滬尾街途中有中田寮庄李家既有中舉人，在日本初來時

4　杜聰明，《回憶錄》（台北：杜聰明博士講學基金管理委員會，1973年8月），頁4。
5　杜聰明，前引書，頁4。
6　杜聰明，前引書，頁19。

李家想：讀日本書無用，而且不久恐怕能歸日本國？所以不送子弟讀新學問。這是與父親見識之差異也。[7]

　　杜的回憶錄記錄了日據初期人們對時局的不同判斷，與對子弟出路的抉擇。在日本占領台灣之前，一般子弟的出路較單純，如果有心上學，就是入漢文學堂準備一層層的科舉考試，如杜家長子，順利的話就是一條傳統功名之路。乙未之變後，出過舉人的書香家族李家沒讓子弟進入日本殖民教育體制；而非書香家庭的杜家反而「認識時世變遷」，將子弟送進新的教育體制。

　　回憶錄裡沒有提到李家子弟後來的發展，但由於「見識之差異」顯然大不如杜家子弟。這個就業出路的新局面就此有如秋風掃落葉，將台灣人子弟送入日本殖民教育體制，讓傳統漢文學堂一蹶不振，也讓新生代台灣子弟沒能學習典雅閩南語，而失去了完整閩南語的能力。換言之，乙未之後處於被迫現代化的台灣人，半推半就的自我棄絕了典雅閩南語，割斷了母語的傳承。

　　此外，杜聰明在1903年就讀滬尾公學校之前，先已在家跟其當私塾老師的長兄學習二年漢文了。也就是說日據初期還有台灣人家庭在送子弟進日本公學校之前，先要他們學幾年漢文的。另一位有名的例子是蔣渭水，他在17歲進公學校之前也是先在漢文學堂讀書的，因而日後還能書寫文言文，例如〈台灣文化協會趣意書〉與〈送王君入監獄序〉。然而大勢所趨，傳統漢文學堂在這種大環境下很快就沒落了，杜聰明長兄的漢文私塾也就在那兩年停辦。

　　那是個新舊交替的時刻，撰寫《日據下台灣政治社會運動史》的彰化鹿港人葉榮鐘（1900-1978），如此回憶道

7　杜聰明，前引書，頁4。

> 我九歲就學公學校，同時並在先父的窗友所主持的漢學書房，
> 做一個…學生。……我在那裡讀了一本《三字經》半部《論語》，
> 因為學生越來越少，不上半年，這家書房便不得不關門大吉。[8]

　　到了1910年代公學校全面設置時，由於傳統學堂的沒落，一般人並不容易學習傳統漢文，有心人只能個別聘請老師。比如1907年出生的名律師陳逸松在自傳提到，上公學校四年級時漢文學堂已經凋零，他母親請了一位老先生來教他漢文，背誦一些經典，也只學了兩年，當他遠赴日本上中學時就停止了。那時北台灣除了長老教會的淡水中學外，還沒有給台灣人就讀的中學，他只能去日本就讀。陳逸松那時學習漢文才兩年，「很高興背誦過這些漢文，覺得很有價值」[9]，對他的閩南語能力是大有幫助的。而更重要的是早期的漢文教育遂構成了這些人一生安身立命的文化資產與身分根基，到了晚年還會寫傳統詩詞。

　　相較於稍年長的蔣渭水、杜聰明和葉榮鐘等這些幼年還有機會學習傳統漢文，因而能書寫文言文並心懷祖國的前輩，像我父親這乙未世代從小開始就接受日本殖民現代化教育，因而沒能發展閩南語的論述能力。他們在成長歲月的日據時期雖然保留了日常閩南語的能力，然而日語卻成了他們的知識與論述語言。能講一口流利日語，能寫一手得體日文，成了日據時期文明上層的象徵。

　　如前所言，以日據時期培養出來的菁英知識分子李登輝為例，他缺乏完整閩南語的能力，不能用閩南語朗讀總統元旦文告，而只

8　葉榮鐘，《葉榮鐘選集 文學卷》（台北：人間出版社，2015年11月），頁166。

9　《陳逸松回憶錄》（日據時代篇）（台北：前衛出版社，1994），頁19-20。

能在日常生活上使用夾雜著日語的閩南語。他作為一個政治人物，在缺乏閩南語論述能力這方面，是以日語來取代的。他不只在接見來訪日本記者、作家、政治人物時，能以日語暢所欲言，在他私下進行縝密思考時，應該主要也是用日語在進行。這是那一代人的高層語言能力，即使光復之後學會了用國語來交談應對與閱讀，但用日語建構起來的高層抽象思考的世界卻是從年輕時候就開始營建，很難替換，就像後來接受國語教育的幾代人必須用國語來思考一樣。

我們可以設想，如果1915年當初由林獻堂等人士籌辦的「台中中學校」沒有被日本殖民政府收歸官辦，他們應會在課程上加入傳統漢文的學習，或許典雅閩南語就不會在我父親這一代人身上完全消失。雖然這只是一間中學校，只能讓全台灣的一部份學生受益，或許也足以培養出一批日語和閩南語兼備的知識分子，作為母語傳承的火種，以待光復的到來。然而強勢的日本殖民政府卻不讓這情況發生。

抗日運動面臨的語言難題

日本殖民政府全面壓抑傳統漢文教育而推廣日文教學，在如此強勢的日語教育政策下，台灣的抗日分子要以何種漢文書寫文體來與之對抗呢？這一直是日據中期台灣啟蒙知識分子的語言難題，也伴隨著政治社會運動而演變。

雖然台灣文化協會的創會旨趣〈趣意書〉用頗文言的文體寫成，以「方今之文明，物質文明也。現在之思想，混沌險惡之狀態也。近時之機運，建設改造之秋也」起頭，代表著新舊交替世代的古典漢文能力，但新一代的啟蒙知識分子在語文上能夠拿來做為對抗資源的，就只能是正在中國大陸上推行的風風火火的「白話文」。這

就是1920年代的賴和、張我軍、陳虛谷等人所創作的台灣第一批現代小說所使用的文體。以現代白話中文來對抗日本殖民政府的語言同化政策，同時也表達他們的祖國情懷，這在那時的條件下顯然別無選擇。

當時為何別無選擇？首先文言文已經不適合作為抗爭的工具了，何況如前所述已經為當時的教育體制所不容，年輕一輩已經不熟悉了。再則台灣閩南語還沒能跟上現代化腳步而發展成可用的書寫文體，就是說典雅閩南語本身在現代化大潮洶湧而來之下，並不會自自然然地變成能夠應付現代思想、觀念與邏輯的、言文一致的語言。換言之，傳統漢語的文言文與白話的言文分離現象，必須經過一番改造才能趨向言文一致，就像清末民初開始的白話文運動。就日據時期的條件而言，台灣閩南語並沒有這個機會。

中國大陸以北方官話為基礎的白話文運動之所以能夠順利展開，有一個歷史性的條件，就是以官話白話為書寫文體的作品已經發展了數百年，其中最顯著的就是那無數的白話小說。白話口語作為書寫文體早已經過數百年的鍛鍊，有此基礎到了20世紀才能迎戰西方現代文明的大潮。

然而台灣在日本殖民現代化的籠罩下，卻有著不一樣的景象。不論是台灣閩南語還是客家話都還未能建立白話書寫的文體，搬演陳三與五娘愛情故事的戲曲《荔鏡記》，以及南管梨園戲等，算是其中少數例子，但是沒有小說。白話小說的重要性在於它是敘述與對白兼具，與當代口語差距不大，可以被廣泛傳布而成為大眾閱讀的文本，而閩南語白話書寫的發展就缺了這個環節。於是心懷祖國的台灣第一批抗日啟蒙知識分子如蔣渭水、賴和等人，只能別無選擇並且順理成章地採用白話文作為議論、宣傳與創作的書寫文體。

然而大陸知識分子所採用的「白話文」文體，在兩岸分斷的日

據臺灣並沒能順利推廣到全社會。這是因為一方面有著由上而下殖民教育體制的重重阻礙，另一方面隨著完全接受日文教育的乙未世代的成長，台灣的知識階層的書寫文體逐漸轉成日文，例如楊逵、翁鬧、張文環等人在1930年代的日文小說創作。於是配合著左翼思潮的興起，就有了徹底「言文一致」的想望，而發生了「台灣話文論爭」。支持者如黃石輝、郭秋生等人認為「白話文」也只是另一種知識菁英的文言文，而要求發展「台灣話文」——即是以閩南口語白話為基礎的書寫文體，以為如此才能真正面向基層大眾。

這個「台灣話文」的主張，基本上是大陸白話文運動的「我手寫我口」思考邏輯在台灣的複製，如前所述由於缺乏有如官話白話小說的數百年基礎，是需要極大的努力才能看到成果的。何況如此主張的人都已不再熟悉典雅閩南語，天真的以為從其日常生活閩南語中就可以提煉出一套成熟的書寫系統。結果是時不我予，1930年代中期開始，皇民化運動禁止報刊上的漢文版面，於是不論「白話文」或「台灣話文」都不再有發表平台，何況到此為止都還沒出現成熟的「台灣話文」作品。

反諷的是1930年代初的這場漢文書寫文體之爭，都是以現代白話中文來書寫，而且參與這場論爭的乙未世代知識菁英基本上多認為台灣話本身鄙俗無文，需要提升來符合現代社會標準。這是乙未新生代抗日啟蒙知識分子面對的語言難題，他們拋棄了傳統經典，也就無知於典雅閩南語；大陸的白話文又難以用來作為普及一般大眾的書寫文體，而理想中的「台灣話文」卻只能畫餅充飢；最後只能讓強勢的日語成了唯一的論述語言與書寫文體。

在這場關於書寫文體的論爭之中，少數點出典雅閩南語重要性的是撰寫《台灣通史》的連雅堂（1878-1936）。飽讀漢文經典的連雅堂，屬於傳統與現代交替的世代，在其1933年發表的《台灣語典》

自序裡指出了閩南語的悠久傳承與典雅優美,「夫台灣之語,傳自
漳、泉;而漳、泉之語,傳自中國。其源既遠、其流又長」,「余
以治事之暇,細為研究,乃知台灣之語高尚優雅,有非庸俗之所能
知;且有出於周、秦之際,又非今日儒者之所能明,余深自喜。」[10]
    連雅堂於是為淪落了的典雅閩南語發出悲鳴:

> 今之學童,七歲受書;天真未漓,咿唔初誦,而鄉校已禁其臺
> 語矣。今之青年,負笈東土,期求學問;十載勤勞而歸來,以
> 忘其臺語矣。今之縉紳上士乃至里胥小吏,遨遊官府,附勢趨
> 權,趾高氣揚,自命時彥;而交際之間以不屑復語臺語矣。[11]

他可說是在日據時期的語言轉折困境中,對閩南母語能力的失落有
深刻認識的少有幾位。然而作為一個半舊半新的人物,他的呼籲當
然進不了乙未世代現代化了的視野。葉榮鐘也感嘆自己國學根基淺
薄時說道,這「並不是我個人的特殊情形,而是當時的普遍現象。
在富有舊學氣氛的古都鹿港,尚且如此,其他的地方也就可想而知
了」[12]。

三代人的失語狀態

    以日語來學習、思考與論述現代觀念與事物,成了日據時期乙
未新生代這一整個世代的台灣人——尤其是男性知識分子——的共

---

10 連雅堂,《台灣語典》(台北:金楓出版社,1994),頁30。
11 連雅堂,前引書,頁32。
12 葉榮鐘,前引書,頁167。

同語言現象。然而日本戰敗與台灣光復改變了這個語言格局，做為上層論述語言的日語完全失去地位，以致他們年輕時學到的日語論述能力在社會上幾乎完全失效；而歷經五四白話文運動數十年來錘鍊出的國語，成了台灣的新的上層論述語言。但是他們年紀已大，大多來不及重新學好新的一套，反而他們的後代，即台灣戰後新生代，卻很快學會了這套現代白話中文作為上層論述語言[13]，在他們面前振振有詞了。

　　總的說，典雅閩南語作為傳統讀書人用來思考、論述與書寫的一套論述語言，到他們這一代就斷了傳承，光復後並沒能傳遞給我們戰後新生代。而我們這代人不僅沒能在家裡從父執輩他們學習這一套典雅閩南語，也沒能從學校的語言教育中學到。其實國民黨當時即使認識到這套具有中古漢語傳承的閩南語的重要性，恐怕也無力恢復，而只有餘力來推行國語。這就是在1963年底周鴻慶事件發生時，我們家晚餐桌上父子兩人語言位置上的對比而造成父親失語的歷史因素。這樣的處境也讓我聯想到再早幾十年我父親年輕時，他應該也曾操著才學會的日語振振有詞，而讓我那只會講閩南語的祖父啞口無言吧！

　　這是台灣人百年來語言上的兩次斷裂。這裡用斷裂的概念，似乎是讓世代的演變有如刀切那般絕然。當然歷史是不會如此發展的，舊的與新的、落後的與進步的、傳統的與現代的總是互相交疊而糾纏，在一個時期甚至同一年齡層都會有新舊並存的現象。戰後新生代如我者是從一開始就接受中華民國教育的；像我父親或葉石濤這些在20世紀初的二、三十年間出生的人則完全接受日本教育；

13　鄭鴻生，〈台灣人的國語經驗〉，《思想》第7期，2007年11月，頁245-264。

這兩種人的語言經驗較為單純。但還有在乙未前後出生的,如前文
所述在尚未能進日本公學校之前,曾經有過漢文學堂的教育經驗,
這段漢文學堂經驗對他們而言有著特殊的意義;而在日據晚期的
1930年代出生的那代人,則在求學期間轉換了教育語言,或者在小
學,或者在中學,從日語變成國語。

有不少1930年代出生的人,一方面以當時的日語基礎繼續發展
日語的能力,另一方面也努力學習國語,而掌握得很好的例子。但
他們如同兄長輩的李登輝,還是缺乏典雅閩南語的能力。教育語言
經過轉換的這一些人出了不少台灣閩南語專家學者,如王育德、鄭
良偉等,以日文、國語,甚至英文發表閩南語學術著作,但真能駕
馭典雅閩南語,並以之作為書寫與論述的語言者卻是鳳毛麟角。何
況還有一個大問題尚待克服,即是現代閩南語白話書寫至今尚未如
現代白話中文(北方官話)那樣,建立規範化的文體。

所以整個說來,除了日據早期那些讀過漢文學堂的台灣第一批
現代知識分子之外,20世紀出生的幾代知識分子,雖然也掌握了論
述語言,或者日語或者國語,卻幾乎全都失去了典雅閩南語的能力。
就像我父親那一代人失去了典雅閩南語的能力,只能用日語來論
述,我們戰後新生代學到的論述語言則是現代白話中文的國語,即
使我們在日常生活中還是用閩南語溝通,但是在進行論述辯駁時就
必須轉換成國語。我們父子兩代人都有著這種話語的雙重性。

這種現象在吳語地區的上海也有同樣的情況。上海的知識分子
在日常生活說上海話,一旦要進行討論辯駁就得轉成普通話。或許
這是因為閩南語與吳語這兩種方言的書寫文體都沒有像北方官話那
樣,有過一個上百年的現代白話文運動,甚至可以追溯到明清兩代
的白話小說的發展,或許這才是閩南語沒能成為現代論述語言的更
大的背景。當然漢語各種方言在歷史上如何形成這種狀況,比上面

所簡略陳述的遠為複雜。

生活閩南語的退化

上文提到，由於這整個乙未新生代沒能學習典雅閩南語，閩南語退化成只是日常生活語言。更甚的是，他們日常使用的生活閩南語也退化了，而且很多閩南語詞彙也不再使用，卻多了一些在地化的日語詞彙。可笑的是有人就以此為理由認為台灣話已經不再是閩南語，而是一種新語言了；其實台灣閩南語只不過多了一些新詞彙而已，基本根柢還是貨真價實的閩南語。

在我成長的1950-60年代台南的閩南語環境中，我從女性長輩學到的生活閩南語詞彙遠比從男性長輩學到的多；而在女性長輩中，屬於前清遺老、大半不識字的祖母輩的生活閩南語又比屬於乙未新生代的母親輩豐富許多。日本教育顯然不只打亂了台灣菁英男性的語言完整性，也影響了一般台灣女性的生活閩南語能力。

家母常提起她年輕時，台南城裡番薯崎街坊有位大家暱稱寶姊的女性長輩，平常說話滔滔不絕，擅長運用成語典故，母親直到晚年都還記得這位寶姊豐富流暢的閩南語，但也只能引述一二。當然母親是頗遺憾沒能有這樣的生活閩南語能力，而這樣的人物在我戰後的成長年代再也不曾遇到。但即使如此，我還是從並非能言善道的祖母，學到不少如今偶而還會讓我脫口而出的閩南詞彙。

所以說，台灣人的閩南語能力經過日據時期後，是整體退化了，不只是典雅閩南語那部分。這即是我們戰後新生代成長時期在家族與鄰里中的母語處境：我們不只不知道有典雅閩南語這回事，以為四書五經、唐詩宋詞就一定是用國語來讀，我們也難以從長輩學到豐富流利的生活閩南語。當時能夠聽到較為流暢的閩南語敘述，大

半來自閩南語廣播電台裡文白夾雜的說書節目。

學校的環境更不用說了，我記得讀小學時有些老師國語講不好，乾脆就用起閩南語甚至日語詞彙來。對當時很多年紀較大的老師而言，夾雜日語詞彙的閩南語最能讓他們暢所欲言。相鄰班級的級任老師們在讓我們練習測驗題時會聚在走廊上聊天，他們都是台南在地人，聚在一起說話時兼用三種語言——閩南語、國語以及日語。他們小時多曾讀過日據時期的小學，有些日語詞彙也在地化了；光復後他們有些人又從師範學校學到國語；而閩南語則是將日語和國語詞彙組織起來的基礎架構。於是我們學生在教室裡一邊埋首答卷，一邊則聽到走廊上傳來陣陣閩南語夾雜日語與國語詞彙的談笑聲。

這是1950-60年代台南府城核心地帶的閩南語環境，甚具代表性，從乙未到光復的六、七十年來，閩南語的詞彙就在二、三代人之間，在台灣人的言談中大量流失。我們的伯叔輩或小學老師是用一種夾雜著日語或國語詞彙的閩南語在交談的，而即使這麼一種混雜語也並不能讓他們暢所欲言，因為他們大部分對這三種語言都沒能完全掌握。來到我們學習國語的戰後新生代，不僅無知於典雅閩南語的存在，一般生活閩南語能力甚至更加退化了。

從打拳賣膏藥到選舉講台的話語

當然那時台灣並非沒有用到閩南語長篇大論的場合，比如選舉講台上。那時在台南城裡，候選人基本上必須用閩南語來發言，如上所言我的父執輩已經喪失閩南語的論述能力，如何能夠上台講出一番政治的大道理呢？幸好台灣的選舉講台並非是講道理的地方，而主要在推銷自己與攻擊政敵，這樣的場合對語言論述能力的要求

就不高了。這種在街頭推銷產品的能力卻是台灣基層社會一直就有的傳統，例如在夜市擺地攤「打拳賣膏藥」者的一套民間生猛話語。

在1950-60年代台南城裡的友愛街上，從西門路到海安路那一段，入夜之後成了夜市，其中不少是賣各種草藥膏藥的地攤。擺攤的總是滔滔不絕講著一套「打拳賣膏藥」的道理，除了跌打損傷的膏藥外，最多而且最吸引人的無非是各種壯陽藥。地攤上擺滿瓶瓶罐罐，乾癟的或浸泡在酒裡的鹿鞭，或其他什麼鞭，各種奇怪的藥丸藥膏，賣藥人的一套基層閩南語講得口沫橫飛、張牙舞爪。年少的我常佇立人群之中，為其土俗、粗獷、生猛、性暗示甚至明示的言辭而聽得入神，也為其誇張耍狠的動作而目瞪口呆。而圍繞在我周遭的成人男性已有不少人躍躍欲試，成交了不少生意。

這是一套我在家裡與鄰里間不曾聽過的話語，那些基層而生猛的詞彙與腔調不曾出現在我父母與鄰里的語言世界裡，然而卻成了當年地方政治人物可以用來在競選舞台上推銷自己的寶貴語言傳承。後來不少政治人物在選舉講台上的滔滔不絕，以及台下備受鼓舞而目眩神迷的選民，都讓我聯想到少年時期在夜市聽到這套話語的場景。

1950-60年代這一大批熱切參與地方選舉的候選人，在缺乏高階的、傳統菁英知識分子的典雅閩南語能力的情況下，除了「打拳賣膏藥」的一套現成的基層生猛話語可用之外，後來還有另一套可資運用的，即是長老教會傳教時所使用的一套佈道式話語。這套話語就不只是在推銷自我，也是在傳播思想理念、影響信徒。然而這套佈道話語在其百年來的傳道歷史中，為了傳教而使用的詞彙必須簡單而不能深奧，主要是在營建一種信仰的氣氛。我大學最後一年的1972年底，在台大校門口聽到的康寧祥初次出來競選立法委員的演講，就是這麼一個氣勢，是我在台南沒聽過的，當時就讓人覺得耳

目一新。此後在選舉講台上，我們聽到本土候選人用閩南語發表競選演說，基本上不脫「打拳賣膏藥」與「傳教士佈道」這兩套話語方式的混合。

然而不管是打拳賣膏藥的一套，還是傳教士佈道的一套，畢竟都不是從典雅閩南語的豐富詞彙與成語發展出來的。缺了這麼重要的一塊，也就缺了閩南語本身的深厚歷史傳承。即使本土政治人物在競選講台上講得口沫橫飛、誇誇其談，看似能言善道，但台灣人的閩南語能力在沒能補足典雅傳承這重要部分的情況下，終究是不全的。

小結

在往後的歲月，有機會再回首細看我們的前輩，竟發現那些在接受日本現代化教育之前或同時，曾有機會上過幾年傳統學堂的知識分子，如杜聰明、葉榮鐘等人，他們直到晚年都還以寫書法為每日功課，還不時以典雅閩南語來創作吟誦傳統詩詞，這些非現代文明的傳承竟然成了這批台灣第一代現代化知識分子晚年還能安身立命的東西。比他們稍晚出生的我的父執輩，缺了母語的這個重要功能，他們的生命也就變得無根，晚年顯得無所適從。

我們戰後新生代就是在這樣母語能力退化的語言環境中長大的。從這個歷史視野來看就很明白，國府是否在學校壓制方言，不是如今台灣閩南語退化的主要因素，甚至不起直接作用。國府在光復後推廣國語的政策雖然粗糙，但無可厚非，這也成就了如今台灣人能以現代白話中文走遍全球華人世界的功效。國府的責任在於沒能力認識到，閩南語這個做為中華文化重要傳承的古漢語，在日本殖民五十年間已經被摧殘大半而亟需大力拯救；沒能力認識到不去

拯救復原典雅閩南語這一重要而豐富的文化傳承，後果就是從戰後
新生代開始，台灣人就一步步走上了自我疏離母體文化的道路。

　　總的說，台灣人閩南母語能力的退化從1895年日本占領台灣那
一天就開始了，日本帝國的殖民現代化改造方案所具有的「文明位
階」的優勢，才是真正讓台灣人母語能力退化的最大因素。而乙未
之後的幾代台灣人對文化傳承的自我棄絕，更進一步加速了自己母
語能力的退化。如此我們失去的就不只是母語的能力，還有這套語
言所承載的文化母體。

　　台灣人從乙未世代的語言斷裂開始，從此和漢語古典文學與經
典疏離，以致不知道那套經典是閩南母體文化與語言的重要基礎。
到了今天，我們甚至不知道我們失去了什麼，以為政治人物在台上
的口沫橫飛就是我們母語文化的最佳表現；而近年來中學國語課本
的「文言文比例之爭」，更是顯現了如今台灣人菁英將這套經典當
成是國民政府強加的外來物的扭曲認識。將自我文化的重要成分當
成外來物來加以排斥，這毋寧是最扭曲、最悲哀的事。

鄭鴻生，讀過哲學與電腦，曾任職資策會，現從事自由寫作。

重讀盧梭：

極權之父，還是共和先驅？[1]

王邦華

　　悠悠千年，西方思想史人才輩出，但極少有人像盧梭這樣具有這麼大的影響力。歷史學家艾克頓勳爵曾感嘆過，盧梭「以其手中一筆，發揮之影響力，超過亞里士多德、西塞羅、聖奧古斯丁、聖阿奎那，以至所有前人。」[2]然而，這個影響力是好是壞，思想史家的看法卻是迥然有別。不少學者批評盧梭的《社會契約論》雖然高舉自由、民主等價值，但他提倡的政治體制對個人權利毫無保障，同時給予立法者（legislator）巨大權力，令其體制容易步向獨裁的極權國家。舉例言之，伯林認為盧梭的積極自由概念定義含糊不清，給予統治者藉口去僭用自由之名，任意侵犯人民的權利。史華慈指出盧梭過於「道德主義」，忽視客觀制度的重要，而把改革社會的希望寄託於道德超然、半神半人般的立法者身上。流風所及，盧梭的追隨者遂不滿足於循序漸進的改革，而傾向自居立法者集權統

治，最後成為高高在上的獨裁者[3]。類似批評在大陸自由主義者之間也非常流行，例如劉曉波就曾提出盧梭的理論賦予立法者太大權力，「是無視人的弱點、權力欲的幻想理論。」[4]

以上種種詮釋，都把二十世紀的數個極權國家的出現，追溯到盧梭的理論缺失。然而，這些詮釋是否合理？究竟是盧梭的理論過於含糊而給予獨裁者可乘之機，還是盧梭其實立場清晰但卻遭野心家強行扭曲？本文以盧梭的《社會契約論》為中心，討論盧梭理論中兩個一直以來備受誤解的概念——自由和立法者，並且指出共和主義才是盧梭的核心精神。

一、在文明中追尋自由

盧梭的早年著作《論不平等的起源》可說是《社會契約論》的前奏，表現了盧梭的歷史觀和人性觀。在此文中，盧梭謳歌遠古時代未有文明的自然狀態，而貶抑當下的文明社會。盧梭把人類歷史分為六個階段。在前三個階段，野蠻人民風淳樸，無憂無慮，不會像現代人般爭權奪利。他們欲求簡單，只志在滿足衣食住行等基本需求。同時，在自然狀態下，人類天生的同情心會逐漸萌芽，令野蠻人彼此和睦相處。即使有些人較強壯、有些人較弱小，但各人地

3　Benjamin Schwartz, "The Rousseau Strain in the Contemporary World," in *China and Other Matters*（Cambridge, Mass.: Harvard University Press, 1996）. 相關詮釋亦可見蕭延中，〈文革的政治思想根源：史華慈論盧梭、孟子與毛澤東〉，《思想》，第五期（2007），頁1-25

4　劉曉波，《形而上學的迷霧》（上海：人民出版社，1989），頁194。另一例子可見朱學勤，《道德理想國的覆滅：從盧梭到羅伯斯庇爾》（上海：三聯，2005），頁82-122。

位大體而言都是平等的。

　　但在歷史的後三個階段，這種淳樸風氣卻被破壞無遺。對盧梭而言，墮落的關鍵在於私有產權制度的出現。本來人類日出而作、日入而息，只採集足夠自己生活的物資。然而，隨著私有產權制度的建立，人類開始覺察到擁有豐裕財產帶來的享受和名聲，貪念遂生。人類不滿足於樸素的生活，希望獲得愈來愈多的財富，勝過別人，成為社會的上層。於是社會的種種不平等也愈趨嚴重。先是在經濟層面上分出富人和窮人，再來是政治層面上分出官僚和平民，最後是社會層面上分出主人和奴隸。人類縱然天生有同情心等善性，但在這樣層層不平等的制度下成長，人性亦隨之扭曲，變得爭權奪利、唯利是圖。

　　簡而言之，《論不平等的起源》的核心論旨就是人類天性善良，但在扭曲的社會制度下，才衍生出種種罪惡、不平等。盧梭曾在一封書信中感嘆：「自然把一切事物做得盡善盡美，但我們卻想錦上添花，結果我們毀了一切。」[5]那我們這些身陷墮落社會的人該如何自處？《社會契約論》，就是盧梭嘗試解答這個問題的成果。

　　在此歷史觀下，我們才能明白《社會契約論》開首語「人生而自由，卻無一不在枷鎖之中」的真正意義。第一句指任何人天生都是一個獨立的個體，能夠自由選擇其人生方向。沒有人一生下來就是注定受人擺佈的奴隸。枷鎖，即種種法律、政治和經濟制度。隨著人口增加、社會發展，人類也因為市場出現而要分工合作，互相依賴，方能生活。既然交流無可避免地愈趨頻繁，就需要制度去規範、需要權力去驅使人遵守。這是歷史趨勢，任何地方的人也不能

5　Patrick Riley, ed., *The Cambridge Companion to Rousseau*（Cambridge: Cambridge University Press）, p. 9.

避免。故此，生而自由的人一旦呱呱墜地，即注定落入某種制度的管轄下，被某種權力所壓迫。

　　盧梭雖然歌頌過去的自然狀態，但亦心知人類不能回到那美好而純潔的烏托邦。然而這不代表未來注定一片黑暗。他認為在一個具正當性的制度下，人類一方面能夠服從制度規範，互相交流，享受生產力躍進帶來的各種成果，一方面亦能夠保存其天生的自由。一個能夠調和權威和自由的政體，這就是《社會契約論》意圖展現的圖像。權威和自由看似矛盾，但盧梭認為兩者能兼得，關鍵在於一個建基於公意的社會契約。人有兩種意志。一種是個別意志，以情感主導，以自利為目標；一種是公意，以理性主導，以共善（common good）為目標。共善者，即社會各人的利益交滙之處。以共善為政治和法律的目標，則社會所有人都能受益。「正是這些不同利益的共同之點，才形成了社會的聯繫；……因此，治理社會就應當完全根據這種共同的利益。」（SC 2.1.1）人若順個別意志而行，則互相對立，爭權奪利，弱肉強食。然而人若順公意而行，則意見一致，能團結成統一的群體。

　　故此，社會所有人應該以公意為念，在一個公民大會中理性思考，集體立法，建立一個以共善為目標的國家。「我們每個人都以其自身及其全部的力量共同置於公意的最高指導之下，並且我們在共同體中接納每一個成員作為全體之不可分割的一部分。」（SC 1.6.9）在自然狀態中，人們自由，卻生活貧乏；在現代社會中，人們豐足，卻受不平等之苦。惟有透過締結社會契約，自由人集體服從單一的公意，人們方能擺脫自由和權威的兩難。

二、極權主義的宗師

　　盧梭的寫作風格素來以豐富感染力見稱，但同時亦因其概念弔詭、難以理解而惡名昭彰。甚至連盧梭亦自嘲：「如果你嘗試反思自身，則你會發現弔詭是無法避免。」[6]如果其寫作只是概念混亂，那最多只是令讀者難受而已。但盧梭最為人詬病的，卻是他的《社會契約論》表面上歌頌自由民主，實際上卻是為極權政治鋪路。人民若是活在一個盧梭理想的國家中，不但不能自由地生活，反而會被統治者以公意之名壓迫。盧梭的理論中有兩個概念，令極權國家的統治者能夠借盧梭之名為自己塗脂抹粉：

（一）強調服從的積極自由

　　伯林曾指出，在西方思想史中有兩種自由的概念。第一種是消極自由，可稱之為「免於被干擾的自由」。一個人若是不被阻撓，則他有自由做他想做的事。舉例說，如果我身處監牢之中，那我就沒有自由去其他地方。第二種自由是積極自由，可稱之為「自律的自由」。積極自由不只要求免於被干擾，更要求人能夠自律、理性地生活，不被盲目的感官衝動所主宰。在積極自由的概念中，自由和服從是一體兩面。伯林用這個概念分野把西方政治思想家分為兩個陣營。一邊是消極自由的陣營，代表人物有洛克、彌爾等；一邊是積極自由的陣營，代表人物有康德、黑格爾、馬克思等，當中亦包括盧梭。

　　儘管積極自由推崇理性，伯林卻貶斥積極自由容易被獨裁者利

　　6　Jean-Jacques Rousseau, *Emile*（London: Dent, 1974）, p. 57.

用為欺壓人民的工具。以盧梭為例，盧梭的理論預設二元的自我觀。人一方面有理性主導、追求共善的「高級自我」，一方面有慾望主導、追求自利的「低級自我」。盧梭認為自由就是理性地服從公意，追求共善。但對於共善這概念的實質內容，《社會契約論》卻是語焉不詳。如果有獨裁者利用此書，聲稱他知道何謂共善，再借公意之名，在公民大會中訂立有利自己的法律，人民如何可以分辨是非？

　　盧梭甚至說，若是有人因為公意的決定傷害自身，挺身而出反抗，那政府非但不用尊重他的自由，因為他只是非理性地受自私的慾望所驅使，不知道自己「真正」的意志，才會反抗公意的決定。政府儘可以用刑罰「強迫他自由」（forced to be free）（SC 1.7.8），甚至置他於死地。對這些啟蒙的統治者來說，自由並非有自由去做非理性、愚蠢、錯誤的事情。強迫縱欲的自我重歸正途，非但不是暴政，反而是解放。

　　這樣的盧梭式獨裁者統治，比以往歷史上其他獨裁者統治更為惡劣。以往暴君若是以高壓統治，人民還能以自由之名號召人民反抗。但如今獨裁者卻能以公意、共善等概念粉飾太平。反倒好像惟有服從獨裁者，人民才能達致真正的自由。這樣的憂慮並非杞人憂天，伯林就提出大量歷史例子來證明有多少極權主義者以盧梭的理論去僭用自由這神聖概念：

在盧梭死後多年，西方沒有一個獨裁者沒用[自由就是被強迫去服從理性]這個駭人的弔詭去證成自己的行為。雅各賓黨、羅伯斯庇爾、希特勒、墨索里尼、共產黨全都利用這個論據，他們聲稱人民不懂自己真正想要什麼，故此他們藉由替人民追求、代表人民追求，人民遂被給予一些自己都不知道、所謂自己「真正」想要的神秘事物。……[盧梭的核心學說]導致名副其實的

奴役。透過此理論，我們由神聖的絕對自由，最後竟逐步達致
絕對專制。[7]

故此，盧梭的理論非但對自由民主的發展沒有助益，而且助紂
為虐，令獨裁者可以堂而皇之地收編自由民主的語言，美化自己的
高壓統治。

（二）大權在握的立法者

除了積極自由外，盧梭的理論另一個最為人詬病的，就是立法
者的預設。盧梭對社會契約的描述甚為美好。人人壓抑慾望而理性
思考，最後服從公意，集體締結社會契約。但這些理性的立約者從
何而來呢？在《論不平等的起源》中，盧梭明明把現代社會描述得
病入膏肓，所有社會成員的人性都被不平等的制度扭曲得自私自
利，哪裡會有人理性、無私地思考和立約？盧梭的社會契約預設的
理性立約者，要具備一定的德性和智慧。然而，這些德性和智慧，
卻應是立約後，人民在公民社會中生活方能培養出來的品格。成立
社會契約時需要的人，卻需要因社會契約而生的公民社會去培養，
這豈不是自相矛盾？

盧梭自己也意識到此矛盾。「常常是並不知道自己應該要些什
麼東西的盲目的群眾——因為什麼東西對於自己好，他們知道得太
少了——又怎麼能親自來執行像立法體系這樣一樁既重大而又困難
的事業呢？」（SC 2.6.10）盧梭遂提出立法者此一概念去解決此問
題。已被腐化的現代社會如果要出現社會契約，必須要有一名立法

---

7 Isaiah Berlin, "Two Concepts of Liberty", in *Liberty* （Oxford: Oxford
   University Press, 2002）, p. 47

者挺身而出,由上而下地啟蒙民眾。盧梭對立法者的能力歌頌備至:

> 為了發現能適合於各個民族的最好的社會規則,就需要有一種
> 能夠洞察人類的全部感情而又不受任何感情所支配的最高的智
> 慧;它與我們人性沒有任何關係,但又能認識人性的深處;它
> 自身的幸福雖與我們無關,然而它又很願意關懷我們的幸福;
> 最後,在時世的推移裡,它照顧到長遠的光榮,能在這個世紀
> 裡工作,而在下個世紀裡享受。要為人類制訂法律,簡直是需
> 要神明。(SC 2.7.1)

立法者必須「能夠改變人的素質,使之得到加強;能夠以作為全體一部分的有道德的生命來代替我們人人得之於自然界的生理上的獨立的生命。」(SC 2.7.3)然而,立法者如何可以改變在現代社會中墮落的人性?因為社會契約前人民未受啟蒙,盧梭對理性論證的作用不抱樂觀。盧梭也不同意立法者應以武力強迫人民立約,因為權力的惟一來源是人民,惟有人民才能立法約束自己的權利。立法者既不能用武力、亦不能用說理,惟有依賴宗教。盧梭主張,立法者應創立一種公民宗教,借神明的權威去影響民眾,利用人民敬仰神明的心情,使他們聽從立法者的教誨,並把法律視為金科玉律地遵守。

盧梭筆下的立法者有如半人半神的宗教先知,手握真理,以神秘的技術引導人民。立法者不是以理服人,反而是以宗教形式愚弄民眾,藉由人民迷信,令社會契約得以實現。這似乎令人難以接受,有失光明正大。再者,如果有一人宣稱自己就是盧梭筆下的立法者,要引導人民立法,人民如何分辨?他可能只是另一個希特勒,以三寸不爛之舌鼓勵人民追隨他,訂立壓迫小眾的惡法。然而,根據盧

梭對自然狀態的看法，人民身處已經腐敗的現代社會中，心靈被自
利驅使，其實難以分辨良法和惡法。那人民如何可以分辨眼前雄辯
滔滔的演說家是聖人般的立法者，還是再世希特勒？如果他以公意
之名為非作歹，根據盧梭的理論，人民其實沒有方法可以判斷。盧
梭對立法者的看法，成為今日民主集中制的濫觴，令列寧、史達林、
毛澤東等人以民主之名，行獨裁之實。

　　許多對盧梭的批評，就是針對他對立法者的誇張描寫。史華慈
在分析文革時就曾指出，對毛澤東的狂熱領袖崇拜有兩個思想源
頭，一個是儒家傳統中的孟子思想，另一個就是從西方傳入的盧梭
理論。兩者雖然一中一西，但都把社會改革的希望寄託在一個有德
性的聖賢身上，希望聖賢可以帶領人民進步。孟子描寫的聖君，幾
無異於盧梭筆下的立法者。他們訂立良好的社會制度，同時也透過
社會制度管治未啟蒙的民眾。在史華慈眼中，盧梭雖然提倡民主，
但骨子裡和孟子一樣都是精英主義者。他們的理論都為領袖崇拜提
供肥沃的土壤。劉曉波也曾提出類似的批評。他認為盧梭的立法者
「頗有些東方清官統治的味道。」盧梭低估人性的弱點，把良善政
治的希望寄託在立法者的道德修養上，而忽略制度規範的重要性。
「沒有制度上的保證，任何人執政也能為所欲為。以道德約束代替
制度約束來限制權力只能是一種空想，而且是一種百害而無一利的
空想。所有的封建制度都是以道德之善掩蓋制度之惡。」[8]

三、建基於共善的民主憲政

　　把盧梭視為極權主義者的論述，直到今天仍然俯拾皆是。然而，

8　劉曉波，《形而上學的迷霧》，頁194。

這些詮釋卻多是張冠李戴。自由和立法者這兩個概念都預設了共善的存在。因此,澄清這兩個概念,就必須由共善這一概念說起。根據批評者所言,共善是公意希望達成的目標,但共善本身是什麼卻沒人知道。因此獨裁者可能隨意詮釋共善這概念,再借公意之名行獨裁之實。

即使是對盧梭最同情的詮釋,也無法不承認共善這概念過於空泛。然而,從盧梭著作的蛛絲馬跡中,我們可以嘗試重構共善這概念。哲學家柯亨就透過比較效益主義和盧梭的理論,指出共善是分配式,而不是集合式的概念[9]。效益主義者(如邊沁)追求的是集合式的共善,即滿足大多數人的欲望,達致總體快樂的最大化,甚至不惜犧牲少數人。但盧梭不像邊沁般把焦點放在欲望滿足上。盧梭曾設問「政治結合的目的是為了什麼?就是為了它的成員的生存和繁榮。」(SC 3.9.4)「生存」和「繁榮」可以理解成是一個人的基本利益。國家的責任,不是只求大多數人的利益而忽略少數人,而是要平等分配權利和資源,令每一個人的基本利益得以滿足。在盧梭的另一本著作《論政治經濟學》中,他就指出那些容許「政府為了大眾福祉可以犧牲一個無辜的人」的想法,是「所有暴君發明的格律中最為惡劣的一條,最為錯誤卻會被推行,最為危險卻會被接受,而且最為違反社會的基本法律。」[10]

再者,共善蘊含著一種平等對待的精神。當人民締結社會契約時,他們要明白所有社會成員的權利都是一樣的。政治上,所有人

---

9   Joshua Cohen, *Rousseau*(New York: Oxford University Press, 2010),
     pp. 41-42.

10 Jean-Jacques Rousseau, "Discourse on Political Economy," in
     Jean-Jacques Rousseau: The Basic Political Writings(Indianapolis, IN:
     Hackett, 1987), p. 122

都有同等地位，沒有王公貴族可以享有特權。即使部分官員因為效率原因而被選拔出來，掌握較大政治權力，那也是人民集體決定的結果。人民如果覺得這些官員失職，隨時可以召開公民大會撤換官員。經濟上，盧梭認為不必平等分配所有財產，貧富差距可以被容許，但其差距不可巨大到影響公民們實踐平等的政治權利。盧梭對貧富懸殊深惡痛絕，認為一個理想社會的財富分配應該令「沒有一個公民可以富得足以購買另一人，也沒有一個公民窮得不得不出賣自身。」（SC 2.11.1）

合而觀之，共善就是平等保障每一位社會成員的基本利益（生存、生活豐足、享有獨立的私人空間等），而此價值是社會各人都認同、分享的。明乎此，就能大概分辨哪些法律合乎共善、哪些是違反共善。合乎共善的法律保障每一個人享有基本權利，例如生命權、言論自由、宗教自由等，令社會成員不用擔驚受怕、害怕政治迫害，同時對社會進行資源再分配，令社會中的貧民不用因生計而賣身為奴。因此，有些極權國家的法律以人民利益之名迫害小眾，甚至把數以萬計的人送往斷頭台、集中營，這很明顯和盧梭心中的共善完全沾不上邊了。

（一）積極自由和消極自由的假對立

明白共善的真正意義，就能知道一些對盧梭的批評是如何錯置，同時也能令我們反思積極和消極自由是不是有效的標籤。伯林認為一個尊重消極自由的政府，就會對人民的私人空間不加干預，讓他們為自己的人生作種種抉擇；積極自由卻是大有問題的概念，政府可能會屢屢以極權手段干擾人民的生活，務求令所有人能「理性地」過活。然而，是否「服從」就一定壓抑自由、「不干預」一定有利於自由呢？但盧梭式的共善，要求政府尊重每一個人的基本

權利，不能隨便置人於死地或禁止其言論。如果法律是建基於這樣的共善，那服從它並沒有問題可言。

在正確的理解下，我們才能明白盧梭筆下的「服從公意」和「強迫人自由」的真正意思。服從公意，不是說要人民無條件服從政府領導，而是指人民思考政治事務時應要以共善為先，不可被自己私利所影響。舉例說，即使我思想保守，很討厭某些社會成員（例如少數民族或同性戀者）。只要他們盡了公民義務，我也不可漠視他們的基本權利，支持侵犯他們生命或財產的法律。而「強迫人自由」亦不是指政府對人民施行洗腦教育，而是指政府以公權力迫使人民遵守建基於共善的法律。沿用上例，假設我一意孤行，傷害他人（例如美國的3K黨），那警察應該以武力制服我，強迫我守法。這亦不是什麼離經叛道的事[11]。許多對盧梭理論的恐懼，其實都是因為對共善有所錯解。

我們可以進一步問，盧梭式的自由，究竟是積極還是消極？說它積極，它卻主張政府不可以干預人民的基本權利。說它消極，它又強調服從、理性等價值。似乎這兩個詞並不是正確的標籤。反過來說，有無可能積極和消極自由之分本身已有問題？只談積極自由，而不知道不干預的重要，容易墮入極權主義。相反，只談消極自由亦有不足，所謂的不干預，應放手到什麼地步？政府是不是甚麼也不干預就是最尊重自由？對盧梭而言，自由就是擺脫現代社會的種種不平等，避免被人壓迫以及依賴於物。要達成這種自由，除

---

11 再者，亦有學者考證，「強迫人自由」（forced to be free）的原文為 "forcer d'être libre"，能夠翻譯成「使之能夠自由」（strengthened to be free）。在此新譯下，盧梭更似是在說國家有教化公民的責任，而非武力強迫之意。見Carole Pateman, *The Problem of Political Obligation*（Cambridge Polity Press, 1985），p. 156。

了有賴法律保障人民的基本利益，免於被壓迫，人民也要自律地服從法律，尊重別人。由此可見，積極自由和消極自由未必互相衝突，它們可以是相輔相成。

　　哲學家麥卡勒姆就曾挑戰積極和消極自由之分。兩種自由都預設了一種二元關係。消極自由可被理解成「自由是X免於Y的干預」，而積極自由則可理解成「自由是X要去做Y」。但麥卡勒姆卻認為事實上只有一個自由概念，而非兩個。用二元關係去理解自由根本有所不足。麥卡勒姆提出應該用三元關係。自由是「X免於Y的干預而去做Z」。X指自由主體，Y指對自由的干預，Z指自由的行動或條件。不同思想家對自由有所爭議，並不是因為一邊是消極自由陣營，一邊是積極自由陣營，而是因為他們對這三元關係中的X、Y、Z是什麼有不同理解。如果用積極和消極自由之分去劃分思想家，很容易誤讀他們的真正想法。用麥卡勒姆的三元關係去看盧梭，就能理解盧梭的自由，其實是「公民（X）應免於對基本利益的侵犯（B）而服從追求共善的公意（C）」。人們既有權利免於暴政干擾，亦有責任遵守平等保障公民權利的法律。這樣正確理解盧梭那些「服從公意」、「追求共善」的話，那盧梭主張的政府，和常見的民主憲政國家並沒有很大差別。

（二）立法者的權力局限

　　有些學者擔心獨裁者可以假冒立法者之名建立極權制度，這憂慮預設了人民對共善一無所知，才令獨裁者得逞。然而，如果人民對共善有一些基本理解，則對立法者此一概念的批評亦可迎刃而解。盧梭心目中的立法者，需要起草憲法，提出一套追求共善的政治制度，可以平等保障所有人的基本利益。人民對共善有基本了解，就能以此為尺，評核自稱立法者的政治家們。希特勒、史達林等人，

所立之法荼炭生靈，令人朝不保夕，甚至涉及種族滅絕。如果人民真的理解共善的意思，就自然明白他們決計不是盧梭認同的立法者。

再者，盧梭雖然把立法者比之若神，他亦清楚界定立法者的權力局限。立法者的責任只在於起草憲法和型塑公共輿論，他沒有權力把法律強加於人民身上。即使人民在公民大會中否決了憲法，立法者亦要坦然接受。立法者雖然有啟蒙人民的責任，但他只是外在於政府的存在。故此，像毛澤東般一方面自居「偉大的導師」、一方面手握政府大權，明顯逾越了立法者應遵守的界線。

立法者或許給人精英主義的想像。為什麼民主政府不是靠人民集體覺醒建立，而要靠立法者這樣的精英領導？首先，盧梭從沒有否定人民集體參政的重要性。他曾經嘲諷當時英國的代議制議會：「英國人民自以為是自由的；他們大錯特錯。他們只有在選舉國會議員的期間，才是自由的；議員一旦選出之後，他們就是奴隸，他們就等於零了。」（SC 3.15.5）因此，盧梭強調全體人民必須親自立法。任何正當的權利和義務都必須基於自願的個人同意。凡是不曾為人民所親自批准的法律，都並非真正的法律。立法後，人民也要定期出席公民大會，審視現行憲法是否需要修改。

然而，我們也難以否認像這種程度的公民參與，要求公民有高度的智慧和德性，不能一蹴而至。在過渡時期，的確需要精英為憲法起草，並教化民眾。事實上，揆諸歷史，許多國家草創時也要依賴外地精英撰寫憲法。盧梭描述立憲需要依賴精英，在現實政治中似乎難以避免。「大多數希臘城邦的習慣都是委託異邦人來制訂本國的法律。近代義大利的共和國每每仿效這種做法；日內瓦共和國也是如此，而且結果很好。」（SC 2.7.5）盧梭自己也曾應波蘭和科西嘉之邀，協助它們撰寫憲法。遺憾的是，波蘭日後被歐洲列強瓜分，而科西嘉亦被法國併吞，令我們無法知道盧梭親手設計的制度

長遠而言能建立一個怎樣的國家。

　　相比起希特勒和史達林這些獨裁者，有一個歷史例子更能幫助我們理解立法者的形象——美國憲法之父麥迪遜。1787年，剛從英國獨立出來、一盤散沙的北美洲十三個殖民地，在費城召開邦聯代表會議。本來，與會代表只希望討論各州之間的商業關係，但其中一名代表麥迪遜主張，十三州各自為政，過於鬆散，應該建立一個更緊密的國家組織，並草擬一部憲法作為新國家的基礎。費城會議遂成為美國的制憲會議。各州代表經歷了三個多月的討論，終於草擬了今日我們見到、成為美國立國之本的美國憲法。費城會議後，各州還要召開制憲大會，由各州人民決定是否接受憲法。為了說服各州人民接受憲法，麥迪遜等三位政治家不斷撰寫文章，參與公共討論，解釋憲法設計的政治體制。這些文章被編輯成《聯邦論》，是日後人們要詮釋美國憲法時經常引用的重要思想資源。應用盧梭的框架，麥迪遜無疑是美國的立法者，而《聯邦論》就是他型塑公共輿論的成果。如果以麥迪遜、而非希特勒去想像盧梭筆下的立法者，那盧梭對立法者的歌頌和欣賞亦變得容易接受多了。

　　至於盧梭主張立法者透過公民宗教影響群眾，盧梭在這點上似乎鼓吹迷信權威，違反理性。然而，我們也可以把宗教理解成一種用打動情感來令人接受憲法的方法。廣義來說，宗教不必然像基督教和伊斯蘭教等，預設一個獨一無二的神存在。它可以只意味著一套價值觀，具備有教化功能的習俗和儀式，讓人們在參加這些習俗和儀式時，感受到這套價值的神聖性，從而心生嚮往，堅定心中向善的情感。故此，盧梭提倡公民宗教，可以理解成是因為盧梭清楚理性在政治生活中的局限，才提出公民宗教以補理性教育的不足。

　　理性和情感在人類決策中都佔有重要位置。公民儘管明白如果憲法要良好運作，他們就有理由踐行某些責任，但卻可能因為種種

情感而逃避這些責任。舉例說，一個公民可能理性上明白自己應該
參與公民大會，向官員問責，但感性上卻覺得留在家中休閒更快樂，
而且自己參不參加對結果影響不大，遂選擇缺席公民大會。在這些
情況下，理性論辯收效甚微。即使給予該公民再多的理由，也不能
改變他情感上的軟弱。然而，如果公民對自己國家感到自豪，並珍
惜自己和其他公民情感上的連繫，不想令其他公民失望，這些情感
就可以彌補理性的不足，驅使公民克服懶惰，做一個更盡責的公民。
這些情感要依靠習俗和儀式去培養，例如參加大型國家慶典、學習
國家歷史、學習尊敬國旗和國歌等國家符號等。一套公民共同尊敬
的憲法，輔以種種習俗和儀式，就是盧梭心中的公民宗教。觀察現
實政治，盧梭的公民宗教其實不是什麼離經叛道的主張。美國的民
主能夠運作良好，就是靠一套公民宗教在背後支持[12]。獨立宣言和
憲法就是宗教經典；華盛頓和林肯尤如宗教英雄，為公民作楷模；
美國國旗和國歌為神聖的象徵，把憲法所代表的價值觀具體化；總
統就職典禮即是一個大型祭禮，讓人民透過集體參與建立團結感。
透過年復一年地敬拜這些象徵，參加這些活動，公民才對美國的核
心價值產生切切實實的感情，而非只是抽象地理解這些價值。如果
我們以美國為例子去理解公民宗教，盧梭那認為立法者要用公民宗
教影響民眾的主張，就不見得是鼓吹迷信、愚弄群眾。盧梭只是主
張透過適當的情感教育培育理想的公民。

12　其中一個有關美國公民宗教的經典論述，就是Robert Bellah, "Civil
　　Religion in America," *Daedalus* 96（1）（Winter, 1967），pp. 1-21.

四、共和主義的盧梭

當我們逐步消除對盧梭的錯誤理解後，他的核心關懷才開始透顯出來。盧梭關心的是生而自由平等的人可以如何在無法避免枷鎖（即政治制度）的世界中生活。他的答案是，惟有在一個正當（legitimate）的政治制度下生活，人才能重獲自由。一個正當的制度有以下六點特色：

(一) 主權在民：由自由而平等的人民組成的公民大會是惟一的權力根源，不論是上帝、貴族血統或精英才智都不能證成政府的權威。

(二) 法治：所有公民的權利和義務都由公開透明的憲法界定，無一例外。政府的權力行使亦需要在憲法界定的框架中，方有正當性。

(三) 立法權：憲法由立法者起草，以保障共善為目標。起草後交由公民大會以一人一票的方式直接審議。人民投票時，需確保他們已獲得充足資訊。盧梭並沒有仔細界定怎樣的投票結果才算通過。但他曾提及兩條準則：「一條是，討論愈是重大，則通過的意見也就愈應當接近於全體一致；另一條是，所涉及的事情愈是需要迅速解決，則所規定的雙方票額之差也就愈應該縮小，在必須馬上做出決定的討論中，只要有一票的多數就夠了。」（SC 4.2.10）

(四) 民主參與：公民大會通過憲法後，人民也要定期召開大會，討論法律是否需要修改，或是訂立新法。

（五）行政權：不可能所有社會事務都交由公民大會決定，故
　　　此公民大會需要下放部分權力予行政官僚。立法權負責
　　　立其大本，行政權負責日常操作。在行政機關的設計上，
　　　盧梭認為應該因地制宜。有時是精英制，有時甚至是君
　　　主制。但不論是什麼制度的行政機關，其權力仍是由公
　　　民大會賦予，公民大會隨時可以回收其權力。

（六）基本權利：人民享有一系列基本權利，例如生命權、溫
　　　飽權、言論自由、宗教自由、參與公民大會的自由等。
　　　政府也有責任對社會資源再分配，避免貧富懸殊。

　　這六大特色，組成盧梭心目中的理想社會圖像。細看這社會圖像，與其說盧梭是極權主義者，不如說他是共和主義者。共和主義提倡集體自主的政制，反對精英主義。後者的權力根源把握於一小群精英手上，精英政府由上而下地管治群眾。前者的權力根源則在廣大人民手上，公共事務由人民根據彼此同意的共善概念集體自決，由下而上地決定政府方針。共和主義上溯希臘羅馬的城邦自治傳統，認為真正的自由不止是個別公民有自由做自己喜歡做的事，更重要的是公民可以共同議政，由公民的集體意志決定社會應如何運作，而非外力強加秩序於公民身上。《社會契約論》的核心要旨，就是要在城邦演變成民族國家、公民資格擴大的18世紀，重新實現公民自治的共和主義理想。盧梭所提倡的政治制度，目的都是為了限制政府權力，令其不能濫權，由上而下魚肉人民（參見上述的主權在民、法治、行政權等安排）。同時亦保障人民的權利和資源，令人民可以實踐其政治自由，主動議政（參見上述的立法權、民主參與、基本權利等安排）。在盧梭的理想中，公民一方面是被有權威的法律所管治的受眾，一方面是能夠自由修訂法律的公民。惟有

公民同時具備這兩種身分，公民才能在國家權威中仍享自由，《社會契約論》開首的「自由—枷鎖」兩難亦得以解決。枷鎖不可避免，但枷鎖若是公民集體自決的結果，則枷鎖下的公民仍是自由。

明瞭盧梭筆下共和主義的精神後，我們就能知道盧梭的政治理論非但沒有靠向極權主義，它甚至是和極權主義南轅北轍。在極權主義的國家中，獨裁者以賢者之名，由上而下管治民眾，人民除了沒有參政的權力，政府權力也幾乎沒有限制。這種政治權力分配正是盧梭所深惡痛絕的。在盧梭眼中，即使是賢人，也不能凌駕公民隨便訂立政治制度。權力的來源只有一個，就是廣大公民，賢人最多只是從旁輔助，引導公民達成自治的理想。

然而，批評者可能指出，儘管在盧梭提倡的制度下，立法者也只是一介公民，不比其他公民有更大政治權力，但這個制度從何而來？它依然是由立法者提倡，並透過教育引領公民訂立。在目前這個共和制度有待實現的非理想世界（non-ideal world），盧梭如何保證野心家不會利用其理論愚弄群眾，以立法者之名行獨裁之實呢？盧梭雖然對共善概念有基本界定，但此概念的內容過於空泛，野心家仍會有大量空間玩弄文字，用共善的名義訂立有利於自己的制度，濫權自肥。

這個批評有其合理之處，但同時它幾乎能應用在所有政治哲學家的理論上。政治哲學家的工作在於提出理想政制，給予他人政治改革的目標。然而，政治哲學家幾乎不會解釋人民如何在一個非理想世界建立一個理想制度，亦不會鉅細無遺地指出自己的理論如何可能被誤用。正如洛克只會勾勒一個保障自然權利、立法權和行政權分立的理想政制，但不會解釋這樣的政制是如何被建立；羅爾斯也只是論證一套公義的原則是如何被推演出來，但不會描述人們如何由不公義的世界逐步演變成公義的世界。原因是各地的文化、歷

史、社會現象都大不相同,如何把一個政治哲學的理想在一個地方
實踐出來,端賴當地人民自己的探索。人民可能正確信任一個無私
的政治家,而政治家建立一套公平的政治制度後就功成身退,讓人
民在制度的保障下行使其權利自決。人民也可能錯誤信任一個野心
家,讓野心家借改革之名建立有利於自己專政的制度,荼毒人民。
這都不是政治哲學家所能預防的。因此,儘管盧梭的理論要依賴賢
明的政治家方能實現,而在實現的過程中可能被野心家利用,我並
不認為這是很大的過失。在這點上其他政治哲學家的理論也有同樣
的問題,針對盧做梭批評並不公允。

　　認為盧梭的理論會導向極權主義的批評面對一個兩難。如果批
評者認為盧梭的理論作為一個理想理論(ideal theory)是自相矛盾、
會產生極權主義,那明顯誤解了盧梭的理論。透過釐清盧梭提倡的
共和主義制度,我們知道盧梭的理想政制非但不會放任野心家獨攬
大權,甚至主張大幅限制政府權力、鼓勵公民主動參政。而如果批
評者的意思是盧梭沒有清楚解釋人民如何可以在非理想世界實踐其
政治理想,而只是把希望寄託在立法者身上,容易導致極權主義的
誕生,那麼其他政治哲學家的理論也有相同問題。政治理想如要實
踐,需要許多因素配合,稍一缺失便可能畫虎不成反類犬。盧梭只
是點出精英在創建共和制時負有重大責任,但如果精英玩弄概念愚
弄民眾,那就非盧梭所能預料了。

　　回顧對盧梭極權主義的論述,很容易觀察到大部分都是在二戰
和冷戰時期興起的。羅素、伯林、波普爾以及塔爾蒙等學者親眼目
睹納粹德國、蘇聯的種種惡行,那時代的學者都深感困惑:歐洲文
明出了什麼問題?為什麼會出現這樣的惡魔政權?於是,他們開始
為歐洲文明作診斷,建構一個極權主義的系譜,找出從那時開始歐
洲文明走了歪路。流風所及,進一步影響大陸自由主義者如劉曉波、

朱學勤等的判斷。可以說，盧梭是二十世紀反極權思潮的犧牲品，在特定的政治脈絡下，被詮釋成極權主義的宗師，遺臭至今。然而，在二戰和冷戰已遠去的今天，我們應該重新審視盧梭的理論，發掘出盧梭共和主義的精神。《社會契約論》或許文詞未夠清晰，或許為許多獨裁者提供了靈感，但其核心關懷，卻始終是希望建立一個「平等人的自由社群」[13]。人民能發展其自由的本質，平等地根據共善而一起生活。環顧今日社會，各種不平等仍然舉目皆見，盧梭的理想正好給予我們共同奮鬥的目標。

　　王邦華，香港中文大學通識教育基礎課程講師及政治與行政學系兼任講師。研究興趣包括當代社會契約論、政治自由主義、公共理性、比較政治哲學等。學術著作見於*Res Publica*，*Public Reason*、《政治與社會哲學評論》等期刊。

---

13 Cohen, *Rousseau*, p. 10.

評近人關於憲政與傳統的一種論調

胡文輝

　　近幾年，知識界湧動著一股所謂「儒家憲政主義」的暗流，雖然談不上有多大的聲勢，但標誌明確，倒也相當引人注目。

　　據我所知，至少在十年前，就已冒出一波「基督教憲政主義」；而照我的印象，似乎正是有了這一西化的「基督教憲政主義」的刺激，才又有了土產的「儒家憲政主義」的發生。近些年來，不知是由於外在的政治語境還是內在的思想資源，「基督教憲政」似已銷聲匿跡；而因應著官方對「國學」和「儒學」的重用，「儒家憲政」倒是順風點火，在輿論界後來居上了。

　　當然，在當代中國精神史上，這只是大氣候中的小氣候而已。在「意識形態的終結」或「歷史的終結」應驗的年代，中國知識階層在「告別革命」之後，栖栖惶惶，無枝可依，遂浮現一股「走向信仰」的逆流，也是事出有因的吧。總之，上帝和聖人連袂而來了。

　　在此，我想討論的是這兩種憲政主義所透露出來的思想邏輯。

　　兩家憲政主義的論說文本，似都相當蕪雜，我真正過眼的無多，不敢說哪個文本最有代表性。關於「基督教憲政」，據說是已故的楊小凱最先拋出話題，而由陳永苗正式提出。陳認為：「我相信能夠結束中國治亂迴圈，走向長治久安的，只有『基督教憲政』……

在中國基督教徒已有上億，占人口總數的10%左右，而且絕大部分
知識分子是基督教徒或準基督教徒。而且從佛教進入中國在隋唐時
完全擊敗本土宗教的歷史來看，基督教打倒本土信仰，必然成為事
實上的國教。」[1]他如何得出「絕大部分知識分子是基督教徒或準基
督教徒」這一觀察，非我所知，但他論述的邏輯很簡單：既然基督
教在中國已有如此勢力，那麼，藉此建構「基督教憲政」豈不是順
理成章的嗎？關於「儒家憲政」，目前似以秋風（姚中秋）發言最
多，他表示：「從政治傾向上看，儒家就是憲政主義的。」「古代
與現代的歷史表明，儒家代表著一種憲政主義的理想，儒家在歷史
上也至少構造了三種憲政主義程度不等的制度，即封建制、共治體
制和現代憲政政體。因此，儒家是憲政主義的命題具有堅實的歷史
依據，這個歷史證明了憲政主義就是儒家外王之基本取向、核心精
神。」[2]這樣，他的邏輯就更簡單了：儒家本就是憲政主義的，我們
都有過三種憲政制度了，那我們只管恢復儒家傳統就是──憲政，
就是這麼簡單！

　　基督教憲政主義取徑西天，相信必得從基督教才能開出憲政，
而儒家憲政主義則立足禹域，強調從儒家開出憲政。二者或洋或華，
表面看來正相逆反，但我們不難看到，其思路實在是相通的。他們
開出的藥方有中西儒耶之別，但很顯然有一個共同的取向，即將憲
政的成立歸結於一種信仰／思想的傳統。這一點，往好處說，是強
調憲政必須有一個信仰／思想傳統作為政治心理的支撐物；往壞處
說，是抱有一種神道設教的意圖，以為芸芸眾生需要通過一種宗教

1　〈楊小凱的「基督教憲政」〉，〈「基督教和自由主義」論題部分
　　文帖彙集〉，來自網路。
2　〈儒家憲政民生主義〉，《儒家式現代秩序》（桂林：廣西師範大
　　學出版社，2013）。

或道德體系來統攝。他們最重要的理論依託，應是哈耶克關於傳統的有關論說——首先拈出「基督教憲政」題旨的楊小凱，在〈基督教與憲政〉一文中就提到了哈耶克對其理念形成的重大影響；而主張「儒家憲政」最積極的秋風，更是將哈耶克引入中土學界的關鍵人物。

　　兩種憲政主義都極其重視傳統，不同的是，基督教憲政重視原生的傳統，即「他們」的傳統，儒家憲政重視近緣的傳統，即「我們」的傳統。前者強調自由主義憲政只發生於基督教的傳統，即「這一個」的特殊傳統，欲成就中國的自由主義憲政，就得先移植基督教的傳統，是可謂一種**文化特殊論**；而後者則悄悄取消了對「這一個」的強調，只強調自由主義憲政必須依憑一種傳統的信仰／思想，欲成就中國的自由主義憲政，就應復興本地的傳統信仰／思想，這卻是一種**文化保守主義**了。較之原教旨色彩的基督教憲政，儒家憲政實為一種政治思想的「乾坤大挪移」；它實質上是將一種憲政發生的特殊論，偷換為一種憲政發生的普遍論。簡單說，「基督教憲政」是換頭術，而「儒家憲政」則是招魂術。

　　不用說，將基督教傳統一骨腦搬到中國，那是不可能的任務；這就意味著，基督教憲政主義本就先天不足，即便沒有官方的壓制，其思想活力恐怕也是有限的。而儒家憲政主義雖涉嫌觀念抄襲，但顯然要比基督教憲政主義更有親和力，而且確實也不無本土的思想資源可資比附——在我看來，古典時代的儒家從未曾建立一種堪稱為「憲政」的制度，但在思想層面，確也隱含著一種朝向憲政的衝動和努力。

　　那麼，我是要左袒「儒家憲政」嗎？不是的。評議兩種憲政主義孰優孰劣，不是我想做的事。事實上，不論是基督教憲政，抑或儒家憲政，我以為都不切實際，同為紙上談兵式的政治藍圖罷了。

而且，他們有意無意地忽略了，哈耶克的核心原則是「自發秩序」，
也就是說，一種傳統應是自然而然地逐漸生成的；生搬硬套地移植
基督教，或不擇手段地復興儒家，好意思說是學了哈耶克嗎？以扶
乩式的手段召來的傳統，只是偽傳統。不管是一路向西，還是反身
向後，都是當代中國思想的歧路。

為了更方便地評估基督教憲政主義、儒家憲政主義的性質，這
裡且引入當代學界的另一樁公案，作為思想學術的參照。

近二十年前，德國漢學家顧彬發表過一篇論文〈上帝病—人病：
論中國和西方的不完美性問題〉，認為現代中國革命之所以興起，
除了作為「世俗化的末世論思想」的馬克思主義的因素，還有基督
教的因素；劉小楓隨後寫了長文〈儒家革命精神源流考〉[3]作為回應，
認為現代中國革命的精神資源來自傳統的儒家革命論。劉在結論上
與顧彬針鋒相對，但在思路上卻一脈相承，即強調中國革命的本土
思想背景——同樣的，儒家憲政主義在結論上與基督教憲政主義針
鋒相對，但在思路上也一脈相承，兩樣強調憲政的本土思想背景。
也就是說，顧彬、劉小楓在革命問題上的學術對打套路，「基督教
憲政主義」、「儒家憲政主義」又在憲政問題上重演了一次。

這樣，總結上述四種學術論說，我們不難發現，它們實際上是
「基督教」、「儒家」、「革命」、「憲政」這四個關鍵字的不同
組合而已：

　　基督教+革命＝基督教革命論
　　基督教+憲政＝基督教憲政主義
　　儒家+革命＝儒家革命論
　　儒家+憲政＝儒家憲政主義

3　收入《個體信仰與文化理論》（成都：四川人民出版社，1997）。

用圖表的方式來表達，就更為清晰了：

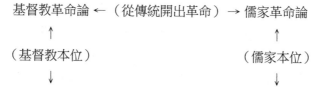

基督教革命論 ←（從傳統開出革命）→ 儒家革命論

（基督教本位）　　　　　　　　（儒家本位）

基督教憲政主義 ←（從傳統開出憲政）→ 儒家憲政主義

通過以上直觀的展示，回頭再看前述四種仿佛「組裝」出來的學說，我們就很容易感覺其邏輯的幼稚、論證的生硬、結論的荒謬了。若著眼於信仰／思想背景，則這個說基督教傳統有利於革命，那個卻說儒家傳統有利於革命；這個說基督教傳統有利於憲政，那個卻說儒家傳統有利於憲政。若著眼於政治取向，則這個說基督教傳統有利於革命，那個卻說基督教傳統有利於憲政；這個說儒家傳統有利於革命，那個卻說儒家有利於憲政。他們這是鬧哪樣呢？

宋代君主馭下，有所謂「異論相攪」之策，即同時重用政見不同或派系不同的人物，使其相互牽制，不致一方坐大。我想，這個中國政治史上的舊名詞，也不妨借用到學術思想史上的——這裡，我就是將「基督教革命論」、「儒家革命論」、「基督教憲政主義」、「儒家憲政主義」這幾種學說置於同一平臺，使其「異論相攪」，互為批判互為否定；由此，我們也就不必多費口舌一一指謬，它們論說的有效性，幾乎可以相互抵銷了。

我以為，以上諸說，或依託基督教，或依託儒家，或認同革命，或認同憲政，但在思路上卻有一個根本的共同點，或者說，在學術上都犯了同一種毛病：誇大了信仰／思想作為傳統的作用。這可以說是一種信仰決定論或思想決定論，也可以說是一種傳統決定論。

事實上，類似論調在中外思想學術史上都屢見不鮮，以至於我們往往已習焉不察了。

清末西力東漸之際，康有為露骨地以基督教為樣板，鼓吹建立
「孔教」，但為多數時流反對，不旋踵而敗[4]。針對康的言論，當時
黃遵憲曾對梁啟超表示：「往在湘中，曾舉以語公，謂南海見二百
年前天主教之盛，以為泰西富強由於行教，遂欲尊我孔子以敵之，
不知崇教之說久成糟粕，近日歐洲，如德，如意，如法，於教徒侵政
之權，皆力加裁抑。居今日而襲人之唾餘以張吾教，此實誤矣！」[5]這
幾句話，很扼要地挑明了康有為宣導「孔教」的意圖。而我們也可
看到，今日宣揚「基督教憲政」或「儒家憲政」者，都可謂康聖人
的末流——鼓吹「基督教憲政」的理由，無非是將「泰西富強由於
行教」改為「泰西民主由於行教」；鼓吹「儒家憲政」的用意，也
無非是「欲尊我孔子以敵之」的翻版罷了。一百年前行不通的事，
到如今反倒行得通嗎？

手頭有一本比較冷僻的書，《俄羅斯共產主義之本源》[6]，作者
貝爾查也夫是被蘇維埃政權放逐的學者。書中的核心結論是：「俄
國共產主義，比普通的思想更有傳統；它是舊俄國默西亞觀念的變
形。在西歐，共產主義雖有類似的馬克思主義的理論，應是完全不
同的現象。說到共產主義之傳統的俄國特性，有它的積極的及消極
的兩方面：在一方面追求上帝王國，並綜合真理與正義，有犧牲性，
及缺乏有產者精神；在另一方面，國家的絕對性專制主義，可感到
的控制人權，和無定形集體主義的危險。」——貝爾查也夫將俄國
共產主義的興起歸因於「默西亞」（救世主）觀念，跟劉小楓將中

4　參曾亦，《共和與君主：康有為晚期政治思想研究》第三章（上海：
　　上海人民出版社，2010）。
5　〈致梁啟超函〉，《黃遵憲全集》（北京：中華書局，2005），上
　　冊，頁426。
6　鄭學稼譯（台北：黎明文化事業公司，1975）。

國共產主義歸因於儒家革命精神，豈不是如出一轍嗎？此書成於蘇聯還是世界上唯一的共產黨國家之時，其立說還情有可原，但在共產黨政權震盪五洲之後，劉小楓還提出同樣邏輯的見解，就未免一葉障目了。如果說，共產主義在俄國的成立是因為救世主觀念，共產主義在中國的成立是因為儒家革命精神，那麼其他地區的共產主義，比如朝鮮、越南、柬埔寨，比如古巴，那又是因為什麼呢？如果各處形形色色的傳統都能促成共產主義，那麼，我們的儒家思想又有何特殊性可言呢，其高明又在哪裡呢？

　　還讀過日本山本七平的《何為日本人》[7]，書中第六章探討日本民主的起源問題，著者一反基督教與美式民主不可分離之說，將現代日本民主的成功歸因於本土傳統，「可以說日本民主主義的原型來源於佛教」。——針對「基督教開出憲政」的見解，秋風們提出了「儒家開出憲政」的見解，其反轉式的思路跟山本七平也是不約而同的。

　　針對山本的這一認識，我過去曾在〈佛典所見的多數決〉[8]一文的結尾有所辯駁：「山本《何為日本人》一書的整體思路，是將日本近代化的成功歸結於古已有之的本國傳統，包括個人主義、民主、貨幣經濟等等，可稱為「日本特殊論」。……基於這種思路，他強調日本民主源於佛教，本質上是要強調日本民主源於本土，以證明日本的光榮。我想，這個結論不值得具體地批駁，只需要提出一點參照：上古的印度、中國都有著相當深厚的原始民主傳統，中國後來更通過佛教又承受了印度的多數決制度，但我們能說印度、中國近代以來的民主實踐是源於佛教、源於本土，而不是從歐美輸入的嗎？」由此，我引申出一點感想：「存在過民主傳統，不等於就一

7　崔世廣等譯（北京：國際文化出版公司，2010）。
8　《洛城論學集》（杭州：浙江大學出版社，2012）。

定能轉化為新的民主制度；而即便沒有過任何民主傳統，也未必不能一空依榜，開創出空前的民主制度。民主與否，歷史傳統的作用是飄渺的，現實的情勢與人心的趨向才是更加關鍵的。沒有任何一種傳統是自古就有的。傳統也是創造出來的，民主的傳統也是創造出來的。」

　　這個關於民主與傳統關係的論述，至今仍是我的基本認知。但我還想在此作一些引申的議論。

　　我以為，傳統自然是有其作用的，甚而可能形成旋乾倒坤的絕大勢力，但傳統絕非因為它是傳統，就能自然而然地發生作用；只有當傳統契合於當時的社會需要，才可能為此社會的人群所信奉所標舉，才可能發生實際的作用。傳統是死的，若無活生生的人知而行之，傳統就毫無意義；真正推動歷史發展的，與其說是傳統，不如說是因傳統之名的實踐。可以這麼說，假若沒有現實的社會需要，傳統就不會真正發生作用；相反，假若有現實的社會需要，即便沒有一種現成的傳統，也必會創造出一種新的傳統。

　　英國左派史學巨擘霍布斯鮑姆就提出過一個「被發明的傳統」的說法。他根據英國史的個案，指出一個重要現象：「那些表面看來或者聲稱是古代的『傳統』，其起源的時間往往是相當晚近的，而且有時是被發明出來的。」「為了相當新近的目的而使用舊材料來建構一種新形式的被發明的傳統。這樣的材料在任何社會的歷史中都有大量積累，而且有關象徵實踐和交流的一套複雜語言常常是現成可用的。有時新傳統可能被輕而易舉地移植到舊傳統之上，有時它們則可能被這樣發明出來，即通過從儲存了大量的官方儀式、象徵符號和道德訓誡的『倉庫』中借取資源……」[9]區域研究出身的

9　霍布斯鮑姆、蘭格《傳統的發明》第一章，顧杭、龐冠群譯（南京：
　　譯林出版社，2004）。按：比如有華人學者指出，黃帝崇拜和神話

安德森──他以提出近代民族主義是「想像的共同體」一說而聞名
──在討論美國獨立時，也認為：「人們覺得這個獨立，以及它之
為一個共和的獨立這個事實，是某種絕對史無前例的事物，然而一
旦它出現了，人們也同時覺得它是絕對合理的。」[10]這也頗有助於
解釋那些「被發明的傳統」得以奠定的社會心理背景：因為它是應
時而生的，故「一旦它出現了，人們也同時覺得它是絕對合理的」。

　　「傳統」可以是發明出來的。那些起源於古老時代的「傳統」，
不仍是那個時代的人們發明出來的嗎？追求民主，追求憲政，為什
麼非要訴諸傳統不可呢，為什麼就不能創造一種新的傳統呢？我覺
得，對傳統的過度強調，其實是對實踐的過度輕視，是對我們自己
的過度輕視。說到底，是缺乏歷史自信的表現。

　　紀念英國〈大憲章〉簽署八百周年時，很自然的，論者多稱譽
〈大憲章〉在民主政治史上的意義。但照我的印象和理解，無論就
年代說，還是就內容說，〈大憲章〉只是一分封建性質的特許狀，
只是貴族向君主爭取權利的契約，只是原始色彩的民主文本，與現
代式的憲政制度相去尚遠，對其意義不必誇大[11]。近期有波蘭學者
編輯了《大憲章：中東歐的視角》一書，指出〈大憲章〉在中世紀
的歐洲封建社會中並非奇峰突出，當時中東歐國家即多有同樣性質

<hr/>

（續）

　　是在清末反滿運動中建構起來的國族認同符號，此即中國近代史上
　　的「被發明的傳統」。

10　《想像的共同體：民族主義的起源與散佈》，吳叡人譯（台北：時
　　報文化公司，1999），頁212。

11　參威廉・麥克奇尼〈《大憲章》（1215-1915）──《大憲章》700
　　周年之際向皇家歷史學會及《大憲章》慶典委員會的致辭〉，吉爾・
　　萊波雷〈《大憲章》：神話延續800年〉，皆見《外國法制史研究
　　（第18卷・2015）：《大憲章》800年》（北京：法律出版社，2016）。

的特許狀[12]；既然中東歐的〈大憲章〉未能促成憲政，就可反證〈大憲章〉對於近代英國憲政並不那麼具有決定性了。簡單說，並非因為有了〈大憲章〉，才有近代英國的憲政；毋寧說是相反，是因為有了近代英國的憲政，才會如此強調〈大憲章〉的重要性，才會將「馴化君主」的歷史回溯到〈大憲章〉，視之為現代憲政的圖騰。（試舉一事以為參照：日本號稱自古以來維繫著天皇制度，但實不過徒有虛儀，多數時候只是封建武士統治的政治花瓶。可以說，並非因為有了天皇制，才有了近代日本的軍國體制；相反，是因為有了近代日本的軍國體制，才會強調天皇制的重要性，使其成為國家權力的真正樞紐。就其形式來說，天皇制確是一個傳統，但就其性質和作用來說，天皇制卻是一個「被發明的傳統」。）我堅信一點，英國憲政並非決定於〈大憲章〉，正如美國獨立並非決定於〈五月花號公約〉；英國憲政的真正奠定，取決於近數百年社會的客觀條件和人的主觀努力，是依賴一點一滴的實踐逐漸建立起來的。將憲政簡單地歸因於一個傳統，無論這個傳統是基督教，還是〈大憲章〉，都是觀念上的懶惰；更不應當的是，如此一來，也就完全忽略了無數有血有肉者的奮鬥。

　　作為觀念，作為文本，甚至作為制度，憲政其實是容易的（我們早就有憲政啦），困難永遠在於實踐。就算對於那些憲政傳統最深厚、憲政實踐最成功的政治體系，也是如此。英、美的民主政治，絕非形成了一個傳統，就萬事大吉，永遠美如斯。若不能繼續護持，誰敢說它們一定不會步上羅馬共和國的後塵呢？

　　簡單說吧：不要總是傳統、傳統、傳統了。傳統，有也好，沒

12　見于明〈「大憲章」的兩種命運〉，《東方早報・上海書評》2015
　　年6月14日。

有也罷，為什麼我們不能開創出來呢？我們早就有了憲政的形式；更重要的，我們也有了實踐憲政的時勢。我們既有西方的舊樣板，也有蘇聯、東歐的新樣板，我們可以依靠的制度傳統和思想資源已夠多了，不必再乞靈於域外或古時那些飄渺的思想遊魂。

20世紀之初，英國法學大家梅特蘭在劍橋大學作過一次題為〈英格蘭法與文藝復興〉的講演，末尾有這樣的話：「一些古老而榮耀的研究機構，為它們在世界歷史上的獨特過去而驕傲，在英格蘭法律學院於羅馬法繼受時期挽救和分享出英格蘭法之後，將會充分意識到它們肩上的責任。從這個意義上說，布日的盛譽、博洛尼亞的光榮、哈佛的榮耀仍是屬於他們自己的。」[13]11-15世紀時，義大利的博洛尼亞大學是注釋法學派的中心；15、16世紀時，法國的布日大學是人文主義法學的基地；在梅特蘭所處的時代，美國的哈佛法學院則是新大陸法學的代表。梅特蘭的意思，是說英國大學應當爭取屬於自己的榮耀。

而我想說的是，基督教不屬於我們這個世界，儒家不屬於我們這個時代，基督教和儒家的榮耀，仍是屬於他們自己的。我們應當創造屬於自己的榮耀，包括我們祖先沒有創造出來的憲政。傳統嗎？就讓傳統從我們這個時代開始好了。

胡文輝，供職於廣州某報業集團，獨立學者、專欄作家。關注中國古代歷史和現代學術史、知識分子問題，已刊學術論集《中國早期方術與文獻叢考》（2000）、《洛城論學集》（2012）、《洛城論學二集》（2017），專著《陳寅恪詩箋釋》（2013年增訂版）。

---

13 梅特蘭、貝克，《英格蘭法與文藝復興》，易繼明、杜穎譯（北京：北京大學出版社，2012）。

致讀者

　　香港的法治文化在華人世界中鶴立雞群，素受推崇。即便在殖民地時代，其法治也能帶給香港較為公平的制度，合理的社會習約，甚至為殖民政府的治理提供一定的正當性。但隨著政治爭議升高，異議者與特區政府以及北京當局的關係緊繃，法治原本或可調節衝突，為香港的回歸轉型提供較為和緩、合理的途徑，卻因為香港法律界的退卻，大陸*法學界*對「法治」的認知偏向「以法管治」（rule by law）的實訂法主義思考，以及北京人大釋法的恣意，致令法治本身迭遭侵蝕，香港社會一道重要的共識基礎正在鬆動、流失。

　　吳靄儀博士在香港是備受尊重的大律師，長期擔任立法會議員，也經常在媒體發表評論，一身兼具專業、政治，以及公共知識分子幾重身分。她在本期《思想》撰寫專文，縷述近年來香港法治的處境與困擾，對香港與中國大陸的政府以及*法學界*當有儆醒的效用。華人社會對「法治」的理解並不深入周全，這篇文章重申法治的基本意義，其實值得各地華人知識界的共同關注。即使在台灣，隨著*法學界*尤其是法學院的日益政治化、「法律目的化」，法治的原則愈發黯淡模糊，吳女士這篇文章格外顯得振聾發聵。

　　本期另一篇具有儆醒意義的文章，就是賴錫三教授對於新子學包括新莊學的深入評介，以及對儒家應有地位的反省。在他看來，儒學除了有王官化、經學化的歷史問題之外，在中國思想傳統中的「主幹化」，也違逆了原始儒家的批判性格，亟待「離經還子」，回歸其原始的子學身分。這個說法，不僅批評到了當前大陸上的儒

學經學化、「國教」化趨向,對港台儒學也有提醒的作用。新子學的提法若能繼續經營,或可為中國思想的發展提供新的動力。

本刊在第21期曾經發表過潘婉明女士研究馬共女戰士的文章,介紹一群女性的革命經歷。本期我們發表魏月萍教授主持婉明女士與導演廖克發的對談,以馬共後代為主題,從另一個角度重現馬來西亞歷史的一個切片。與談的三位都曾在台灣就學與工作,他們對台灣毫不陌生,但是台灣的讀者卻可能對馬來西亞華人的革命史所知極少。我們希望繼續扮演雙方對話的媒介角色。

孫沛東教授撰文回顧「九評」,這個主題或許為部分讀者所不熟悉,難免顯得突兀、陌生。但是回到1960年代,九評是當時國際共產主義運動中莫大的事件,不僅對於其後世界局勢的演變影響深遠,這場務求姿態高亢的意識形態論戰,更強烈影響了中共治下的政治思考邏輯,以及政治論述中深文周納、咄咄逼人的苛刻風格。孫教授重溫那一系列文章的各個面向,是很難得的一篇文章。

近年來世局的逆流強勁,一些朋友心有所憂,希望對於瀰漫的思想危機有所因應,於是《思想》籌辦了一次兩岸三地論壇。論壇中的一部分文章,先在本期以「反思進步價值」為專輯發表。對於危機,大家並無解方,不過從「進步價值」本身所受到的質疑著手,嘗試理解危機之所在,應該是身受「進步價值」啟發、滋養的這一代人的職責所在。此一主題牽涉複雜,本期所刊發的文章或可視為起始的一步,期待各方有心者繼續加入討論。

該次座談會獲得台北市雙清文教基金會以及中研院人社中心的鼎力協助。在此,本刊誠摯感謝他們對公共討論的熱心支持。

編　者

2017年立夏

《思想》徵稿啓事

1. 《思想》旨在透過論述與對話,呈現、梳理與檢討這個時代的思想狀況,針對廣義的文化創造、學術生產、社會動向以及其他各類精神活動,建立自我認識,開拓前瞻的視野。

2. 《思想》的園地開放,面對各地以中文閱讀與寫作的知識分子,並盼望在各個華人社群之間建立交往,因此議題和稿源並無地區的限制。

3. 《思想》歡迎各類主題與文體,專論、評論、報導、書評、回應或者隨筆均可,但請言之有物,並於行文時盡量便利讀者的閱讀與理解。

4. 《思想》的文章以明曉精簡為佳,以不超過1萬字為宜,以1萬5千字為極限。文章中請盡量減少外文、引註或其他非必要的妝點,但說明或討論性質的註釋不在此限。

5. 惠賜文稿,由《思想》編委會決定是否刊登。一旦發表,敬致薄酬。

6. 來稿請寄:reflexion.linking@gmail.com,或郵遞221新北市汐止區大同路一段369號1樓聯經出版公司《思想》編輯部收。

思想35
反思進步價值

2018年5月初版　　　　　　　　　　　　　　　　定價：新臺幣360元

有著作權‧翻印必究

Printed in Taiwan.

著　　　者	思	想	編委	會
叢書主編	沙	淑		芬
校　　　對	劉	佳		奇
封面設計	蔡	婕		岑
編輯主任	陳	逸		華

出　版　者	聯經出版事業股份有限公司
地　　　址	新北市汐止區大同路一段369號1樓
編輯部地址	新北市汐止區大同路一段369號1樓
叢書主編電話	(02)86925588轉5310
台北聯經書房	台北市新生南路三段94號
電　　　話	(02)23620308
台中分公司	台中市北區崇德路一段198號
暨門市電話	(04)22312023
台中電子信箱	e-mail：linking2@ms42.hinet.net
郵政劃撥帳戶	第0100559-3號
郵撥電話	(02)23620308
印　刷　者	世和印製企業有限公司
總　經　銷	聯合發行股份有限公司
發　行　所	新北市新店區寶橋路235巷6弄6號2樓
電　　　話	(02)29178022

總編輯	胡	金	倫
總經理	陳	芝	宇
社　長	羅	國	俊
發行人	林	載	爵

行政院新聞局出版事業登記證局版臺業字第0130號

聯經網址：www.linkingbooks.com.tw
電子信箱：linking@udngroup.com

國家圖書館出版品預行編目資料

反思進步價值／思想編委會著 . 初版 . 新北市 .
聯經 . 2018年5月（民107年）. 336面 . 14.8×21公分
（思想：35）
ISBN　978-957-08-5127-4（平裝）

1.學術思想　2.文集

110.7　　　　　　　　　　　　　　　107007630